Berufsbildung konkret

Herausgegeben von Bernhard Bonz und Heinrich Schanz

Band 13

Berufsbildung vor neuen Herausforderungen

Wandel von Arbeit und Wirtschaft

Herausgegeben von

Bernhard Bonz, Heinrich Schanz und
Jürgen Seifried

Baltmannsweiler 2017

Schneider Verlag Hohengehren GmbH

Berufsbildung konkret

Die Reihe wird herausgegeben von
Bernhard Bonz und Heinrich Schanz

Gedruckt auf umweltfreundlichem Papier (chlor- und säurefrei hergestellt).

Bibliografische Information der Deutschen Nationalbibliothek

Die Deutsche Nationalbibliothek verzeichnet diese Publikation in der Deutschen Nationalbibliografie; detaillierte bibliografische Daten sind im Internet über http://dnb.dnb.de abrufbar.

ISBN: 978-3-8340-1773-4

Schneider Verlag Hohengehren, Wilhelmstr. 13,
D-73666 Baltmannsweiler
www.paedagogik.de

Das Werk und seine Teile sind urheberrechtlich geschützt. Jede Verwertung in anderen als den gesetzlich zugelassenen Fällen bedarf der vorherigen schriftlichen Einwilligung des Verlages. Hinweis zu § 52a UrhG: Weder das Werk noch seine Teile dürfen ohne vorherige schriftliche Einwilligung des Verlages öffentlich zugänglich gemacht werden. Dies gilt auch bei einer entsprechenden Nutzung für Unterrichtszwecke!

© Schneider Verlag Hohengehren, 73666 Baltmannsweiler 2017
Printed in Germany – Druck: WolfMediaPress, D-71404 Korb

Inhaltsverzeichnis

Vorwort VII

Bernhard Bonz
Die Berufs- und Wirtschaftspädagogik und die Weiterentwicklung der
Berufsbildung – zugleich eine Einführung 1

I Wandel von Gesellschaft und Beschäftigungssystem – Konsequenzen für die Berufsbildung

Günter Kutscha
Berufsbildungstheorie auf dem Weg von der Hochindustrialisierung
zum Zeitalter der Digitalisierung 17

Marianne Friese
Inklusion, Gender, Migration – berufs- und wirtschaftspädagogische
Herausforderungen im Zuge des demografischen Wandels 48

Heinrich Schanz
Akademisierung des Beschäftigungssystems 70

II Herausforderungen für das berufliche Bildungswesens

Dieter Euler
Die Berufsausbildung zwischen altem Glanz und neuen
Herausforderungen 89

Manfred Eckert
Die Problematik des beruflichen Übergangssystems 107

Heinrich Schanz
Schulische Berufsausbildung – Begrenzung und Ausweitung 120

Dieter Münk / Gero Scheiermann
Die europäische Berufsbildungspolitik und ihre Folgen für die
deutsche Berufsbildung 140

III Neue Anforderungen an Lehren und Lernen in der Berufsbildung

Bernd Zinn
Digitalisierung der Arbeit – Kompetenzerwartungen des
Beschäftigungssystems und didaktische Implikationen 163

Jürgen Seifried / Eveline Wuttke
Weiterentwicklung professioneller Kompetenzen von Lehrkräften an
beruflichen Schulen 177

Autorinnen und Autoren 195

Abkürzungsverzeichnis 197

Sachwortregister 199

Vorwort

Mit dem vorliegenden 13. Band der Schriftenreihe *Berufsbildung konkret (bbk)* bieten die Herausgeber einen Überblick zu den berufs- und wirtschaftspädagogischen Herausforderungen, die sich für die Berufsbildung aus den aktuellen Veränderungen in der Gesellschaft und im Beschäftigungssystem ergeben. Analog zum tiefgreifenden Wandel von Arbeit und Wirtschaft, der auch als vierte industrielle Revolution bezeichnet wird, sollen die Themen der einzelnen Beiträge dieses Sammelbandes – schlagwortartig – die Entwicklungen hin zu einer Berufsbildung 4.0 skizzieren. Der vorliegende Band umfasst neun Beiträge und umreißt drei Schwerpunkte. Teil I des Buches greift die Frage nach dem *Wandel von Gesellschaft und Beschäftigungssystem* und den sich daraus ergebenden *Konsequenzen für die Berufsbildung* auf. Im zweiten Teil des Sammelbandes geht es dann um aktuelle *Herausforderungen für das berufliche Bildungswesen*. Im Teil III schließlich werden *neue Anforderungen an Lehren und Lernen in der Berufsbildung* thematisiert.

Der grundsätzlichen Absicht der Schriftenreihe *Berufsbildung konkret* entsprechend soll dieser Band sowohl Studierenden als auch Lehrerinnen und Lehrern an beruflichen Schulen, Lehrkräften in der betrieblichen Berufsaus- und Weiterbildung, Betriebspädagogen, Dozentinnen und Dozenten in der Erwachsenenbildung und anderen Personen, die an der Berufsbildung interessiert oder beteiligt sind, einerseits eine Einführung in die jeweilige Problematik bieten und andererseits Anregungen zur Lösung entsprechender Probleme in ihrem Handlungsfeld eröffnen.

Wir bedanken uns bei allen Autorinnen und Autoren für die sehr gute und kollegiale Zusammenarbeit. Unser Dank gilt auch dem Schneider-Verlag für die gewohnt unkomplizierte und konstruktive Kooperation.

Bernhard Bonz, Heinrich Schanz und *Jürgen Seifried*

Bernhard Bonz

Die Berufs- und Wirtschaftspädagogik und die Weiterentwicklung der Berufsbildung – zugleich eine Einführung

1   Zur historischen Entwicklung der Berufs- und Wirtschaftspädagogik
2   Die Entwicklung der Berufsbildung angesichts neuer Herausforderungen
3   Zu den Beiträgen dieses Bandes

1 Zur historischen Entwicklung der Berufs- und Wirtschaftspädagogik

Da berufliche Bildung als arbeitsbezogene Erziehung und Ausbildung nachwachsender Generationen seit Menschengedenken eine wichtige Rolle spielt, kann die Berufsbildung auf eine jahrhundertealte Tradition zurückblicken. In Deutschland reicht die Qualifizierung im Kontext der betrieblichen Lehre bis ins Mittelalter zurück. Im Zentrum der ständischen Handwerkslehre standen Imitationslernen und Mitvollzug der Arbeit. Mit der Weiterentwicklung und Modernisierung der Arbeitstechniken sowie der Herausbildung von Berufen veränderten sich auch die Ansprüche an Erziehung und Ausbildung. Veränderungen in der Berufsbildung verlaufen stets synchron mit Prozessen des strukturellen Wandels, der fundamentalen Veränderung, der fortschreitenden Modernisierung einer Gesellschaft (vgl. Pätzold/Reinisch/Wahle 2015, S. IX f.).

Wie eng die berufliche Bildung mit dem ökonomischen, sozialen, politischen und kulturellen Entwicklungsstand einer Gesellschaft und deren Veränderung verklammert ist, zeigt nicht zuletzt das Beispiel der Industrialisierung im 19. Jahrhundert. Die Expansion der Maschinenarbeit erforderte in zunehmendem Maße spezialisierte, qualifizierte Arbeitskräfte für die Produktion sowie für die Industrieverwaltungen. Diesen Ansprüchen genügte das handwerkliche und kaufmännische Ausbildungswesen nicht mehr; eine neue Effizienz der Berufsausbildung war unerlässlich (vgl. Pätzold/Reinisch/Wahle 2015, S. 1). Diese wiederum war auf entsprechend qualifiziertes Lehrpersonal in den Betrieben angewiesen. In Deutschland kam hinzu, dass im Zuge der Mittelstandspolitik des Kaiserreiches im letzten Drittel des 19. Jahrhunderts die Betriebslehre – und damit das Imitationslernen – durch schulisch organisiertes Lernen ergänzt wurde (vgl. Pätzold 2017, S. 5 f.). Eine spezielle Ausbildung der schulischen Lehrkräfte unter dem Aspekt der beruflichen Bildung bahnte sich an.

Die industrielle Revolution gilt auch als „Auslöser dafür, dass das Verhältnis von Beruf und Bildung … zu einem Thema in der Pädagogik gemacht wurde" (Reinisch

2015, S. 30). Berufe wurden „unter der auf Persönlichkeitsentwicklung von Individuen gerichteten pädagogischen Perspektive von Erziehung und Bildung" betrachtet (Gonon/Reinisch/Schütte 2010, S. 424). Im Kern ging es dann der Berufsbildungstheorie um die Wesensformung des Individuums in der Auseinandersetzung mit Beruf und Arbeit, um *Bildung* im Medium des Berufs.

Letztlich entfalteten sich die wissenschaftlichen Betrachtungsweisen der Berufsbildung indes erst nachdem die „Aufgabe der Handels-, Gewerbe- und Landwirtschaftslehrerbildung sowie die Heranbildung von Hauswirtschaftslehrerinnen" an Hochschulen übertragen wurde (Pleiss 1973, S. VII). Die Berufspädagogik und die Wirtschaftspädagogik etablierten sich als Wissenschaften erst im 20. Jahrhundert im Zusammenhang mit der Qualifizierung von Lehrkräften für Gewerbe- und Handelsschulen. Deshalb standen vor allem fachdidaktische Fragestellungen und Notwendigkeiten, die von Bezugs(fach)wissenschaften ausgingen, im Fokus der wissenschaftlichen Arbeit (vgl. Büchter 2013, S. 53). Von den Aufgaben in der Lehrerbildung her wurden die Zahl der Professuren und die Kapazität der Lehrstühle bemessen. Folglich waren auch die Möglichkeiten der Forschung begrenzt. Im 19. Jahrhundert gab es daher noch keine Berufsbildungsforschung, die „als Komplex von Sachaufklärung, Sinnorientierung und Gestaltungshilfe" nach der industriellen Revolution die „objektiv bestehenden Unzulänglichkeiten namhaft machen und ein auf sie bezogenes, an Zweckrationalität und Humanität ausgerichtetes Problemlösungspotential zur Verfügung" hätte stellen können (DFG 1990, S. 8).

Berufspädagogik und Wirtschaftspädagogik hatten sich somit nicht aus der Erziehungswissenschaft heraus entwickelt und nahmen anfangs voneinander getrennt verlaufende Wege. Die eigentliche Akademisierung dieser Wissenschaften „begann 1923 mit der Professur für 'Handelsschulpädagogik und betriebswirtschaftliche Nachbarfächer' an der Handelshochschule Leipzig ... Erst seit der Errichtung der Professuren in Berlin (1930) und Königsberg (1931) ... gibt es die Wirtschaftspädagogik als Einzeldisziplin" (Zabeck 2013, S. 515 f.).[1] Die „durchgreifende Akademisierung der Gewerbelehrerbildung" – und damit einhergehend die Etablierung der Disziplin Berufspädagogik – erfolgte „erst an der Schwelle des letzten Drittels des 20. Jahrhunderts". Dann bahnte sich die „Verzahnung der Teildisziplinen Wirtschaftspädagogik und Berufspädagogik" an (Zabeck 2013, S. 532 f.), und nach der Jahrhundertwende wurde die Entwicklung der *Berufs- und Wirtschaftspädagogik* zu einer „vorbehaltlos anerkannten *erziehungswissenschaftlichen Teildisziplin* von erstaunlicher Geschlossenheit" (Zabeck 2013, S. 523 f.) fundiert durch das Basiscurriculum für das universitäre Studienfach Berufs- und Wirtschaftspädagogik,[2] in

---

[1] „Die wirtschaftspädagogische Disziplinenbildung an deutschsprachigen wissenschaftlichen Hochschulen" (Untertitel) hat Pleiss 1973 detailliert beschrieben und dokumentiert von der 1. Periode 1898–1912 bis zur 4. Periode 1946-1969/70.

[2] Beschluss der Mitgliederversammlung der Sektion Berufs- und Wirtschaftspädagogik der Deutschen Gesellschaft für Erziehungswissenschaft in Oldenburg am 25.03.2003 und Beschluss der Mitgliederversammlung der Sektion Berufs- und Wirtschaftspädagogik in Schwäbisch-Gmünd am 25.09.2014.

dem die Fachvertreterinnen und Fachvertreter der Berufs- und Wirtschaftspädagogik ihr disziplinäres Selbstverständnis dokumentieren (Sektion Berufs- und Wirtschaftspädagogik 2014, S. 2; vgl. Bonz 2015, S. 11).

„Das Verständnis von Berufs- und Wirtschaftspädagogik als einer übergreifenden Disziplin" (Schmiel/Sommer 2001, S. 13) ermöglicht eine vertikale Stufung hinsichtlich der vorberuflichen Vorbereitung, der Berufsausbildung und der berufsbezogenen Weiterbildung sowie eine horizontale Differenzierung nach Berufen, Berufsgruppen oder Berufsfeldern (a. a. O. S. 15). So umfasst die Berufs- und Wirtschaftspädagogik eine Landwirtschaftspädagogik, eine Hauswirtschaftspädagogik, eine Industriepädagogik und eine Handwerkspädagogik oder auch die berufliche Bildung für personenbezogene Dienstleistungen (vgl. Pätzold 2006, S. 155).

Am Beispiel der historischen Entwicklung nach der Industrialisierung wurde skizziert, dass sich die Berufsbildung veränderte aufgrund von Anforderungen und Impulsen, die – pauschalierend – vier Kategorien zuzuordnen sind. Es handelt sich um

(1) die Anpassung an die in der Industrie erforderliche *Qualifikation* der Arbeitskräfte,
(2) den pädagogischen Aspekt als *Bildung* im Medium beruflicher Arbeit, die Entfaltung der Berufsbildungstheorie,
(3) die Berücksichtigung von *Rahmenbedingungen* wie bei der Einführung der Schulpflicht für Lehrlinge und
(4) die Entwicklung der *Wissenschaft* – beispielsweise die Zusammenführung der Berufs- und Wirtschaftspädagogik als „eigenständige Disziplin".

2 Die Entwicklung der Berufsbildung angesichts neuer Herausforderungen

Seinerzeit brachte die industrielle Revolution besondere Herausforderungen für die Berufsbildung mit sich, was zu einschneidenden Veränderungen führte. Ebenso prägen die aktuellen Entwicklungen – und hier insbesondere die Umwälzungen durch die Digitalisierung – die Diskussion in der Berufsbildung. Es ist von Industrie 4.0 und von einer 4. industriellen Revolution die Rede, da auch die mit der Fließfertigung praktizierte Arbeitsteilung und später die Automatisierung der Produktion jeweils als „revolutionär" empfunden wurden. „Die Digitalisierung ist Megatrend und Innovationstreiber des 21. Jahrhunderts."[3] Für den Wandel bzw. für die umgestaltete berufliche Bildung kann das Etikett *Berufsbildung 4.0* gewählt werden.[4] Die

---
[3] Zinn, Bernd: Digitalisierung der Arbeit – Kompetenzerwartungen des Beschäftigungssystems und didaktische Implikationen. In diesem Band S. 162.
[4] Mit „Etikett" soll zum Ausdruck gebracht werden, dass das Wort „Industrie 4.0" oder „Arbeit 4.0" als „Aufkleber" für hoch komplexe Zusammenhänge verwendet wird und für theoretische Analysen eigentlich wenig geeignet ist. Siehe hierzu die Fußnote 1 im Beitrag von *Günter Kutscha* in diesem Band S. 17.

entsprechenden „revolutionären" Veränderungen in der beruflichen Bildung müssen wissenschaftlich begleitet und gestützt werden und stellen somit besondere Herausforderungen für die Berufs- und Wirtschaftspädagogik dar.

(1) Im Bereich der Qualifikation stellen Industrie 4.0 und die Digitalisierung der Arbeit neue Ansprüche an die berufliche Aus- und Weiterbildung. Analog zu den veränderten Kompetenzerwartungen aufgrund der digitalisierten Arbeitswelt erfolgt die Weiterentwicklung der Berufsbilder, in denen die typischen Qualifikationen und Tätigkeitsbereiche der Ausbildungsberufe aufgelistet sind.[5] Auch wenn die ordnungspolitischen Entwicklungen auf dem Gebiet der beruflichen Bildung im Einzelnen noch nicht absehbar sind, deutet viel darauf hin, dass Berufe mit neuartigem Zuschnitt zu erwarten sind.[6] Die neuen und zukünftigen Qualifikationsanforderungen in der Produktion und im Geschäftsleben verändern die Ziele des beruflichen Lernens. Die entsprechenden Kompetenzen der Lernenden sind zu erforschen, damit sich die didaktische Ausgestaltung von Lehren und Lernen in der Berufsbildung daran orientieren kann.[7]

(2) Im Unterschied zur bedarfsorientierten Qualifizierung orientiert sich die Kategorie *Bildung* am Recht der Menschen auf individuelle Entfaltung. „Qualifikation und Bildung stehen sich dabei programmatisch betrachtet diametral gegenüber" (Schütte 2013, S. 22). Bildung bedeutet die Vollendung des Subjekts in der Verwirklichung der ihm jeweils eigenen Möglichkeiten über bildungswirksame Denkvorgänge bei der Auseinandersetzung mit „Gegenständen" und Herausforderungen von Beruf und Arbeit (vgl. Reinisch 2015, S. 29 f.). Allerdings „wird unter dem Stichwort der 'Entberuflichung' zunehmend auch das Berufskonzept insgesamt problematisiert", weil moderne Entwicklungen wie die Industrie 4.0 „zu einem Aufweichen des traditionellen Berufsverständnisses führen" (Meyer 2000, S. 17). Die Berufsbildungstheorie kann nicht mehr nur auf einen der alten Lehrberufe bzw. Ausbildungsberufe als typischen *Beruf* im Sinne eines Bildungsinhalts zurückgreifen, sondern muss die durch die Digitalisierung veränderte Situation im Arbeitsleben berücksichtigen, um dementsprechend den normativen Aspekt der Berufsbildung für die Lehr-Lern-Prozesse zu entfalten.

(3) Als *Rahmenbedingungen* für die berufliche Aus- und Weiterbildung prägen die Institutionen der beruflichen Bildung – vor allem berufliche Schulen und aus-

---

[5] Ursprünglich waren im Berufsbild eines Lehrberufs die in der Lehrzeit zu erwerbenden Fertigkeiten und Kenntnisse zusammengestellt.

[6] Da „tendenziell ganzheitliche Berufsbilder – wie sie das Handwerk prägten – an Bedeutung" verlieren, schlägt *Gonon* vor, den Begriff *Beruflichkeit* zu wählen, weil er zum Ausdruck bringt, „dass Berufe eben nicht als statische Gebilde zu verstehen sind, sondern vielmehr als gestaltungsoffene Konstrukte" (Gonon 2017).

[7] Im Themenheft *Berufsbildung 4.0* der BWP (H. 2/2017) werden von *Becker, Spöttl* und *Windelband* am Beispiel ausgewählter Metall- und Elektroberufen sowie IT-Berufen und insbesondere beim Ausbildungsberuf Mechatroniker/-in aufgezeigt, „wie die Industrie-4.0-Anforderungen ... Eingang in das Berufsbild finden können" (2017, S. 18).

bildende Betriebe – die Lernumgebungen sowie die mit ihnen verbundenen didaktischen Gestaltungsmöglichkeiten und damit die Chancen des Kompetenzerwerbs für Lernende. Darüber hinaus ist die gesellschaftliche Entwicklung zu berücksichtigen. Der demografische Wandel und das Recht behinderter Menschen auf Inklusion oder die veränderte Situation vor Beginn einer beruflichen Ausbildung sowie der Trend zu höheren Bildungsabschlüssen sind Beispiele, die im Sinne von veränderten Rahmenbedingungen neue Herausforderungen für die Berufsbildung mit sich bringen.

Zu den politisch gestalteten Rahmenbedingungen zählen auch die institutionellen Voraussetzungen von Lehre und Forschung im Bereich der Berufs- und Wirtschaftspädagogik sowie die Regelungen für die Ausbildung und Beschäftigung von Lehrkräften mit berufsbildenden Aufgaben. Auswirkungen von europäischen Richtlinien lassen sich beispielsweise an der mit der Bologna-Reform einhergehende Modularisierung des Studiums sowie der Umgestaltung von Diplomstudiengängen in Bachelor- und Master-Studiengänge erkennen.

(4) Im Bereich der *Wissenschaft* formieren sich Kontur und Selbstverständnis einer wissenschaftlichen Disziplin. So entwickeln sich Lehre und Forschung in der Berufs- und Wirtschaftspädagogik gleichsam aus eigener Kraft, wenngleich selbstverständlich im Zusammenhang mit den Herausforderungen bezüglich Qualifikation, Bildung und aufgrund von sich verändernden Rahmenbedingungen. Dieses Selbstverständnis bringt das Basiscurriculum zum Ausdruck, das einen fachwissenschaftlichen und zugleich bildungstheoretisch fundierten Rahmen berufs- und wirtschaftspädagogischer Professionalität formt (vgl. Bonz 2015, S. 12 ff.). Die wissenschaftliche Position als Teildisziplin der Erziehungswissenschaft berücksichtigt angrenzende Wissenschaften und ist vor allem im fachdidaktischen Diskurs mit beruflich-fachlichen Hintergrundwissenschaften verknüpft (vgl. z. B. die Wissenschaften des Berufswissens bei technischen Berufen; Pahl 1998, S. 71).

In dieser Kategorie sind auch die forschungsmethodische Positionierung und die inhaltliche Fokussierung der Berufsbildungsforschung angesichts der neuen Herausforderungen zu diskutieren (vgl. die Kategorien der Berufsbildungsforschung bei Bonz 2015, S. 20) ebenso wie eine Umbenennung der Disziplin in „Berufsbildungswissenschaft", denn in diesem Namen käme der Gegenstand dieser Disziplin besser zum Ausdruck, und der duale historische Hintergrund der Berufs- und Wirtschaftspädagogik würde überwunden (Kell 2014, S. 60 f.).

Auf dem Gebiet der *Qualifikation* kommt es durch Digitalisierung und Industrie 4.0 unausweichlich zu einschneidenden Veränderungen, die sich auf die Berufsausbildung auswirken. Weiterentwickeln sollte sich auch das Verständnis von *Bildung* und damit die Berufsbildungstheorie sowie die berufspädagogische Zielsetzung, um eine bildungswirksame Auseinandersetzung unter den veränderten Bedingungen von Arbeit und Beruf zu fundieren. Ebenso sind die Kategorien *Rahmenbedingungen* und *Wissenschaft* indirekt vom Wandel betroffen, weil politische Entscheidungen – nicht zuletzt über die Finanzierung – die gesellschaftlichen Veränderungen und die Folgen der Digitalisierung berücksichtigen.

3 Zu den Beiträgen dieses Bandes

In diesem Sammelband werden Probleme aufgegriffen, die sich aus dem gesellschaftlichen Wandel und vor allem aufgrund der Digitalisierung von Arbeit und Beruf ergeben. Die Autorinnen und Autoren diskutieren, welche Herausforderungen damit für die Weiterentwicklung der Berufsbildung verknüpft sind und somit auch die wissenschaftliche Fundierung durch die Berufs- und Wirtschaftspädagogik erfordern.

I Wandel von Gesellschaft und Beschäftigungssystem – Konsequenzen für die Berufsbildung

Teil I beginnt mit *Günter Kutschas* Beitrag zur Kategorie „Bildung": *Berufsbildungstheorie auf dem Weg von der Hochindustrialisierung zum Zeitalter der Digitalisierung*. Ausgehend von den zur Zeit der Hochindustrie entwickelten klassischen Berufsbildungstheorien von Kerschensteiner und Spranger, die gekennzeichnet sind durch Bildung für und durch den Beruf, referiert und diskutiert *Kutscha* die berufsbildungstheoretischen Ansätze im Kontext industrieller Entwicklungsphasen bis hin zur intensivierten Digitalisierung. Dabei geht es um Fragen, die den Kern berufsbildungstheoretischen Denkens betreffen: nämlich um die Substanz und den empirischen Gehalt der Leitkonzepte „Bildung" und „Beruf". Anders als es das Schlagwort von der „vierten industriellen *Revolution*" nahelege, so *Kutscha*, werde die Digitalisierung des Beschäftigungssystems nach vorliegenden Befunden der Arbeitsmarkt- und Berufsforschung nicht abrupt erfolgen, sich aber gleichwohl grundlegend als nachhaltiger Transformationsprozess auf die Berufsbildung auswirken. „Berufsbildung als Zielkategorie" bleibe aus bildungstheoretischer Sicht unverzichtbar, um der Vision des „digitalisierten Menschen" eine alternative Perspektive entgegensetzen zu können. *Kutscha* plädiert für das Konzept einer „erweiterten modernen Beruflichkeit" und schließt mit Thesen, die – über die Bestandsaufnahme der empirischen Forschungsbefunde hinausgehend – spekulativ auf Entwicklungen verweisen, für die die Berufs- und Wirtschaftspädagogik noch keine Lösungen anbieten kann.

Im nachfolgenden Beitrag greift *Marianne Friese* einen Diskurs der beruflichen Bildung auf, der in den letzten Jahren in das Zentrum berufs- und wirtschaftspädagogischer Konzepte gerückt ist: *Inklusion, Gender, Migration – berufs- und wirtschaftspädagogische Herausforderungen im Zuge des demografischen Wandels*. Von den historischen und theoretischen Eckpunkten zur wechselseitigen Verschränkung der Querschnittsthemen „Inklusion, Gender, Migration" ausgehend, wendet sich die Autorin den empirischen und theoretischen Analysen sowie den Handlungsansätzen der beruflichen Bildung zu, die im Konzept der Intersektionalität zusammengeführt werden. Um „die Leitbilder sozial- und geschlechtergerechter sowie inklusiver Berufsbildung umfassend in das Regelsystem der beruflichen Bildung zu implementieren, sind vielfältige neue theoretische und curriculare Konzepte zu entwickeln, in Praxiskontexten zu erproben und zu evaluieren" (S. 55). Eine entscheidende Anforderung besteht darin, horizontale und vertikale Durchlässigkeit in der beruflichen Bildung herzustellen. Dies wird aufgezeigt in den Bereichen des *Übergangs Schule – Beruf*, der *dualen und vollzeitschulischen Ausbildung* sowie der *beruflichen Fort- und Weiterbildung*. Die Auswirkungen auf die berufliche Lehramtsausbildung und auf die Professionalisierung der Lehrkräfte werden abschließend herausgestellt. Eine gleichzeitige Generalisierung und Spezialisierung kann ermöglichen, „die Querschnittskategorien Inklusion, Gender und Migration in horizontaler und vertikaler Durchlässigkeit der Module und Studiengänge zu verankern", und für die Weiterentwicklung von Professionsansätzen „kann das Konzept der Intersektionalität zielführend sein" (S. 65).

Im letzten Beitrag des ersten Teils des vorliegenden Sammelbandes stellt *Heinrich Schanz* heraus, welche Konsequenzen die *Akademisierung des Beschäftigungssystems* für die Berufsbildung mit sich bringt. Zunächst belegen die vorgelegten Statistiken, dass die Zahl der Studierenden in den letzten Jahren erheblich anstieg. Dies ist vor allem auf die zunehmende Anzahl von Studienberechtigten zurückzuführen. Die Akademisierung wird aber auch begünstigt durch die Entwicklung der Fachhochschulen sowie den Ausbau und die Differenzierung des Hochschulwesens. Die erhöhte Zahl der Hochschulabsolventen wird vom Beschäftigungssystem aufgenommen und die Nachfrage nach höherer Qualifikation nimmt zu. Dies geht allerdings zu Lasten von Personen mit abgeschlossener (dualer) Berufsausbildung. Im Hochschulwesen wurde die Arbeitsmarktorientierung mit der Entwicklung von dualen Studiengängen ausgeweitet. Allerdings hat hinsichtlich der Arbeitsmarktorientierung bei akademischen Studiengängen „das Berufskonzept als Leit- und Strukturkonzept für berufliche Ausbildung und Arbeit nur noch begrenzte Bedeutung" (S. 78). Als neue zentrale Funktion der Berufsbildung wird die Befähigung zum wiederholten Neuaufbau von Berufsfähigkeit im Fall von sich wandelnden Bedingungen herausgestellt. Abschließend weist *Schanz* darauf hin, dass die zunehmende Akademisierung vielen Menschen eine wissenschaftliche und damit eine höhere Bildung ermöglicht und auch zu mehr Chancengleichheit beiträgt.

II Herausforderungen für das berufliche Bildungswesen

Den zweiten Teil des Buches beginnt die *Dieter Euler* mit einem Überblick über neue Anforderungen an berufliche Bildung: Er begibt sich auf den Weg der *Berufsausbildung zwischen altem Glanz und neuen Herausforderungen*, indem er die drei italienischen Städte Pisa, Venedig und Bologna zu Namenspaten macht für grundlegende Veränderungen im Bildungssystem und in der Berufsausbildung in Deutschland. Zunächst wird die duale Berufsausbildung im Kontext vor- und nachgelagerter Bildungsbereiche eingeordnet. Dann wendet sich *Euler* den Herausforderungen im Übergang von der allgemeinbildenden Schule in eine Berufsausbildung zu. Dieser *Fokus Pisa* „erreichte die Berufsbildung, als mit der 'Pisa-Risikogruppe' jene 10 bis 15 % der Jugendlichen eines Altersjahrgangs ... mit dem Stigma der fehlenden Ausbildungsreife in einen Dschungel von Maßnahmen des sogenannten 'Übergangssystems' verbannt wurden" (S. 89). In den Übergangssektor werden auch Jugendliche mit Behinderungen oder mit Migrationshintergrund sowie neu Zugewanderte einbezogen. Die Probleme innerhalb des dualen Systems der Berufsausbildung kommen anschließend in den Blick, denn womöglich hat das duale System seine ehemals innovative Funktion verloren und ist heute wie die Lagunenstadt *Venedig* vom Untergang bedroht (vgl. S. 89). *Bologna* steht für die deutliche Zunahme von Schulabsolventen mit Hochschulzugangsberechtigung. Damit zusammenhängend thematisiert *Euler* das Verhältnis zwischen beruflicher und akademischer Bildung und diskutiert die daraus resultierenden Herausforderungen für die Berufsausbildung. Weil in der abschließenden Gesamtschau ein widersprüchliches Bild entsteht, fasst *Euler* die Kernherausforderungen der Berufsausbildung zusammen in Fragen zur Integration der Jugendlichen im Übergangssektor, zur Verbesserung der Ausbildungsqualität, zur Verzahnung von beruflicher und akademischer Bildung sowie zum Erhalt von Attraktivität einer Berufsausbildung für hochschulberechtigte Schulabsolventen.

Speziell auf *die Problematik des beruflichen Übergangssystems* konzentriert sich *Manfred Eckert* im nachfolgenden Beitrag. In einleitenden Überlegungen wird zunächst begründet, dass der Übergang von der Schule in die Arbeitswelt und in die Berufsausbildung eine pädagogische Vorbereitung erfordert. Ein erster Ansatz war in den 1970er Jahren die Arbeitslehre an der Hauptschule. Doch große Schwierigkeiten, einen Ausbildungsplatz zu finden, gab es insbesondere für schwächere Schüler und solche ohne Schulabschluss dann, wenn das Angebot an Ausbildungsplätzen relativ klein war. Das Berufsvorbereitungsjahr in den Berufsbildenden Schulen und auch Grundbildungs- und Förderlehrgänge sowie später „Berufsausbildung in außerbetrieblichen Einrichtungen" und „ausbildungsbegleitende Hilfen" wurden Jugendlichen angeboten, die keine Ausbildungsstelle finden können oder besondere Unterstützung brauchen. Dieses Maßnahmenbündel wurde als „berufliche Förderpädagogik" oder als „berufliche Benachteiligtenförderung", in jüngerer Zeit als „Übergangssystem" bezeichnet. *Eckert* diskutiert die bildungspolitischen Entwicklungen im Bereich der Übergangsförderung, insbesondere die Qualifizierung von Zielgruppen mit besonderem Förderbedarf und die Programme zur Berufsorientierung und zur Unterstützung der betrieblichen Ausbildung. Er fordert, dass die Berufsorientierung an den allgemeinbildenden Schulen ausgebaut wird. Im Vordergrund sollten erfolgreiche Übergänge in die betriebliche Berufsausbildung stehen. Mit dieser Zielsetzung ist ein vielfältiges, allerdings auch unüberschaubares Angebot an regionalen und lokalen Bildungsangeboten entstanden, das hilft, Schwierigkeiten beim Übergang zu überbrücken. Die pädagogischen Grundfiguren und Modelle aus der Benachteiligtenförderung (Kompetenzansatz, Individualisierung etc.) werden dabei übernommen.

Mit seinem statistisch fundierten Beitrag über die *schulische Berufsausbildung – Begrenzung und Ausweitung* verdeutlicht *Heinrich Schanz* zunächst die Vielfalt beruflicher Schulen und die Entwicklung der Schülerzahlen in den letzten Jahren, um die unterschiedlichen Rahmenbedingungen und ihre Veränderung aufzuzeigen. Auch die künftigen Probleme der Berufsbildung werden angesprochen, wenn *Schanz* den Beitrag der Berufsschule als Teilzeitschule im Rahmen der dualen Berufsausbildung herausstellt und z.B. darauf hinweist, dass „im Zusammenhang mit der verstärkten Einwanderung ... der Berufsausbildung und damit der Berufsschule auch eine *Integrationsaufgabe*" zukommt (S. 122). Allerdings beanstanden „30 Großunternehmen ... die ungenügende Verzahnung der Inhalte des Berufsschulunterrichts mit den veränderten betrieblichen Anforderungen", und „im kaufmännischen und IT-Sektor wird von den Unternehmen teilweise eine duale Ausbildung als nicht mehr ausreichend angesehen. Um den gestiegenen Qualifikationsanforderungen zu entsprechen, wird daher zum dualen Studium übergegangen" (S. 123 f.).

Die *Berufsfachschulen* mit Vollzeitunterricht vermitteln je nach Typ eine vollständige Berufsausbildung oder eine berufliche Grundausbildung bzw. eine berufliche Teilqualifikation. *Schanz* diskutiert die Möglichkeiten und Grenzen vollschulischer Berufsausbildung. Doch „während die Ausbildung in Gesundheitsfachberufen und Gesundheits- und Sozialberufen eine *Ausweitung* erfährt, verringert sich die vollzeitschulische Berufsausbildung" nicht nur in Ausbildungsberufen, sondern auch in vollzeitschulischen Ausbildungsgängen außerhalb BBiG/HwO und ohne Gesundheits- und Sozialwesen, was mit der demografischen Entwicklung und dem vermehrten Angebot an Ausbildungsplätzen zusammenhängt. Darüber hinaus wünschen seit 2012 die Wirtschaftsministerkonferenz und der DIHK, dass schulische Maßnahmen zugunsten betrieblicher Qualifizierung zurückgeführt werden (vgl. S. 133). *Schulische Berufsausbildung* findet auch in Großbetrieben und überbetrieblich statt. Um die Vollständigkeit der Berufsausbildung zu sichern, werden Ausbildungsaufgaben zunehmend ausgegliedert. Die Zahl der arbeitsplatzisolierten *schulischen Ausbildungsmaßnahmen* in Großbetrieben wird ausgeweitet. Für kleinere und mittlere Unternehmen ergänzen *überbetriebliche Berufsbildungsstätten (ÜBS)* und *überbetriebliche Lehrlingsunterweisung* die Berufsausbildung im Betrieb. Da viele Ausbildungsberufe zunehmend IT-basiert sind, haben die ÜBS im Hinblick auf die *Digitalisierung* eine starke Ausweitung und Modernisierung erfahren.

Teil II des vorliegenden Sammelbandes wird abgeschlossen mit einem Beitrag von *Dieter Münk* und *Gero Scheiermann* zu europäischen Herausforderungen: *Die europäische Berufsbildungspolitik und ihre Folgen für die deutsche Berufsbildung.* Die eher indirekte Entwicklung der Berufsbildung in Europa zu einem eigenständigen Politikfeld führte dazu, dass Instrumente der europäischen Bildungspolitik in Deutschland etabliert wurden, die heute als selbstverständlich angesehen werden. Doch zunächst wird an die Entstehungsgeschichte der europäischen Berufsbildungspolitik erinnert, die in den 1950er Jahren mit der Gründung der EGKS und der EWG begann. Berufliche Bildung etablierte sich dann zu Beginn der 1990er Jahre als eigenständiges Politikfeld in Europa. Allerdings stellt die Orientierung der berufsbildungspolitischen Strategie der Europäischen Kommission an dem angelsächsischen Vorbild beruflicher Qualifizierung – und damit am Modell einer konsequenten ordnungspolitischen Modularisierung mit Teilqualifikationen – das Berufsprinzip in Frage. Im Prinzip einer Modularisierung beruflicher Qualifizierung verdichten sich u. a. die Probleme des lebenslangen Lernens, der Kompetenzorientierung und Anerkennung besonders nicht formaler Kompetenzen, das Konzept der Employability, das Prinzip der 'Outcome-Orientierung', welches der inputorientierten Philosophie des zertifikats- und abschlussorientierten deutschen Bildungssystems diametral gegenüberstand.

Die Meilensteine der Entwicklung des europäischen Berufsbildungsraums werden skizziert von Lissabon (2000) bis hin zu den vier Schwerpunkten und Zielsetzungen der europäischen Bildungszusammenarbeit bis 2020, auf die man sich geeinigt hat: Verwirklichung von lebenslangem Lernen und Mobilität, Verbesserung der Qualität und Effizienz der allgemeinen und beruflichen Bildung, Förderung der Gerechtigkeit und Chancengleichheit sowie des sozialen Zusammenhalts und aktivem Bürgersinn, Förderung von Innovation und Kreativität auf allen Ebenen der allgemeinen und beruflichen Bildung. EQR und ECVET werden als Kernstücke europäischer Berufsbildungspolitik herausgestellt und aus deutscher Perspektive diskutiert. Allerdings ist nach wie vor „diese 'Philosophie' des europäischen Bildungsraumes mit der Struktur und der Eigenlogik des historisch gewachsenen bundesdeutschen Berufsbildungssystems nicht kompatibel" (S. 149), und in der Diskussion um ECVET, EQR, Employability und der sich daraus ergebenden Anerkennung von informellen und non-formalen Kompetenzen hemmt aus deutscher Sicht immer noch das starre Primat des Berufsprinzips. Abschließend zeigen *Münk* und *Scheiermann* die Grenzen der europäischen Herausforderung für das System der Berufsausbildung in Deutschland auf: Die Anpassungsfähigkeit der beruflichen Qualifizierung wird „begrenzt durch die institutionelle, soziale, politische und ökonomische Verwobenheit des auf Beruflichkeit fokussierten Dualen Systems mit seinen politischen wie auch sozio-ökonomischen Grundstrukturen des deutschen Bildungs- und Beschäftigungssystems" (S. 154). Die europäischen Herausforderungen waren sicherlich Ausgangspunkt für vielfältige, zum Teil auch grundlegende und erfolgreiche Reformanstrengungen, die den Fortbestand und die Weiterentwicklung des Berufsbildungssystems in Deutschland ermöglichten. Dies wird am Beispiel von Employability, Modularisierung, Kompetenz- und Outcomeorientierung sowie EQR und DQR belegt. Doch auf der anderen Seite konnte keine der europäischen Reformbemühungen die ordnungspolitischen Grundlagen des Gesamtsystems im Grundsatz in Frage stellen.

III Neue Anforderungen an Lehren und Lernen in der Berufsbildung

Im dritten Teil des Sammelbandes wird diskutiert, welche Herausforderungen sich für die Didaktik der beruflichen Bildung aus der Digitalisierung ergeben und welche neuen Anforderungen deshalb an die Lehrkräfte in berufsbildenden Schulen entstehen. Im ersten Beitrag analysiert *Bernd Zinn* die Auswirkungen der *Digitalisierung der Arbeit* und leitet die damit verbundenen *Kompetenzerwartungen des Beschäftigungssystems und didaktische Implikationen* ab. Zunächst skizziert er die Perspektiven der Technologie, der Ökonomie und der Berufs- und Arbeitssoziologie, um zu verdeutlichen, dass die Digitalisierung mittelbar oder unmittelbar für einen basalen Wandel der Arbeit und einer Veränderung der Aus- und Weiterbildung verantwortlich sein wird. Den mit der Digitalisierung verbundenen Wandel der Arbeit beschreibt *Zinn* in sechs Dimensionen: *Qualifikation, Arbeitstätigkeit, Arbeits- und Lernmittel, Arbeitsorganisation, Arbeitsräume* und *Beschäftigungsformen*. Zur Dimension der Lern- und Arbeitsmittel gehören beispielsweise „die multimodalen Assistenzsysteme und innovative digitale Lerntechnologien wie Augmented Reality, Virtual Reality, Dual Reality oder die neuen natürlichen Schnittstellen zwischen Mensch und technischem Arbeitsmittel. Intelligente Assistenzsysteme mit multimodalen Benutzerschnittstellen können die Beschäftigten bei ihrer Arbeit unterstützen und gleichzeitig als digitale Lerntechnologien verwendet werden" (S. 166).

Analog zu diesen Dimensionen digitalisierter Arbeit ergeben sich die Kompetenzerwartungen für die Fachkräfte. Ohne einer domänenspezifischen Bewertung vorzugreifen benennt *Zinn* basale Erwartungen im Bezugsfeld der Digitalisierung, wobei sowohl fachliche als auch soziale und personale Kompetenzadaptionen dringlich scheinen. Von besonderer Bedeutung ist, dass Fachkräfte zukünftig über eine umfassende spezifische informationstechnische Grundbildung (Digital Literacy) verfügen müssen. Verstärkt gewinnen fremdsprachliche und interkulturelle Kompetenzen an Bedeutung, ebenso interdisziplinäre Kompetenzen, verstärktes Prozesswissen, Management- und Problemlösefähigkeiten, ausgeprägte Weiterbildungsbereitschaft und Learning-on-Demand.

Um der neuen Zielsetzung gerecht zu werden, sind didaktische Veränderungen in der beruflichen Aus- und Weiterbildung erforderlich im Hinblick auf den Zuschnitt von (neuen) Ausbildungsberufen und wegen curricularer Veränderungen, neuer Kompetenzprofile oder der Nutzung von modernen Lern- und Arbeitsumgebungen zur Unterstützung von Lernen und Arbeiten. „Neue Technologien wie Mixed-

Reality-Simulation haben dabei möglicherweise das Potenzial ein Embodiment Learning und die Flexibilisierung des Lernens zu unterstützen. Bedeutsam scheint, ... die Vermittlung einer elaborierten Überzeugung zum Wissen und Wissenserwerb, die den Aufbau des theoretisch-systematischen Fachwissens und des auf Praxiserfahrungen basierenden Erfahrungswissens kohärent aufeinander bezieht und schlüssig miteinander verbindet" (S. 172). Allerdings – so *Zinn* – erweist sich die Beschreibung von allgemeinen Kompetenzerwartungen zu Fachkräften im Kontext der Digitalisierung der Arbeit als eine grobe Abschätzung, denn bislang gibt es dazu lediglich ein eingeschränktes empirisches Beschreibungs- und Erklärungswissen. Auch zu den domänenspezifischen Kompetenzbedarfen und den Wirkungseffekten der Nutzung moderner Lern- und Arbeitsmittel liegen bisher im Bezugsfeld nur wenige empirische Studien vor. Deshalb weist *Zinn* abschließend auf zahlreiche Forschungsdesiderate hin.

Jürgen Seifried und *Eveline Wuttke* schließlich konzentrieren sich in ihrem Beitrag auf die *Weiterentwicklung professioneller Kompetenzen von Lehrkräften an beruflichen Schulen* im Hinblick auf die zukünftigen Anforderungen an die Berufsbildung. Einleitend wird die Bedeutung der professionellen Kompetenz von Lehrkräften in der beruflichen Bildung hervorgehoben, weil gelingender Unterricht bzw. gelingende Unterweisung mehr ist als eine einfache Funktion bestimmter 'optimaler' Strategien/Methoden. „Lehrkräfte und betriebliche Ausbilder/-innen benötigen zur Planung, Entwicklung und Evaluation von Lernumgebungen/-materialien sowie zur Durchführung von Unterricht/Unterweisung eben ein reiches und flexibles Handlungsrepertoire, die Fähigkeit, Situationen angemessen zu beurteilen, sowie adaptive und funktionale Überzeugungen und motivationale Orientierungen" (S. 175). Diese zentralen Merkmale der professionellen Kompetenz des Bildungspersonals sind allerdings im Bereich der beruflichen Bildung bisher nur sehr lückenhaft erforscht.

In den folgenden Kapiteln diskutieren *Seifried* und *Wuttke* zunächst die Aufgaben und Kompetenzen von Lehrkräften an beruflichen Schulen. Sie verweisen auf die Spezifika der Lehrtätigkeit in diesem Bereich, denen das Basiscurriculum für das universitäre Studienfach Berufs- und Wirtschaftspädagogik Rechnung trägt. Als zentrale Kompetenzbereiche von Lehrkräften an beruflichen Schulen werden akzentuiert (1) unterrichtliches Handeln, (2) diagnostische Kompetenzen und Assessment, (3) Umgang mit Heterogenität und (4) Inklusion. Besondere und neue Herausforderungen für die berufliche Bildung sind mit den Bereichen Heterogenität und Inklusion verknüpft – „zur Erreichung der anspruchsvollen Zielsetzungen einer inklusiven Berufsbildung bedürfen Lehrkräfte spezifischer Kompetenzen" (S. 183). Befunde zur Wirkung der Lehrerbildung werden diskutiert und der Stellenwert von schulpraktischen Phasen erörtert. Im Rahmen der Professionalisierung erhält auch die Weiterbildung eine besondere Bedeutung. Faktoren, die sich günstig auf den Erfolg für die Gestaltung von Weiterbildungsmaßnahmen auswirken, werden identifiziert.

Während in diesem Beitrag der Fokus auf die Kompetenzen der Lehrkräfte an beruflichen Schulen gerichtet war, wurden die generellen Strukturprobleme, unter denen die Lehrerbildung hierzulande leidet, nicht thematisiert. Aber die Befürchtung, dass die Absolventen nur unzureichend auf Praxisaufgaben vorbereitet werden, sind „mit Blick auf vorhandene empirische Befunde (insbesondere zur fachdidaktischen Kompetenz von Studierenden) nicht völlig von der Hand zu weisen" (S. 188).

Insgesamt zeigen die Beiträge im vorliegenden Sammelband exemplarisch auf, mit welchen neuen Herausforderungen die Berufs- und Wirtschaftspädagogik konfrontiert wird. Die *Qualifikation* betreffend stellen Digitalisierung und Industrie 4.0 Anforderungen bezüglich der wissenschaftlich fundierten Weiterentwicklung und einer modifizierten didaktischen Ausrichtung der Berufsbildung. Die Berufs- und Wirtschaftspädagogik muss aber auch den Lehrkräften in beruflichen Schulen und in der beruflichen Aus- und Weiterbildung die entsprechenden professionellen Handlungskompetenzen vermitteln. Die Chancen von *Bildung* unter den veränderten Bedingungen von Arbeit und Beruf aufzuzeigen, ist Ziel der Berufsbildungstheorie. Wie demografischer Wandel und wirtschaftliche Entwicklung Anlass geben zur Gestaltung von *Rahmenbedingungen*, wird z. B. am Übergangssystem, demonstriert. Hinzu kommen politische Festlegungen wie die Inklusion. Die Vorgaben von EU und OECD bewirken nicht nur die Änderung der Rahmenbedingungen für die Berufsbildung, sondern auch für die *Wissenschaft*. Wie sehr die Berufs- und Wirtschaftspädagogik mit den Bereichen Qualifikation und Rahmenbedingungen zusammenhängt belegt beispielsweise die Zusammenarbeit in der Forschung mit dem BIBB und dem IAB bzw. der AGBFN.

Literatur

Becker, Matthias; Spöttl, Georg; Windelband, Lars (2017): Berufsprofile für Industrie 4.0 weiterentwickeln. Berufsbildung in Wissenschaft und Praxis 46. Jg. H. 2, S. 14–18

Bonz, Bernhard (2015): Die Berufs- und Wirtschaftspädagogik als wissenschaftliche Disziplin. In: Seifried, Jürgen; Bonz, Bernhard (Hrsg.): Berufs- und Wirtschaftspädagogik – Handlungsfelder und Grundprobleme. (Berufsbildung konkret Bd. 12) Baltmannsweiler: Schneider, S. 7–24

Bonz, Bernhard; Schütte, Friedhelm (2013): Zum Wandel der Berufspädagogik – zugleich eine Einführung. In: Bonz, Bernhard; Schütte, Friedhelm (Hrsg.): Berufspädagogik im Wandel. (Diskussion Berufsbildung Bd. 10) Baltmannsweiler: Schneider, S. 3–13

Büchter, Karin (2013),: Erziehung, Bildung und Ausbildung in der Berufspädagogik Heinrich Abels. In: Bonz, Bernhard; Schütte, Friedhelm (Hrsg.): Berufspädagogik im Wandel. (Diskussion Berufsbildung Bd. 10) Baltmannsweiler: Schneider, S. 48–70

DFG Deutsche Forschungsgemeinschaft (1990): Berufsbildungsforschung an den Hochschulen der Bundesrepublik Deutschland. Weinheim: VCH

Gonon, Philipp (2017): Beruflichkeit. Berufsbildung 71. Jg., H. 164, S. 1

Gonon, Philipp; Reinisch, Holger; Schütte, Friedhelm (2010): Beruf und Bildung: Zur Ideengeschichte der Berufs- und Wirtschaftspädagogik. In: Nickolaus, Reinhold; Pätzold, Günter; Reinisch, Holger; Tramm, Tade (Hrsg.): Handbuch Berufs- und Wirtschaftspädagogik. Bad Heilbrunn: Klinkhardt, S. 424–440

Kell, Adolf (2014): Grenzgänge, Traditionen und Zukünfte in der Deutschen Gesellschaft für Erziehungswissenschaft. In: Erziehungswissenschaft Jg. 25, H. 49, S. 49–64

Meyer, Rita (2000): Qualifizierung für moderne Beruflichkeit. Münster: Waxmann

Pahl, Jörg-Peter (1998): Berufsfelddidaktik zwischen Berufsfeldwissenschaft und Allgemeiner Didaktik. In: Bonz, Bernhard; Ott, Bernd (Hrsg.): Fachdidaktik des beruflichen Lernens. Stuttgart: Steiner, S. 60–87

Pätzold, Günter (2006): Berufspädagogik. In: Kaiser, Franz-Josef; Pätzold, Günter (Hrsg.): Wörterbuch Berufs- und Wirtschaftspädagogik. 2. Aufl., Bad Heilbrunn: Klinkhardt, S. 155–158

Pätzold, Günter (2017): Betriebliches Bildungspersonal. (Diskussion Berufsbildung Bd. 13) Baltmannsweiler: Schneider

Pätzold, Günter; Reinisch, Holger; Wahle, Manfred (2015): Ideen- und Sozialgeschichte der beruflichen Bildung. (Studientexte Basiscurriculum Berufs- und Wirtschaftspädagogik Bd. 10) 2. Aufl., Baltmannsweiler: Schneider

Pleiss, Ulrich (1973): Wirtschaftslehrerbildung und Wirtschaftspädagogik. Göttingen: Schwartz

Reinisch, Holger (2015): Bildung, Qualifikation und Kompetenz in berufspädagogischen Programmatiken – zur normativen Theorie der Berufsbildung. In: Seifried, Jürgen; Bonz, Bernhard (Hrsg.): Berufs- und Wirtschaftspädagogik – Handlungsfelder und Grundprobleme. (Berufsbildung konkret Bd. 12) Baltmannsweiler: Schneider, S. 25–50

Schmiel, Martin; Sommer, Karl-Heinz (2001): Berufs- und Wirtschaftspädagogik als wissenschaftliche Disziplin. In: Schanz, Heinrich (Hrsg.): Berufs- und wirtschaftspädagogische Grundprobleme. (Berufsbildung konkret Bd. 1) Baltmannsweiler: Schneider, S. 8–21

Schütte, Friedhelm (2013): Disziplinäre Dynamik der Berufspädagogik – ein Kommentar. In: Bonz, Bernhard; Schütte, Friedhelm (Hrsg.): Berufspädagogik im Wandel. (Diskussion Berufsbildung Bd. 10) Baltmannsweiler: Schneider, S. 15–34

Sektion Berufs- und Wirtschaftspädagogik der Deutschen Gesellschaft für Erziehungswissenschaft (2014): Basiscurriculum für das universitäre Studienfach Berufs- und Wirtschaftspädagogik im Rahmen berufs- und wirtschaftspädagogischer Studiengänge.
http://www.bwp-dgfe.de/index.php/basiscurriculum

Zabeck, Jürgen (2013): Geschichte der Berufserziehung und ihrer Theorie. 2. Aufl., Paderborn: Eusl

I
Wandel von Gesellschaft und Beschäftigungssystem

Konsequenzen für die Berufsbildung

Günter Kutscha

Berufsbildungstheorie auf dem Weg von der Hochindustrialisierung zum Zeitalter der Digitalisierung

1 Vorbemerkungen: Berufsbildungstheorie als Selbstreflexion der Berufs- und Wirtschaftspädagogik
2 Bildung für und durch den Beruf – Klassische Berufsbildungstheorie in den Gründerjahren der Berufsschule
2.1 Grundlegung der Berufsbildungstheorie bei Kerschensteiner und Spranger
2.2 Kritik der klassischen Berufsbildungstheorie aus der Perspektive industrieller Entwicklung
3 Emanzipation versus Funktionalität – Paradigmenpluralismus im berufsbildungstheoretischen Diskurs der bildungspolitischen Reformära
4 Schwellenzeit: Der Computer kommt – Bildung und Beruf als Auslaufmodelle?
5 Industrie 4.0 – empirische Befunde zur Digitalisierung der Arbeitswelt
6 'Berufsbildung' als unverzichtbare berufsbildungswissenschaftliche Zielkategorie
7 Thesen zur Modernisierung der beruflichen Bildung vor den Herausforderungen der Digitalisierung

1 Vorbemerkungen: Berufsbildungstheorie als Selbstreflexion der Berufs- und Wirtschaftspädagogik

Etiketten wie Industrie 4.0 oder Arbeit 4.0 signalisieren Umbruch und Handlungsbedarf.[1] Veränderte Umweltbedingungen, die auf das Verhältnis von Bildung und Beruf einwirken, haben sich in der Vergangenheit immer wieder als „Auslöser" für kritische Auseinandersetzungen um das Selbstverständnis der Berufs- und Wirtschaftspädagogik erwiesen. Dabei stand nicht zuletzt die Identität der Berufs- und Wirtschaftspädagogik als „eigene Disziplin" zur Diskussion. Es geht um basale Fragen wie: „Hat die Berufs- und Wirtschaftspädagogik eine eigene Theorie – eine Berufsbildungstheorie?" Und: „Auf welchen theoretischen, philosophischen und methodologischen Grundannahmen fußt diese?" (Büchter/Klusmeyer/Kipp 2009, S. 1). Hierzu werden in der vorliegenden Abhandlung grundlegende („paradigmati-

---

[1] „Etikett" soll zum Ausdruck bringen, dass die Begriffe „Industrie 4.0" oder „Arbeit 4.0" als „Aufkleber" für hoch komplexe Zusammenhänge verwendet werden und für theoretische Analysen eigentlich wenig geeignet sind. Ein einheitliches Begriffsverständnis für das Phänomen Industrie 4.0 existiert gegenwärtig nicht (vgl. Freiling/Hauenstein 2017, S. 24). Aus industriegeschichtlicher Sicht ist die Klassifikation der Digitalisierung als „*vierte* industriellen Revolution" fragwürdig. In der internationalen Debatte werden Phänomene und „*Visionen* der Digitalisierung" (Hirsch-Kreinsen/Ittermann/Niehaus 2015) u. a. als „The second maschine age" (Brynjolfsson/McAfee 2014) oder als „Die dritte industrielle Revolution" (Rifkin 2011) bezeichnet. Aus pragmatischen Gründen soll das Etikett „Industrie 4.0" im vorliegenden Aufsatz beibehalten und im Teil 5 näher erläutert werden. Gleichbedeutend mit „Industrie 4.0" oder „Arbeit 4.0" ist hier auch von „intensivierter" bzw. „voranschreitender Digitalisierung" die Rede.

sche") Ansätze der Berufsbildungstheorie im Kontext industrieller Entwicklungsphasen von der Hochindustrialisierung über die computergestützte Automatisierung der Produktion bis hin zur intensivierten Digitalisierung referiert und diskutiert.² Im Mittelpunkt steht das Verhältnis von „Bildung" und „Beruf" als Leitfrage berufsbildungstheoretischen Denkens. Der Beitrag schließt mit Thesen des Autors, die über die Bestandsaufnahme der empirischen Forschungsbefunde hinausgehend spekulativ auf Entwicklungen verweisen, für die die Berufs- und Wirtschaftspädagogik – wie die Digitalisierungsforschung insgesamt – noch keine Lösungen parat hat.

Bildung und Beruf aus berufsbildungstheoretischer Sicht zu erörtern, bedeutet, eine Beobachterperspektive einzunehmen, die begründungspflichtig ist. Denn sowohl Bildung als auch Beruf sind Thema und Problem sehr unterschiedlicher wissenschaftlicher und praxisbezogener Kommunikationsgemeinschaften und Professionen. Begriffe wie Bildungstheorie, Bildungsökonomie, Bildungspolitik oder Berufspädagogik, Berufspsychologie, Berufssoziologie etc., aber auch die Diversität disziplininterner Konzepte und Benennungsangebote der Berufs- und Wirtschaftspädagogik wie zum Beispiel Berufsbildung, Erwerbsqualifizierung oder Kompetenzentwicklung deuten darauf hin, dass wir es mit einer Vielfalt von „Beobachtern" zu tun haben.

Wodurch zeichnet sich die berufsbildungstheoretische Perspektive aus? Berufsbildungstheorie kann als Selbstreflexion der Berufs- und Wirtschaftspädagogik verstanden werden. Systemreferenz von „Reflexion" ist dabei die Beziehung der Berufs- und Wirtschaftspädagogik auf sich selbst (vgl. Luhmann/Schorr 1988). Hierbei steht das „Selbstverständnis" der Berufs- und Wirtschaftspädagogik als wissenschaftliche Disziplin zur Diskussion (Bonz 2015; Büchter/Klusmeyer/Kipp 2009; Büchter 2017a). Einen weitgefassten problemorientierten Zugang zu Fragen und Reflexionsbezügen der Berufsbildungstheorie bietet Alfons Backes-Haase (2001, S. 22) an: „Bezugspunkt des Problems der Bildung des Menschen durch den Beruf ist das komplexe wechselseitige Implikationsverhältnis von beruflicher Tätigkeit und humaner Bildung im Prozess gesellschaftlicher Modernisierung und die daran anschließende Frage, wie dieses Verhältnis, vornehmlich in der Phase des Aufbaus der Berufsfähigkeit des Menschen, pädagogisch gestaltet werden kann bzw. sollte."³

---

² Mit den „referierenden" Passagen zu den berufsbildungstheoretischen Ansätzen und ihren Autoren ist beabsichtigt, Studierenden der Berufs- und Wirtschaftspädagogik und interessierten Lesern ohne spezielle Vorkenntnisse einen Überblick zu ermöglichen. Die Fußnoten dienen dazu, Einzelaspekte durch Literaturverweise und Kurzkommentare zu vertiefen.

³ Backes-Haases „Beobachterperspektive" kann nicht beanspruchen, das Spektrum berufs- und wirtschaftspädagogischer Erkenntnisinteressen abzudecken (was hier auch nicht bezweckt wird). Vgl. alternativ dazu Lipsmeiers Aufsatz „Vom Beruf des Berufspädagogen" (1972/1975): Diese Veröffentlichung ist als Bilanz der Theorie-Diskussion in der Berufs- und Wirtschaftspädagogik bis Anfang der 1970er Jahre für die

Wie jede andere Disziplin basiert die Berufs- und Wirtschaftspädagogik auf bestimmten Erkenntnisinteressen und daran anknüpfend auf grundlegenden Theorien und Begriffen. In diesem Zusammenhang wird auch von „Paradigmen" gesprochen. Darunter sollen im Folgenden solche Theorieansätze verstanden werden, die sich in Bezug auf das Verhältnis von Bildung und Beruf markant voneinander abgrenzen und für das Selbstverständnis der Berufs- und Wirtschaftspädagogik von konstitutiver Bedeutung waren oder sind.[4] Korrespondierend mit dem Definitionsangebot von Backes-Haase wird im Weiteren davon ausgegangen, dass Wechsel und Pluralität von Paradigmen in der Berufs- und Wirtschaftspädagogik nicht allein auf den innerwissenschaftlichen Diskurs zurückzuführen sind, sondern immer auch aus Einflüssen der gesellschaftlichen Umwelt resultieren. Die hier vorgenommene Auswahl bildungstheoretischer Ansätze soll diesem Gesichtspunkt Rechnung tragen. Berücksichtigt wurden Ansätze, die (nach Sicht des Autors) paradigmatisch und diskurstheoretisch inspiriert auf das Verhältnis von Bildung und Beruf fokussiert sind. Es handelt sich hierbei nicht um eine Rekonstruktion theoriegeschichtlicher Textproduktion.

2 Bildung für und durch den Beruf – Klassische Berufsbildungstheorie in den Gründerjahren der Berufsschule

2.1 Grundlegung der Berufsbildungstheorie bei Kerschensteiner und Spranger

Entstehung und Entwicklung der dual in Betrieben und Berufsschulen durchgeführten Berufsausbildung hängen eng mit den Herausforderungen der „Hochindustrialisierung" im Deutschen Kaiserreich (1871-1918) zusammen (vgl. Wehler 1995, S. 552 ff.). Während dieser Zeit fand die Einführung und Etablierung der obligatorischen Fortbildungsschule als Vorläuferin der später so genannten Berufsschule

---

Ergänzung und Vertiefung des vorliegenden Textes sehr zu empfehlen. Zu beachten ist, dass Lipsmeier nicht von „Berufsbildungstheorie", sondern von „Wissenschaftstheorie der Berufspädagogik" spricht. Unter Ausklammerung der „äußerst stark umstrittenen Begriffe" – nämlich „Bildung" einerseits und „Beruf" andererseits – schlägt Lipsmeier folgende „Neufassung" des Verständnisses von Berufspädagogik vor: „Unter Berufspädagogik wird die erziehungswissenschaftliche Disziplin verstanden, die sich mit den Zielen, Bedingungen, Möglichkeiten und Realitäten der Qualifizierung von Menschen (vornehmlich von Jugendlichen) durch (in der Regel institutionalisierte) Maßnahmen (unter Ausschluss der Qualifizierung durch Hochschulen) für eine Erwerbstätigkeit und für das Leben in der Gesellschaft beschäftigt" (Lipsmeier 1972/1975, S. 243). (Zwischen Lipsmeiers und Backes-Haases begriffsklärenden Angeboten und den daran anschließenden Auffassungen von Berufs- und Wirtschaftspädagogik gibt es Überschneidungsbereiche, wie sie bei den meisten Konzepten dieser Disziplin vorzufinden sind.)

[4] Wissenschaftsgeschichtlich und -theoretisch betrachtet, geht der Paradigmenbegriff auf Thomas Kuhn (1996) zurück. Kuhn benutzte den Begriff des Paradigmas allerdings in unterschiedlichen Varianten. Der im vorliegenden Text verwendete Paradigmenbegriff knüpft an den vorherrschenden pragmatischen Sprachgebrauch in der Berufs- und Wirtschaftspädagogik an. Zum Konzept des Paradigmenpluralismus in der Berufs- und Wirtschaftspädagogik siehe Teil 3 (vgl. auch Zabeck 1992).

statt.[5] Am Ende dieser Phase war der organisatorische und curriculare Umbau von der Fortbildungs- zur Berufsschule noch eine „unfertige Konstruktion" (Greinert 2015, S. 45). Die Konsolidierung der Berufsschule und der industriellen Berufsausbildung als Prototyp des später so genannten „Dualen Systems" erfolgte nach Ende des Ersten Weltkriegs in den 1920er Jahren.

Bahnbrechend für Verlauf und Legitimation des Übergangs von der Fortbildungs- zur Berufsschulschule waren die Arbeiten von Georg Kerschensteiner (1854–1932) und – im Anschluss daran – zu Beginn der Weimarer Republik die Veröffentlichungen zur bildungstheoretischen Grundlegung der beruflichen Bildung von Eduard Spranger (1882–1963)[6]. Es ist das besondere Verdienst Kerschensteiners die Entwicklung der Fortbildungsschule im Rahmen seiner Funktion als Stadtschulrat in München (seit 1895) praktisch und politisch vorangetrieben und auch maßgebliche theoretische Impulse zur pädagogischen Legitimation der Berufsschule gegeben zu haben (vgl. Reinisch 2003; Stratmann 1978; Wilhelm 1979). Kerschensteiner zählt nicht nur zu den Wegbereitern der modernen Berufsschule, sondern hat mit seinem Konzept der „Arbeitsschule" und anderen weiterführenden Beiträgen auch zur Reform der Volksschule beigetragen (vgl. Kerschensteiner 1968). Kerschensteiner sprach von „geistig-körperlicher Arbeit", begriff diese aber vornehmlich als handwerklich ausgerichtete Tätigkeit. Berufliche Bildung wird bei Kerschensteiner nicht als Vorbereitung auf die Anforderungen der industriellen Gesellschaft, sondern primär unter dem Gesichtspunkt der Integration Heranwachsender in die staatsbürgerliche Gesellschaft betrachtet.

Die Schwierigkeit, Kerschensteiners Beitrag zur Entwicklung der Berufsschule und zur Berufsbildungstheorie zu würdigen, liegt darin, dass bei diesem Ansatz fortschrittliche Momente der Reformpädagogik und Berufserziehung eng mit konservativen staatsbürgerlichen und gesellschaftspolitischen Vorstellungen verbunden sind, die auf eine fragwürdige Instrumentalisierung und „politische Funktionalisierung" der Bildung und letztlich auch der Bildungstheorie hinauslaufen (vgl. Stratmann 1988, S. 590 ff.). Gewissermaßen im Mittelpunkt stand die Frage: „Wo sollen wir nun den jungen Staatsbürger packen, um ihn zu einem einsichtsvollen Altruismus zu erziehen". Darauf schien für Kerschensteiner „nur eine Antwort" möglich zu sein: „Bei seiner Arbeit" (Kerschensteiner 1901/1966, S. 36). Auch wenn Kerschensteiner seine Überlegungen in späteren bildungstheoretischen Schriften auf sämtliche Heranwachsende ausdehnte und dabei neben handarbeitenden Berufen

---

[5] Zur Analyse der berufsschulpädagogischen Diskussion des Kaiserreichs siehe Stratmann 1990.
[6] Aufschlussreich für die Übereinstimmungen des (beruflichen) Bildungsverständnisses von Kerschensteiner und Spranger ist der von ihnen erhaltene und veröffentlichte Briefwechsel (herausgegeben und eingeleitet von Ludwig Englert 1966).

die von ihm so genannten geistigen Berufe einbezog,[7] bleibt mit Reinisch (2003, S. 58) zu konstatieren: „Kerschensteiner liefert im Kern kein begründetes Konzept dafür, dass berufliche Bildung Menschenbildung ist, denn die Bildung im und für den Beruf ist für ihn der Weg, aber nicht das Ziel der Bildung."

Für Spranger war es unabdingbar, die Fortbildungsschule im Umwandlungsprozess zur Berufsschule als *Bildungs*schule zu konzipieren. Darin, so Spranger (1922, S. 41), liege der „eigentliche und einzige schöpferische Punkt der gegenwärtigen Schulreform". Das Bildungswesen müsse der (jugendpsychologischen) Tatsache gerecht werden, dass Heranwachsende in der Adoleszenzphase einem bestimmten persönlichen Interessenzentrum, dem „inneren Beruf", zuneigen. Der Entwicklungsrhythmus der Bildung führe von der „grundlegenden Bildung" über die berufliche Spezialbildung zur Allgemeinbildung (Spranger 1923). Erst nach vollendeter Berufsausbildung werde das Individuum über den „inneren Beruf" hinausgehend im Laufe seines Lebens „kulturfähig" gemacht. Anders als bei Humboldt folgt – nach Spranger – die allgemeine der beruflichen Bildung. Dabei versteht Spranger den Beruf – im geisteswissenschaftlichen Sinne Wilhelm Diltheys – als Koinzidenzpunkt wertvoller Entwicklung der Persönlichkeit einerseits und der gesellschaftlich-kulturellen Entwicklung andererseits. Die Notwendigkeit, den „inneren Beruf" mit einem gesellschaftlich definierten Beruf zu verknüpfen begründet Spranger damit, dass Bildung den Menschen „kulturfähig" machen soll. Gruppen verwandter Berufe sollten zu typischen Berufen zusammengefasst werden, denen bestimmte Bildungstypen entsprächen, auf die sich die Lehrpläne der Berufsschulen einstellen könnten. Spranger bezieht sich dabei auf das von Kerschensteiner formulierte „Grundaxiom des Bildungsprozesses", wonach die Bildung des Individuums nur durch jene Kultureinflüsse ermöglicht werde, deren geistige Struktur ganz oder teilweise der Struktur der individuellen Psyche adäquat sei (Spranger 1922, S. 35).[8]

Die Berufs- und Wirtschaftspädagogik bezog aus Sprangers geisteswissenschaftlichem Ansatz im Verlauf ihrer Entstehungsgeschichte maßgeblich ihr Selbstverständnis als Universitätsdisziplin. Friedrich Feld (1887–1945), der erste habilitierte Wirtschaftspädagoge in Deutschland (1930) und Professor für das Fach „Wirt-

---

[7] Der Berufsbegriff wird bei Kerschensteiner unterschiedlich akzentuiert. In der posthum veröffentlichten „Theorie der Bildungsorganisation" werden Bildung und Berufsbildung gleichgesetzt, wobei der Berufsbegriff „nebulös" ausgedehnt wird: „Nach allen unseren Betrachtungen ist jede wirkliche Bildung eine Art Berufsbildung, sofern wir nur unter Beruf jenen Lebenskreis verstehen, zu dem wir schon gemäß unserer psychischen Verfassung berufen sind" (Kerschensteiner 1933, S. 185). Theodor Wilhelm rezipiert Kerschensteiner mit den Worten: „Die deutsche Berufsmetaphysik hat in Kerschensteiners *Theorie der Bildung* ihren klassischen Ort gefunden" (Wilhelm 1979, S. 115).

[8] Grundlegend für das Verständnis des berufsbildungstheoretischen Ansatzes von Eduard Spranger sind die in vielen Auflagen veröffentlichten Hauptwerke „Lebensformen" (1921) und „Psychologie des Jugendalters" (1924). Der sinnverstehende Zugang zu den Problemen des Jugendalters, insbesondere auch im Zusammenhang mit Berufswahl und beruflicher Bildung, ist – bei aller Kritik an Sprangers Werk – auch heute noch lesenswert und bedürfte einer aktuellen Gesamtauswertung in kritisch-konstruktiver Sicht. Das gilt insbesondere hinsichtlich der Wechselbeziehungen zwischen gesellschaftlich-kultureller und individueller Entwicklung.

schaftspädagogik" an der Handelshochschule in Berlin, definierte die „Berufsschul- und Wirtschaftspädagogik" als eine „auf kulturphilosophischer Basis ruhende erziehungswissenschaftliche Disziplin" (Feld 1928, S. 53).[9]

2.2 Kritik der klassischen Berufsbildungstheorie aus der Perspektive industriellen Entwicklung

Vor dem Hintergrund der Hochindustrialisierung und deren Weiterentwicklung nach dem Ersten Weltkrieg stießen die Ansätze von Kerschensteiner und Spranger auf scharfe Kritik. Anna Siemsen (1882–1951), u. a. Beigeordnete bzw. Oberschulrätin für das Fach- und Berufsschulwesen in Düsseldorf und Berlin sowie Honorarprofessorin an der Universität Jena, vermerkte in ihrem 1926 veröffentlichten und noch heute lesenswerten Buch „Beruf und Erziehung": „So haben wir durch eine merkwürdige Ironie der Entwicklung das Schauspiel, daß der Beruf als Bildungszentrum anerkannt wird und man durch ihn die Erziehung bestimmen will in dem Augenblick, wo er allgemein zum bloßen Erwerb zusammenschrumpft, für weiteste Kreise nicht einmal die primitivste Funktion der Lebenssicherung erfüllt, geschweige daß er Lebensinhalt und Entwicklungsgrundlage bilden könnte" (Siemsen 1926, S. 163). Mit ihrem Verdikt bezog sich Siemsen explizit auf Kerschensteiner und Spranger. „Diese beiden Berufsbildungstheorien beherrschen heute die pädagogische Erörterung" (S. 163). Je weniger unter den Bedingungen des Arbeitsmarkts und des Beschäftigungssystems von einer Übereinstimmung zwischen „innerem Beruf" und „äußerem Beruf" ausgegangen werden könne, je mehr die Revision von Berufswünschen als Zwangsanpassung an vorgegebene Arbeitsmarktbedingungen erlebt werde, umso weniger gelinge es den Jugendlichen, eine Berufsperspektive zu entwickeln, die sich für eine subjektiv bedeutsame Sinnstiftung als tragfähig erweise.[10]

---

[9] Schon Felds Dissertation von 1920 (und die überarbeitete Version von 1924 unter dem Titel „Jugendpsychologie und Lehrkunst") sind nach Zabeck (2013, S. 634 ff.) von „einem innigen Bekenntnis zur Berufsbildungstheorie" im Sinne Kerschensteiners und Sprangers gekennzeichnet; Feld beschwöre geradezu die „zeitlose Gültigkeit der kulturphilosophischen Typologie". Nach der Machtübertragung an Hitler im Jahr 1933 passte Feld seine kulturphilosophische Orientierung nationalsozialistischen Ideen an (vgl. Mayer 1990; Zabeck 2013). Deutschnationale „Affinitäten" zwischen Spranger und Feld lassen sich u. a. in Sprangers Betonung des „Deutschtums" als Bezugspunkt allgemeiner und beruflicher Bildung finden. „Das Bildungsideal aber bleibt deutsch ..." (Spranger 1923, S. 11). Humboldts Auffassung von universeller Humanität wird bei Spranger ins Deutschnationale umgeformt (Ortmeyer 2008, S. 15).

[10] Die vielfach zitierte Kritik von Anna Siemsen an der „klassischen Berufsbildungstheorie" Kerschensteiners und Sprangers kann man im Grundsatz teilen. Sie wird jedoch bei sorgfältiger Rezeption dem komplexen Schrifttum beider Autoren nicht zureichend gerecht. Spranger hat den Wandel des Berufskonzepts
 unter Bedingungen industrieller Erwerbsarbeit durchaus gesehen und als Problem einer entwicklungsadäquaten Pädagogik thematisiert, so schon in den ersten Auflagen der „Psychologie des Jugendalters" (1924, S. 247). Darin verweist Spranger auf „Entpersönlichung" unter der „Maschinenherrschaft" industrieller „Massensklaverei". Allerdings werden gesellschaftstheoretische und politische Zusammenhänge, wie sie bei Anna Siemsen im Vordergrund stehen, (explizit) ausgeklammert: „Das Problem kann uns nicht beschäftigen im Sinne der Wirtschafts- und Sozialreform. Es kommt hier nur auf die psychischen Wirkungen dieser Umstände an, die für den größten Teil der jungen Arbeiterschaft das Schicksal bedeuten" (Spranger 1924, S. 247).

Der Widerspruch zwischen klassischer Berufsbildungstheorie und Industrialisierung war immer wieder Thema berufs- und wirtschaftspädagogischer Literatur (vgl. u. a. Abel 1963; Blankertz 1969; Greinert 2015). Kerschensteiners und Sprangers Veröffentlichungen zur berufsbildungstheoretischen Grundlegung der Berufsschule fallen in eine Zeit, als sich der Wandel vom „Agrarstaat" zum „Industriestaat" in Deutschland „strukturdominant" durchgesetzt hatte (Wehler 1995, S. 618). „Führungssektoren" des Strukturwandels im Zuge der so genannten „zweiten Industrialisierung" (Industrie 2.0) waren seit den 1890er Jahren Großchemie, Elektrotechnik und Maschinenbau.[11] Der überwältigende Wachstumssprung von 1895 bis 1913 ging einher mit der Steigerung der Metallerzeugung um dreihundert Prozent und der Kohleproduktion um zweihundert Prozent (Wehler 1995, S. 612). Vor diesem Hintergrund lässt sich das handwerksorientierte Berufsverständnis Kerschensteiners und Sprangers auf den ersten Blick kaum nachvollziehen. Allerdings muss dabei in Betracht gezogen werden, dass die „Weichenstellung" zum Industriestaat in der öffentlichen Meinung zur Zeit der Wende vom 19. zum 20. Jahrhundert keineswegs eindeutig war. So lag zur damaligen Zeit der prozentuale Anteil der landwirtschaftlich Beschäftigten noch deutlich über dem der Beschäftigten in Industrie und Handwerk. Gleichwohl wiesen die amtlichen Statistiken unmissverständlich auf das ökonomische Übergewicht der Industriewirtschaft hin (Wehler 1995, S. 618 ff.).

Wie immer man vor diesem Hintergrund die berufsbildungstheoretischen Ansätze von Kerschensteiner und Spranger bewerten mag, auf die Herausforderungen der industriellen Entwicklung an die berufliche Bildung geben sie keine Antwort. Spranger selbst hat diese Problematik gesehen, als er in späteren Jahren anlässlich seines Vortrags über „Umbildungen im Berufsleben und in der Berufserziehung" fragte (Spranger 1950, S. 47): „Werden wir künftig noch Dauerberufe haben?" und „In welchen Grenzen wird es künftig noch eine freie Berufswahl geben?". Angesichts der Automatisierung industrieller Arbeitsprozesse in den 1950er Jahren verschärfte sich die Frage, ob und in welchen Formen der Beruf überhaupt noch eine zukunftsfähige Referenzgröße für Theorie und Forschung auf dem Gebiet der „beruflichen Bildung" sein könne.

Diese Fragen betrafen unmittelbar das Selbstverständnis der Berufs- und Wirtschaftspädagogik. Vertreter der neueren, der industriellen Arbeitswelt zugewandten Berufs- und Wirtschaftspädagogik spitzten ihren Standpunkt in der These zu: Der Glaube an die erziehliche Kraft der Berufsgesinnung sei in der industriellen Arbeitswelt pure Illusion (Schwarzlose 1954). Die technische Entwicklung hin zur Vollautomatisierung zerstöre die letzten Reste beruflicher Ordnung und damit die Möglichkeit, Berufsbildung als „Pforte zur Menschenbildung" (Kerschensteiner) begreifen zur können. Auch „Bildung" sei kein „Zauberwort" zur „Rettung der

---

[11] Einen groben Eindruck von der rasanten Entwicklung der Hochindustrialisierung im Kaiserreich vermittelt der Index des deutschen industriellen Wachstums für die Gesamtindustrie von 1870 bis 1913 (1913=100): 1870: 18,8; 1880: 26,1; 1890: 39,9; 1900: 61,4; 1913: 100 (Wehler 1995, S. 612).

Menschen", hieß es später bei Heinrich Abel (1908–1965), dem ersten Professor für Berufspädagogik am Berufspädagogischen Institut in Frankfurt am Main und an der Technischen Universität Darmstadt (Abel 1963, S. 196).

Sowohl die Vagheit des Bildungsbegriffs als auch das „Versagen" der geisteswissenschaftlichen Pädagogik angesichts des nationalsozialistischen Unrechts- und Gewaltregimes veranlassten namhafte Vertreter der Pädagogik, eine „realistische Wendung" (Roth 1962) einzufordern und den Bildungsbegriff, somit auch das Konzept „Bildung durch den Beruf", zu verabschieden. Eine differenzierte Position nahm Theodor Litt (1880–1962) ein. Sie hat im berufsbildungstheoretischen Diskurs mit der Veröffentlichung „Das Bildungsideal der deutschen Klassik und die moderne Arbeitswelt" (1955) (zeitweise) große Beachtung gefunden. Litt hielt zwar am Bildungsbegriff fest, erweiterte ihn jedoch in Hinblick auf die Bildungsaufgaben angesichts der modernen, naturwissenschaftlich-technisch bestimmten Arbeitswelt (vgl. Klafki 1979).

Die von Roth beklagte Lücke an empirischer Forschung füllten im berufs- und wirtschaftspädagogischen Diskurs der Nachkriegszeit vor allem industrie- und berufssoziologischen Studien zur Automatisierung sowie zum Wandel von der Industrie- zur Dienstleistungsgesellschaft und zur beruflichen Mobilität. Die Kritik am traditionellen Berufskonzept entzündete sich einerseits an den zu speziellen Berufsbildern für ausbildungs- und ordnungspolitische Maßnahmen, andererseits an der Obsoleszenz des Berufskonzepts überhaupt. Namentlich für Helmut Schelsky als einen der renommiertesten Soziologen der Nachkriegszeit waren die „automatisierte Fabrik" und das „automatisierte Büro" unter Verwendung der „Elektronen-Rechenmaschinen" zentrales Thema (1953). Weitsichtig sah Schelsky das „Ziel einer modernen Berufserziehung" in der „Erzeugung verhältnismäßig abstrakter Berufs- und Arbeitstugenden." Er verwies dabei auf „Leistungsansprüche, die wir für den Arbeiter an den Kontrollapparaturen der Automatismen feststellen: konzentrierte Aufmerksamkeit, hohe Verantwortung, technisches Verständnis und Reaktionsgeschick, Zuverlässigkeit, und das alles sozusagen nur als dauernd latente Bereitschaft, gleichsam abgelöst vom Vollzug einer speziellen Arbeitstätigkeit präsent zu haben" (Schelsky 1956, S. 171 f.). Die wirtschaftliche und soziale Bedeutung der Arbeit, so die Kernthese bei Schelsky, liege nicht unmittelbar mehr in ihrem technischen Vollzug. Die moderne technische Arbeitsteilung habe dazu geführt, dass der produktive und wirtschaftliche Zweck einer bestimmten Berufstätigkeit oft erst durch den Blick auf das Ganze des Betriebes, des Produktionsprozesses und -ziels, „ja letzthin erst durch die Sinnerfassung gesamtwirtschaftlicher Zusammenhänge zum Bewußtsein kommt" (Schelsky 1956, S. 173). Mehr noch: „Die moderne Berufsarbeit ist ... für das Ganze des menschlichen Lebens nur sinnvoll, wenn sie durch einen sozialen und privatmenschlichen Zusammenhang ergänzt wird" (Schelsky 1956, S. 174). Die Berührungspunkte zwischen den Ansätzen von Theodor Litt und Helmut Schelsky sind nicht zu übersehen, gleichwohl waren die unterschiedlichen Sichtweisen von geisteswissenschaftlich-philosophischer Reflexion und sozialwissenschaftlich-empirischer Forschung zu damaliger Zeit noch kaum zu überbrücken.

3 Emanzipation versus Funktionalität – Paradigmenpluralismus im berufsbildungstheoretischen Diskurs der bildungspolitischen Reformära

Sucht man in der (vergleichsweise) jungen Geschichte der Berufsbildungsforschung nach Anknüpfungspunkten für die theoretische Neufassung einer am Bildungsprinzip orientierten und in ihren Methoden empirisch ausgerichteten Wissenschaftsposition, verdient das von Herwig Blankertz (1927–1983), Dieter Claessens (1921–1997) und Friedrich Edding (1909–2002) erstellte Gutachten über die Frage „Ein zentrales Forschungsinstitut für Berufsbildung?" (1966) hervorgehoben zu werden. Es wurde zur Zeit der Bildungsreformphase in der Bundesrepublik Deutschland erstellt und gehört zu den Pionierarbeiten der Berufsbildungsforschung und zu den „geistigen Wegbereitern" des 1970 auf der Grundlage des Berufsbildungsgesetzes (1969) gegründeten Bundesinstituts für Berufsbildungsforschung (heute: Bundesinstitut für Berufsbildung, BIBB). Die Autorengruppe war interdisziplinär zusammengesetzt. Zwar ist bei der Lektüre des Gutachtens leicht zu erkennen, dass (Berufs-)Bildungstheorie (Blankertz), Bildungssoziologie (Claessens) und Bildungsökonomie (Edding) konzeptionell noch wenig aufeinander bezogen waren. (Was nicht erstaunt, weil es zum Zeitpunkt der Erstellung des Gutachtens kaum praktische Erfahrungen mit interdisziplinärer Kooperation und Forschung gab.) Gleichwohl ist es der Weitsicht der Autoren zu verdanken, wenn sie durch ihr Gutachten den gemeinsamen Standpunkt zur Geltung brachten, dass Berufsbildungsforschung nicht zureichend aus der Perspektive nur einer einzelnen Disziplin betrachtet und betrieben werden könne.

Mit seiner Habilitationsschrift „Berufsbildung und Utilitarismus" (1963) war es Blankertz gelungen, neue Perspektiven für die theoretische Reflexion des Zusammenhangs von Bildung und Beruf zu eröffnen. Kernstück bildungstheoretischen Denkens ist dieser Arbeit zufolge die „Kardinalfrage der Berufserziehung als Bildungsproblem" (Blankertz 1963, S. 42). Die Quintessenz der problemgeschichtlichen Untersuchungen von Blankertz bestand in der These: „Unsere Berufsschule steht nicht auf philanthropischem (utilitaristischem, G. K.), sondern auf neuhumanistischem Boden" (Blankertz 1963, S. 107). Ein Gegensatz zwischen Bildung und Beruf, so Blankertz, sei systematisch nicht zu begründen, ja, nicht einmal aus neuhumanistischer Sicht herzuleiten. Der neuhumanistische Standpunkt sei zu verstehen als Reaktion auf die maßlose Übersteigerung des Nützlichkeitsdenkens bei den utilitaristisch orientierten Pädagogen des 18. Jahrhunderts, gleichsam aus Sorge um den Verbleib des Menschen und dessen Individualität. Humboldt (1809) habe mit Betonung der *formalen* Allgemeinbildung, zum Beispiel des Prinzips „Lernen des

Lernens" sowie der Entwicklung der Denk- und Einbildungskraft, die Vereinnahmung der Bildung für spezielle Zwecke des Staates oder der Gewerbe eine radikale Absage erteilt. Blankertz hielt eine *inhaltliche* Festlegung der Allgemeinbildung in Form eines *material* definierten Lehrkanons, wie Humboldt ihn im Sinne antikklassischer Bildungsvorstellungen konzipiert hatte (u. a. Dominanz der alten Sprachen), prinzipiell für nicht vertretbar. Von grundsätzlicher Bedeutung jedoch sei die *formale* Dimension des Allgemeinbildungsbegriffs bei Humboldt. Daran anzuknüpfen, war für Blankertz aus bildungstheoretischer Sicht entscheidend, um die Trennung von allgemeiner und beruflicher Bildung aufzuheben und Gleichwertigkeit über den Weg integrierter Bildungsgänge herzustellen. Für die praktische Erprobung dieses Ansatzes diente der Modellversuch Kollegstufe in Nordrhein-Westfalen (vgl. Blankertz 1972).

Die Neufassung des Bildungsbegriffs und dessen Anwendung auf den Bereich beruflicher Bildungsgänge ging bei Blankertz einher mit einem im Vergleich zur klassischen Berufsbildungstheorie neuen Berufsverständnis, das sich an der Mobilität der Arbeitswelt orientierte. Grundlegende Gedanken dazu wurden von Blankertz im oben zitierten Gutachten zur Einrichtung eines Zentralinstituts für Berufsbildung und im Zusammenhang mit der Einführung der Arbeitslehre an der Hauptschule zur Diskussion gestellt. Besondere Beachtung fand der Aufsatz „Zum Begriff des Berufs in unserer Zeit" (1968). Darin kam Blankertz zu dem Ergebnis: Statt die Destruktion der im überlieferten Berufsbegriff implizierten Merkmale des Berufs (im Sinne von innerer Berufung, von Dauerhaftigkeit über die Lebenszeit, von Ganzheitlichkeit handwerklicher Arbeitsvollzüge), statt also die Erosion dieser Eigenschaften als Verlust zu beklagen, sich an hoffnungslosen Wiederherstellungsversuchen zu beteiligen oder mit Blick auf die Zukunft den Begriff des Berufs zu verabschieden, komme es darauf an, die „heutige soziale Mobilität" und „die berufliche Arbeit als Daseinsmöglichkeit der freigesetzten Subjektivität zu begreifen" (Blankertz 1968, S. 41). Die den traditionellen Berufsbegriff zerstörende Mobilität sei die Möglichkeit für eine neue Bildungskraft des Berufs, „jedenfalls soweit und insofern das Richtmaß dieser Mobilität in dem Grad von Freiheit gesehen wird, der sich im Wechsel und Wandel der Berufe realisiert" (Blankertz 1968, S. 41).[12]

Blankertz gilt als Vertreter der kritisch-emanzipatorischen (Berufs-)Pädagogik (vgl. Blankertz 1979; Kutscha 2010; Zedler 1989). Zu den schärfsten Kritikern dieses

---

[12] Unger (2017) interpretiert das für das Berufsverständnis und die Berufsbildungstheorie von Blankertz konstitutive Moment der beruflichen Mobilität im Sinne der strukturalen Bildungstheorie Marotzkis (1990) als konstruktive Möglichkeit der „Negation beruflicher Identität", das heißt als „Freiheit eines Akteurs, dass dieser nicht auf ein Regime von Identität fixiert bleiben muss" (Unger 2017, S. 7). Grundlagentheoretisch werden damit Perspektiven angedeutet, Blankertz' Anspruch der Freiheitserweiterung „durch die den traditionellen Berufsbegriff zerstörende Mobilität" in der Berufs- und Wirtschaftspädagogik aufzugreifen und in Anschluss an den neueren bildungstheoretischen Diskurs methodologisch zu vertiefen. Zwar ist aus (post-)strukturaler Sicht ein eigenständiges (autonomes) Subjekt nicht beweisbar, wohl aber kann es mit Blankertz als „regulative Idee" im Sinne eines kritischer Maßstabs gegen Verhältnisse in Anschlag gebracht werden, die die freie Entfaltung des Subjekts behindern (hierzu: Beer 2016).

Ansatzes gehört der Berufs- und Wirtschaftspädagoge Jürgen Zabeck (1931– 2014). Zabeck bezeichnet seine Position als „systemtheoretisches Paradigma der Berufs- und Wirtschaftspädagogik" (Zabeck 1992). Aus dieser Sicht plädiert er für „Funktionsfähigkeit statt Emanzipation" (Zabeck 2001). In Entgegensetzung zur kritisch-emanzipatorischen Position und dem damit verbundenen subjekttheoretischen Primat bei Blankertz postuliert Zabeck: „Der Eingliederung des Menschen in das Beschäftigungssystem kommt absolute Priorität zu" (Zabeck 1975, S. 158). Berufe, so Zabeck (1991, S. 559), seien institutionell verselbständigte, auf Menschen bezogene, mehr oder minder komplexe Kombinationen spezieller Leistungen, die den funktionalen Erfordernissen der Arbeitsteilung entsprechen. Sie würden vom einzelnen Menschen bereits vorgefunden, wenn er ins Leben träte. Voraussetzung dafür, dass ihm eine wirtschaftlich selbständige Lebensführung gelinge, seien die Bereitschaft und Fähigkeit, sich mit Übernahme einer Berufsrolle in die durch Arbeitsteilung entstandenen gesellschaftlichen Strukturen einzufügen, das heißt: einen Beruf zu ergreifen und auszuüben. Dabei erfolge die Platzierung des Einzelnen im Beschäftigungssystem immer unter einschränkenden Bedingungen. Seine Möglichkeit, sich beruflich selbst zu realisieren, sei von zahlreichen Bedingungen abhängig, zu denen der im Bildungswesen erlangte Schulabschluss, Umfang und Struktur des Ausbildungsplatzangebots sowie die regionale Nachfrage nach Arbeitskräften gehören. Die Grundannahme der klassischen deutschen Berufsbildungstheorie, der „innere Beruf" des Menschen führe zu seinem „äußeren Beruf", habe sich längst als eine harmonistische Illusion erwiesen. Zwischen beruflicher Aspiration und beruflicher Realisation klaffe ein Abstand, der sich in vielen Fällen nach Beendigung der breit angelegten Qualifizierung in anerkannten Ausbildungsberufen noch zu vergrößern pflege.

Kern der Kontroversstellung von kritisch-emanzipatorischem und systemtheoretischem Paradigma ist die Fixierung auf den Primat subjektiver Mündigkeit bei Blankertz auf der einen Seite und den Primat systemadäquater Funktionstüchtigkeit bei Zabeck auf der anderen Seite. Es handelt sich in dieser Zuspitzung um nicht vereinbare Denkstile, nicht zuletzt beeinflusst vom Positivismusstreit in der Erziehungswissenschaft während der 1960er/70er Jahre (vgl. Büttemeyer/Möller 1979). Mit seinem Vorschlag, zum „Paradigmenpluralismus als wissenschaftliches Programm" hat Zabeck in späteren Jahren selbst dazu beigetragen, die Polarisierung wissenschafts- und bildungstheoretischer Positionen mit der Idee des Paradigmenpluralismus zu entschärfen und Perspektiven für eine konstruktive Vielfalt innerhalb der Berufs- und Wirtschaftspädagogik zu entwickeln (Zabeck 1992). Seiner Idee nach setze der Paradigmenpluralismus darauf, „dass mit der Beteiligung an unserer Disziplin die Verpflichtung übernommen wird, sich – gebunden an das Wahrheitsprinzip – (1) auf den facettenreichen Komplex beruflicher Qualifizierung und Bildung junger Menschen sowie (2) auf die mit ihm verknüpften gesellschaftlichen Erwartungen einzulassen" (Zabeck 2009, S. 136).[13]

4 Schwellenzeit: Der Computer kommt – Bildung und Beruf als Auslaufmodelle im industriellen Wandel?

Das der Berufs- und Wirtschaftspädagogik zur Bewältigung ihrer Legitimationsprobleme anempfohlene Konzept des Paradigmenpluralismus hat nach Einschätzung und zum Bedauern von Zabeck (2009, S. 137) nicht zur Belebung des berufsbildungstheoretischen Diskurses innerhalb der Berufs- und Wirtschaftspädagogik geführt. Einer der Gründe dafür war der enorme Nachholbedarf an empirischer Tatsachenforschung. Der entscheidende Durchbruch zur empirischen Forschung an den universitären Instituten der Berufs- und Wirtschaftspädagogik erfolgte mit Beginn der 1980er Jahre. Anstöße dazu gaben vor allem die aus außeruniversitären Ressourcen finanzierten Modellversuche auf den Gebieten der betrieblichen und schulischen Berufsbildung. Hierbei standen forschungspragmatische und -methodische Probleme der Begleitforschung im Vordergrund. Berufsbildungstheoretische Diskurse spielten bis auf wenige Ausnahmen keine Rolle.

Für die Entwicklung der Berufsbildungsforschung einflussreich waren basale Veränderungen im Beschäftigungssystem unter dem Einfluss computergestützter Arbeits- und Produktionsmittel (z. B. Einsatz der CNC-Maschinen im gewerblichtechnischen und Personalcomputer im kaufmännischen Bereich; vgl. Bonz/Lipsmeier 1991; Kell/Schanz 1994). Als typische Merkmale der neuen Epoche industrieller Produktion wurden aus industriesoziologischer Sicht hervorgehoben: Entwicklung neuer Produktionskonzepte, computergestützte Automatisierung der Steuerung und Regelung von Produktionsprozessen, Abflachung der Hierarchiestrukturen in der betrieblichen Arbeitsorganisation, Gruppenarbeit. Die Industriesoziologen Horst Kern und Michael Schumann vom Göttinger Sozialforschungsinstitut (SOFI) charakterisierten diesen Trend mit der Frage nach dem „Ende der Arbeitsteilung?" (Kern/Schumann 1984). In den formellen Arbeitsplatzdefinitionen käme „klar zum Ausdruck, dass der Zug insgesamt in Richtung Aufgabenintegration läuft" (Kern/Schumann 1984, S. 84) und zu einer Reprofessionalisierung der Arbeit führe. In den Kernindustrien zeichne sich ein Umbruch der Produktions- und Arbeitskonzepte ab. Statt des „Handlungsfähigkeitsentzugs" im tayloristisch-

---

[13] Anders als das Kuhnsche Paradigmenkonzept (siehe Fußnote 4) zielt Paradigmenpluralismus nicht auf Konsens ab. In der wissenschaftstheoretischen Diskussion wies der französische Philosoph Francois Lyotard (1986) darauf hin, dass Fortschritt im wissenschaftlichen Erkenntnisprozess nicht von der Fixierung auf einen finalen Konsens, sondern nur von differenzierenden, ja, widersprüchlichen Aussagen erwartet werden könne. Demnach müsse in der Wissenschaft als „offenem System" die Betonung auf den Dissens gelegt werden. „Die Forschungen, die unter der Vorherrschaft eines Paradigmas gemacht werden, streben danach, sie zu stabilisieren ..." (Lyotard 1986, S. 177). In diesem Sinne lässt sich der Paradigmenpluralismus als produktive Komponente dynamischer Wissenschaftsentwicklung verstehen.

fordistischen Regime der Fließbandarbeit (vgl. Lüscher 1985) sei auch bei den Arbeitern wieder Qualifikation und Selbständigkeit gefragt. Eine neue, ganzheitliche Arbeitsgestaltung setze sich durch. Verlierer dieser Entwicklung würden die weniger qualifizierten Arbeitskräfte und vor allem die Arbeitslosen sein.

Auch wenn die Thesen von Kern und Schumann hinsichtlich der empirischen Datenlage unzureichend gesichert waren, ließen sich aus der „Logik" der neuen Rationalisierungstechnologie zukunftsweisende Entwicklungen extrapolieren. Nach den langen Phasen der von Karl Marx so benannten „großen Industrie" und der für sie typischen dampfkraftbetriebenen „Maschinerie" (Industrie 1.0) sowie der von Frederic Taylor für elektrokraftbasierte Fabriksysteme konzipierten und in der fordistischen Massenproduktion praktizierten Form der Arbeitsteilung (u. a. konsequente Aufteilung in geistige und körperliche Arbeit, Zerlegung der Arbeit in monoton-repetitive Ablaufabschnitte) (Industrie 2.0) war eine neue Epoche computergesteuerter industrieller Arbeit (Industrie 3.0) eingetreten. Die industriesoziologischen Forschungsbefunde der 1980er/1990er Jahre schärften das Bewusstsein dafür, dass sich ein substantieller Umbruch in den Konturen und Profilen traditioneller Erwerbsarbeit abzeichnete. Der Übergang zur internetvernetzten Arbeit, der heute so etikettierten Industrie 4.0 bzw. Arbeit 4.0, stand noch nicht zur Diskussion.

Vor diesem Hintergrund kam es im Jahr 1987 zur Neuordnung der industriellen Elektro- und Metallberufe. Insgesamt 47 Metallberufe wurden zu 16 Ausbildungsberufen mit gemeinsamer Grundausbildung und anschließender Spezialisierung ausgehandelt. Wenige Jahre später (2004) wurden die 16 Metallberufe in einem weiteren Reformschritt zu fünf Kernberufen mit rund 50 % gemeinsamen Kernqualifikationen zusammengefasst, die über die gesamte Ausbildungszeit vermittelt werden sollten. Als grundlegend für die folgende Modernisierung der Ausbildungsberufe insgesamt setzte sich das mit der Neuordnung der Elektro- und Metallberufe eingeführte berufsdidaktische „Leitbild" handlungsorientierten beruflichen Lernens und der Vermittlung „beruflicher Handlungsfähigkeit" durch. Es ist seit Verabschiedung des Berufsbildungsreformgesetzes von 2005 Bestandteil der Legaldefinition für den Begriff „Berufsausbildung". Nach diesem Konzept sollen die Auszubildenden zu einer qualifizierten beruflichen Tätigkeit befähigt werden, die insbesondere selbständiges Planen, Durchführen und Kontrollieren einschließt.

Der Berufsschulunterricht ist dieser Entwicklung gefolgt. Von maßgeblicher Bedeutung waren dafür die Handreichungen der Kultusministerkonferenz (KMK) für die Erarbeitung von Rahmenlehrplänen aus dem Jahre 1996. Sie gelten gewissermaßen als „Magna Carta" des lernfeldstrukturierten und handlungsorientierten Unterrichts. Demzufolge orientiert sich der berufsbezogene Unterricht an Berufsschulen nicht an der Fachsystematik von Unterrichtsfächern, sondern an „Lernfeldern", die unter Bezugnahme auf berufsrelevante Arbeitssituationen handlungssystematisch aufgebaut sind und konform mit der betrieblichen Berufsausbildung den Erwerb „beruflicher Handlungskompetenz" ermöglichen sollen. Diese zeige sich, so die Kultusministerkonferenz in ihrer „Rahmenvereinbarung über die Berufsschule" vom 12.03.2015, „in der Bereitschaft und Befähigung des Einzelnen, sich in beruflichen, gesellschaftlichen und privaten Situationen sachgerecht durchdacht sowie individuell und sozial verantwortlich zu verhalten."

Der Subjektbezug des Kompetenzkonzepts ist in berufs- und wirtschaftspädagogischen Diskursen ausführlich thematisiert worden (vgl. u. a. Reetz 1999; Clement 2002; Bohlinger 2011). Offenbar bot sich das Kompetenzkonzept in der hier angesprochenen Mehrdimensionalität an, um die „Sackgassen" früherer bildungstheoretischer Diskurse überwinden zu können.[14] Dabei unterscheidet sich das in Deutschland von Vertretern der Berufs- und Wirtschaftspädagogik favorisierte Kompetenzverständnis ganz wesentlich von den unter der Bezeichnung „competency based education and training" (CBET) diskutierten Ansätzen in Großbritannien und im angloamerikanischen Bereich (vgl. Clement 2002). Im Vordergrund steht dort die Feststellung der Performanz, „das heißt die sichtbare Beobachtung, der oder die Auszubildende beherrsche diesen oder jenen Arbeitsvorgang" (Clement 2002, S. 35). Angestrebt wird hierbei der Erwerb standardisierter „competencies" in Form von Modulen in einem marktwirtschaftlich organisierten System von Bildungsnachfragern.[15]

Anders in der Bundesrepublik Deutschland: Auch ohne direkten Bezug auf die Berufsbildungstheorie hat sich die Kompetenzforschung mutatis mutandis weiterhin am Leitkonzept der Bildung im Kontext beruflich organisierter Arbeit orientiert. Wegweisend dafür war die Denkschrift der Senatskommission für Berufsbildungsforschung der Deutschen Forschungsgemeinschaft (DFG, 1990). „Berufsbildungsforschung", so die Leitdefinition der Denkschrift, „untersucht die Bedingungen, Abläufe und Folgen des Erwerbs fachlicher Qualifikationen sowie personaler und sozialer Einstellungen und Orientierungen, die für den Vollzug beruflich organisierter Arbeitsprozesse bedeutsam erscheinen" (Deutsche Forschungsgemeinschaft 1990, S. VII). Die DFG-Denkschrift verzichtet zwar auf eine berufsbildungstheoretische Begründung ihrer Empfehlungen, reklamiert aber dezidiert den Bezug auf Bildung und Beruf: „Berufsbildungsforschung steht unter dem Anspruch des Bildungsprinzips ... Bildung kann nicht nur in der Freizeit, Kultur und Politik, sondern muss auch im Beruf verwirklicht werden" (Deutsche Forschungsgemeinschaft 1990, S. 63). Offen blieb, was Bildung im Beruf bedeutet bzw. welche Beziehungen zwischen beiden Referenzpunkten der beruflichen Bildung bestehen bzw. herzustellen und zu legitimieren sind. Dazu fehlte offenbar der berufsbildungstheoretische Konsens.

---

[14] Eine grundlegende und kritische Auseinandersetzung mit dem Kompetenzkonzept und der Kompetenzforschung aus (berufs)bildungstheoretischer Sicht ist allenfalls in Ansätzen zu erkennen. Wichtige Impulse hierzu enthält der Beitrag von Backes-Haase/Klinkisch (2015) über „Das kompetente Subjekt?".

[15] Entwicklungen in jüngster Zeit deuten darauf hin, dass in England die Berufslehre („apprenticeship") und damit die „berufliche" Ausrichtung der Ausbildung wieder vermehrt Aufmerksamkeit findet. Gleichwohl dominiert nach Expertenurteil klar die Kompetenzorientierung (vgl. Deißinger 2016).

Die These von der Erosion des Bildungs- und Berufskonzepts (vgl. Baethge/ Baethge-Kinsky 1998) hat sich nicht bewährt (vgl. Bosch 2014). Modernisierung der Berufsbildung vollzog sich in Bundesrepublik Deutschland weder als Perpetuierung des traditionellen Berufskonzepts noch als Entberuflichung im Sinne der Rede vom „Ende des Berufs" oder der Ablösung des Berufskonzepts durch Modularisierung bzw. Kompetenzorientierung, sondern als Anpassung der Ausbildungsberufe an die veränderten Anforderungen des wirtschaftlichen und technologischen Wandels. Die als Industrie 3.0 gekennzeichnete Phase war verbunden mit einem Wandel der Qualifikationsanforderungen unter dem Einfluss neuer (computergestützter) Technologien, und die dazu erforderlichen Kompetenzen wurden im Rahmen flexibilisierter und dynamisierter Ausbildungsordnungen sozialpartnerschaftlich vereinbart. Sie zielen ab auf (1.) Entwicklung der individuellen Regulationsfähigkeit (Autonomie), (2.) Sicherung des wirtschaftlichen Bedarfs an Humanressourcen (Qualifikation) sowie (3.) Gewährleistung gesellschaftlicher Teilhabe (Chancengerechtigkeit).

5 Industrie 4.0 – empirische Befunde zur Digitalisierung der Arbeitswelt

Der Begriff *Industrie 4.0* bezieht sich auf die Geschichte der industriellen Revolution. Von der voranschreitenden Digitalisierung ist allerdings nicht nur die industrielle Produktion betroffen. Darauf deuten Begriffe wie *Arbeit 4.0* (Bundesministerium für Arbeit und Soziales 2015) oder *Wirtschaft 4.0* (Institut für Arbeitsmarkt und Berufsforschung 2015) hin. Es handelt sich bei der Digitalisierung um eine Basistechnologie von dynamischer und vernetzter Ausbreitung mit „Dominoeffekten". Die Tatsache, dass mit Industrie 4.0 „erstmalig eine industrielle Revolution ausgerufen wird, noch bevor sie stattgefunden hat" ist in der Diskussion nicht ohne Grund als „bemerkenswert" wahrgenommen worden (Draht 2014, S. 2). Tatsächlich verdankt sich das Label „Industrie 4.0" einer primär ökonomisch und politisch initiierten Offensive. Sie entstand im Rahmen einer Hightech-Strategie der deutschen Bundesregierung als Antwort auf die Industrial-Internet-Entwicklung in den USA (vgl. Bundesministerium für Bildung und Forschung 2014).

Bei aller Skepsis gegenüber der Bezeichnung „Industrie 4.0" und deren Kennzeichnung als „vierte industrielle Revolution" ist weitgehend unbestritten, dass es sich bei der intensivierten Digitalisierung um einen neuen Megatrend handelt, von dem starke Einflüsse auf die Gestaltung der Arbeitswelt und auf die Qualifizierung der Beschäftigten erwartet werden. Die neue Entwicklung der Digitalisierung kann als konsequente Weiterführung der Anwendung computergestützter Technologien verstanden werden, wie sie seit den 1970/80er Jahre mit Verbreitung des Computers für die dritte Phase industrieller Arbeit und die Modernisierung der Dienstleistungs- und Wissensgesellschaft kennzeichnend war. Sie wird sich, so sehen es die Digitalisierungsforscher Erik Brynjolfsson und Andrew McAfee (2014) am renommierten Massachusetts Institute of Technology (MIT), bei erhöhter Leistungsfähigkeit und Senkung der Kosten mit hohem Tempo fortsetzen und dazu führen, kognitive menschliche Arbeit zu automatisieren statt – wie bei den ersten Phasen der Industrialisierung – Muskelkraft zu substituieren. Bezogen auf das Beschäftigungssystem in Deutschland wird diese These durch neuere Untersuchungen tendenziell bestätigt. So kommen Lukowski und Neuber (2017) vom Bundesinstitut für Berufsbildung in ihrer Betriebsbefragung zu dem Ergebnis, dass computergesteuerte Arbeitsmittel und Technologien zur Vernetzung der Arbeitsorganisation sowie der Personal-, Kunden- und Zuliefererkontakte die Anforderungen an die Beschäftigten signifikant erhöhen. Im Zuge der Digitalisierung werde der Umgang mit Komplexität für Beschäftigte stets wichtiger. „Zunehmende Komplexität bedeutet vor allem, dass die soziale und die kreative Intelligenz von Beschäftigten an Bedeutung gewinnt" (Lukowski/Neuber-Pohl 2017, S. 13).

Was sind die hervorstechenden Merkmale der neuen, mit Industrie 4.0 oder Arbeit 4.0 etikettierten Digitalisierungstechnologie und -strategie? Und welche Konsequenzen sind daraus für die berufliche Bildung zu ziehen?[16]

Dreh- und Angelpunkt digitalisierter Arbeitsprozesse und Geschäftsmodelle ist nach dem Innovationsprojekt „Industrie 4.0" die konsequente „Vernetzung aller an der Wertschöpfung beteiligten Instanzen" auf der Basis der „Verfügbarkeit aller relevanten Informationen in Echtzeit" (acatech 2016, 45). Eine prominente Rolle spielt dabei der Prototyp „cyber-physischer Systeme" (CPS), auch „Internet der Dinge" genannt. Der Begriff Internet der Dinge wird für digitale Infrastrukturen verwendet, bei denen Objekte der physischen Welt, z.B. Maschinensysteme oder logistische Geräte, über interne und externe Datennetze miteinander verknüpft werden. Der Begriff „Industrie 4.0" geht insofern über CPS hinaus, als die digitale Vernetzung den gesamten Wertschöpfungs- und (auch menschlichen) Arbeitsprozess von der Planung über die Produktion bis hin zur Auslieferung an die Kunden einbezieht (Windelband/Dworschak 2015, S. 26). Industrie 4.0 im Sinne von „Arbeit 4.0" überschreitet die Grenzen der Produktionswerkhallen der einzelnen Unternehmen. Je nach Geschäftsmodellen wird der nahtlose Zugriff auf die kaufmännischen Managementsysteme oder der Einsatz bei der Entwicklung neuer Service- und Betreibermodelle angestrebt. Damit treibt die Digitaltechnik letztlich die wirtschaftliche Entwicklung in allen Sektoren voran („Wirtschaft 4.0"). Die Experten des Instituts für Arbeitsmarkt- und Berufsforschung (IAB) und des Bundesinstituts für Berufsbildung (BIBB) schlagen in ihrem Forschungsbericht

---

[16] Die folgenden Ausführungen nehmen – soweit nicht explizit zitiert – auf ausgewählte Forschungsprojekte und -befunde aus dem weiteren Bereich der Arbeitsmarkt- und Berufsforschung Bezug (u.a. Möller/Walwei 2017; acatech 2016; Spöttl/Windelband 2016; Pfeiffer/Lee/Zirnig/Suphan 2016; Institut für Arbeitsmarkt und Berufsforschung 2015). Zur Vertiefung der Kompetenzerwartungen des Beschäftigungssystems und der didaktischen Implikationen siehe im vorliegenden Band den Beitrag von Bernd Zinn.

folgende Unterscheidung vor: „Während wir unter „Industrie 4.0" die interaktive Vernetzung der analogen Produktion verstehen, beschreibt „Wirtschaft 4.0" den Umstand, dass die Digitalisierung nicht nur zu einem Wandel bei der industriellen Produktion, sondern auch bei allen Dienstleistungsbranchen führt und damit sämtliche Lebensbereiche berühren wird" (Institut für Arbeitsmarkt- und Berufsforschung 2015, S. 8). Hinzu kommt, dass die zunehmende digitale Vernetzung der Gesellschaft und der globalen Beziehungen das Umfeld für die Unternehmen verändert. „Hyperkonnektivität" als charakteristisches Merkmal der modernen Gesellschaft ist der systemische Bezugsrahmen, innerhalb dessen die Akteure des Bildungs- und Beschäftigungssystems in Zukunft interagieren müssen. Hyperkonnektivität gilt mehr als nur eine Plattform für das Wirtschaftsleben. Sie wird als neues kulturelles Umfeld wahrgenommen, auf das sich das Verhalten der Menschen und die Anforderungen in Wirtschaft und Gesellschaft insgesamt werden einstellen müssen (vgl. The Economic Intelligence Unit Limited 2014, S. 12).

Welche Konsequenzen diese Entwicklung für den Arbeitsmarkt und für die Veränderung der Qualifikationsprofile in den unterschiedlichen Wirtschaftssektoren im Einzelnen haben wird, ist in Detail noch nicht absehbar. Digitalisierung wird sich – dafür sprechen empirische Daten – auf der Ebene technischer und organisatorischer Entwicklungen als Transformationsprozess in Abhängigkeit einer Vielfalt von Einflussfaktoren vollziehen: insbesondere von den Besonderheiten der unterschiedlichen Branchen im Industrie- und Dienstleistungssektor sowie des Handwerks, von der Betriebsgröße und den beruflichen Qualifikationsstrukturen etc. Kenntnisse in der IT-Anwendung gelten – unabhängig von der Größe – für alle Betriebe als wichtigste Anforderung an die Beschäftigten. In Großunternehmen hat die IT-Entwicklung einen relativ hohen Stellenwert, während kleine und mittlere Betriebe die Bedeutung produktionsprozess- und kundenorientierter Kompetenzen betonen (acatech 2015, S. 24).

Auffallend ist, dass viele der vorliegenden empirischen Studien zur Digitalisierung auf die Frage nach den zu erwartenden Qualifikationsanforderungen mit sehr allgemeinen und häufig moderaten Antworten reagieren. Bezogen auf die Arbeits- und Berufswelt würde, so der Forschungsbericht des Instituts für Arbeitsmarkt und Berufsforschung (2015, S. 14), „die Arbeit anspruchsvoller werden und mehr nonformale Qualitätsansprüche wie Fähigkeit zum selbständigen Handeln, Selbstorganisation, Abstraktionsfähigkeit etc. haben." (Das wurde – fast wörtlich – auch schon im Zusammenhang mit früheren Automatisierungsschüben betont; z. B. bei Schelsky 1965 und Kern/Schumann 1984). Einfache repetitive Tätigkeiten und „autistisch" angewandtes Spezialwissen werde weniger benötigt. Grundsätzlich neue Kompetenzen oder Tätigkeiten, die auf neue Berufsbilder hinauslaufen würden, seien nach Auskunft der befragten Unternehmen nicht zu erwarten. Vielmehr seien die bisherigen, durch dynamische und flexible Beruflichkeit und Gestaltungsoffenheit geprägte Berufe und Ausbildungsordnungen hinreichend für weitere Modernisierungsmaßnahmen geeignet. Zu ähnlichen Ergebnissen kommen

Pfeiffer/Lee/Zirnig/Suphan (2016) für den Bereich des Anlagen- und Maschinenbaus sowie Spöttl/Windelband (2016) in ihrer Studie zur Neugestaltung industrieller Prozesse in der Elektro- und Metallindustrie. Kernaussage der befragten Experten sei, die bisherigen Berufsbilder bestehen zu lassen, jedoch inhaltlich auf die Anforderungen von Industrie 4.0-Entwicklungen auszurichten. Kritisch beurteilt bzw. abgelehnt werden die Schaffung neuer Hybridberufe und die Einrichtung eines eigenständigen Berufs „Industrie 4.0". Die besondere Schwierigkeit bei der Überarbeitung bestehender Berufsbilder dürfte der „notwendige Perspektivwechsel" sein, nämlich die Berufsausbildung so zu gestalten, dass insbesondere das „Denken von der Software her im Mittelpunkt steht, die Vernetzungsstrukturen der Anlagen dominieren, die Prozessorientierung verstärkt wird und die cyber-physikalischen Systeme und deren Wirkungen aufgrund der intelligenter werdenden Anlagen aufgenommen werden" (Spöttl/Windelband 2016, S. 301). Angesichts der ubiquitären Vernetzung und Verbreitung digitaler Technologien betonen Grimm/Gebhardt/Heinrich (2017) darüber hinaus die Notwendigkeit, Voraussetzungen dafür zu schaffen, dass auch Nichtinformatiker theoretische Zugänge zu informationstechnischen Themengebieten erhalten. Längst sei die Durchdringung individueller und kollektiver Lebenswelten mit allgegenwärtigen Informations- und Kommunikationstechnologien Realität.

Unter den besonderen Voraussetzungen der beruflichen Bildung in Deutschland legen die hier zitierten Studien folgende Einschätzung nahe: Die Implementierung von Industrie 4.0 werde nicht abrupt erfolgen, sondern sich im Sinne disruptiver Innovationen als längerfristige Transformation auf die Berufsbildung auswirken. Aktuelle Probleme der Anpassung des qualifizierten Personals würden, so nahezu übereinstimmend die diversen Expertenurteile, überwiegend durch Weiterbildung und lernförderliche Arbeits(platz)gestaltung gelöst werden können. Lebenslang lernen sei für die Betriebe und die Beschäftigten unverzichtbar. Von den Mitarbeitern werde kontinuierliche Kompetenzentwicklung im Umgang mit „intelligenten" Maschinen und digitalen Netzwerken gefordert, wobei das Lernen am Arbeitsplatz und speziell auch das „Häppchen-Lernen" (Nugget Learning) an Bedeutung zu gewinnen scheint.

Es ist schwierig, in der Vielfalt der verfügbaren Daten das Wesentliche zu erkennen. Offenbar vollzieht sich der Strukturwandel auf der Basis voranschreitender Digitalisierung zeitgleich in der Spannweite von „Leuchttürmen" spektakulärer „smart factories" und einer Vielfalt innovativer Projekte nach der Strategie inkrementeller Schritte unter Abwägung von Chancen und Risiken (vgl. Jürgens/Hoffmann/Schildmann 2017). Langfristige Projektionsergebnisse auf der Basis der Qualifikations- und Berufsfeldprojektionen des Bundesinstituts für Berufsbildung (BIBB) und des Instituts für Arbeitsmarkt- und Berufsforschung deuten an, dass die Digitalisierung einen relativ kleinen Effekt auf die rein quantitative Beschäftigungsentwicklung hat, sich jedoch der Arbeitskräftebedarf hin zu komplexen Tätigkeiten verschiebt.

6 'Berufsbildung' als unverzichtbare berufsbildungswissenschaftliche Zielkategorie

„Muss der Kern der Berufsbildungstheorie gerettet werden?" (Blankertz-Färber 1956). Diese Frage wurde vor dem Hintergrund des industriellen Wandels (u. a. Automation) bereits anlässlich des 4. Deutschen Berufsschultags des Deutschen Verbands der Gewerbelehrer im Jahr 1956 gestellt (siehe Teil 2). Sie stellt sich angesichts der Herausforderungen von Industrie 4.0 bzw. Arbeit 4.0 erneut, aber unter veränderten technologischen und ökonomischen Bedingungen. Insbesondere sei zu klären, so Reinisch (2009, S. 8 f.), ob (1.) Bildung im Medium des Berufes überhaupt (noch) möglich ist, und wenn dies bejaht wird, welche Bedingungen dazu (2.) zur inhaltlichen und methodologischen Ausprägung der entsprechenden berufs- und wirtschaftspädagogischen Arbeiten herrschen bzw. geschaffen werden müssen und (3.) worin die bildenden Elemente der Berufstätigkeit und Berufserziehung bestehen bzw. bestehen sollen. Wie darauf geantwortet werde, sei letztlich davon beeinflusst, welche Vorstellungen die Wissenschaftler davon haben, was sie mit ihrer wissenschaftlichen Arbeit erreichen wollen (Reinisch 2009, S. 10).

Hierzu hat in jüngster Zeit Adolf Kell (2015) (in Anschluss an frühere seiner Veröffentlichungen) aus der Perspektive einer „ökologischen Berufsbildungswissenschaft" weiterführende Aspekte zum Selbstverständnis der Berufs- und Wirtschaftspädagogik eingebracht. Kell versteht „Berufsbildung" als „Zielkategorie", mit der sich die Berufs- und Wirtschaftspädagogik von anderen bildungswissenschaftlichen Teildisziplinen abgrenze. Mit der Zielkategorie Berufsbildung werde einerseits die Verbindung zur beruflich organisierten Arbeit unter dem Aspekt der „Funktionstüchtigkeit", andererseits die Förderung der Subjektentwicklung zur Geltung gebracht.

Kells Ansatz lässt sich in gewisser Hinsicht als Verbindung der konträren bildungspolitischen und bildungstheoretischen Positionen von Blankertz und Zabeck (siehe oben Teil 3) interpretieren. Allerdings: Beide Zieldimensionen stehen bei Kell in „interpretationsbedürftigen relationalen Beziehungen" zueinander (Kell 2015, S. 2). Grundlegend für Kells Ansatz ist die ökologische Entwicklungstheorie Urie Bronfenbrenners (1981), insbesondere die für diesen Ansatz basale Prämisse: „Menschliche Entwicklung ist der Prozess, durch den die sich entwickelnde Person erweiterte, differenzierte und verlässliche Vorstellungen über ihre Umwelt erwirbt. Dabei wird sie zu Aktivitäten motiviert und befähigt, die es ihr ermöglichen, die Eigenschaften ihrer Umwelt zu erkennen und zu erhalten oder auf nach Form und Inhalt ähnlich komplexem oder komplexerem Niveau umzubilden" (Bronfenbrenner 1981, S. 44). Der Umweltbegriff wird dabei sehr weit, aber auch differenziert ausgelegt. Bronfenbrenner konzeptualisiert ihn „topologisch" als eine Anordnung konzentrischer, jeweils von der nächsten umschlossener ineinander geschachtelter Strukturen, die als Mikro-, Meso-, Exo- und Makrosysteme bezeichnet werden.

Der Ansatz von Bronfenbrenner erlaubt eine reichhaltige Analyse der Beziehungen von Subjekt und Mikrosystem (z. B. Arbeitsplatz) in Wechselwirkung mit der innerbetrieblichen Arbeitsorganisation (Mesosystem) sowie der Vernetzung mit der Außenwelt (Exosystem) und den gesamtgesellschaftlichen Einflüssen (Makrosystem), und zwar unter dem pädagogisch spezifischen Blickwinkel, wie die Umwelt vom Subjekt „erlebt" wird und wie darauf zur Förderung der einzelnen Handlungssubjekte Einfluss genommen werden kann. Das von Kell reklamierte „berufsbildungswissenschaftliche" Interesse an gelingender – an der „Zielkategorie" Berufsbildung orientierter – Subjektentwicklung legt nahe, insbesondere die personalen Entwicklungsprozesse in Lern- und Arbeitsumwelten zu analysieren und zu gestalten. Dass dabei den Erfahrungen der Handlungssubjekte aus pädagogischer Sicht eine besondere Bedeutung zukommt, liegt nahe. Sie sind nicht nur für das konkrete Verhalten am Arbeitsplatz und für die Wahrnehmung der Arbeitsprozesse durch die Handlungssubjekte von Relevanz, sondern konstitutiv für Bildungsprozesse im Prozess der Arbeit. Darauf hinzuweisen ist nicht zuletzt deshalb wichtig, weil im Zusammenhang mit der Digitalisierung der Arbeit immer wieder vom Bedeutungsverlust menschlicher Erfahrung die Rede ist. Der Zusammenhang von Industrie 4.0 und Erfahrung ist in der Digitalisierungsforschung ein stark vernachlässigtes Thema (vgl. Pfeiffer/Suphan 2015), gehört aber unter Aspekten der ökologischen Berufsbildungswissenschaft zu den grundlegenden Fragen, die mit Blick auf berufliche Subjektentwicklung gestellt werden müssten.

Berufsbildung als Zielkategorie berufsbildungstheoretischen Denkens lässt sich – im Gegensatz zur „klassischen Berufsbildungstheorie" – nicht auf der Grundlage idealisierter Berufsvorstellungen legitimieren. Sie ist eine regulative Idee, unter deren Anspruch reale Arbeitsverhältnisse und darauf bezogene Qualifikationsmaßnahmen unter Bedingungen voranschreitender Digitalisierung zu beobachten und kritisch zu prüfen wären. Darin unterscheidet sich Kells Position prinzipiell von erwerbspädagogischen Orientierungen, insbesondere vom Konzept der Employability. Dass Beschäftigungsfähigkeit ein unverzichtbarer Bezugspunkt der Qualifizierung für Erwerbsarbeit ist, steht außer Frage, ebenso wenig die Notwendigkeit einer soliden und wissenschaftsbasierten Vermittlung der dafür erforderlichen fachlichen Kompetenzen. Entscheidend für die berufsbildungstheoretische Perspektive im Sinne Kells ist jedoch die Frage nach der Subjektförderung im Umfeld der sich wandelnden Arbeitssituationen und Arbeitsanforderungen. Die „Bedingungsanalyse" der Umweltfaktoren ist dabei unverzichtbar. In Anlehnung an Blankertz, bei dem Kell promovierte und mit dem er mehrere Jahre, u. a. im Modellversuch Kollegstufe des Landes Nordrhein-Westfalen, zusammenarbeitete, lässt sich dieser Ansatz – berufsbildungstheoretisch modifiziert – wie folgt kennzeichnen: Die Berufs- und Wirtschaftspädagogik hat „die gesellschaftlichen Aufgaben ernst zu nehmen, muß ihnen aber mit dem Maßstab der Personwerdung des Menschen einen erzieherischen Sinn abverlangen und eben dadurch ihre Absolutheit brechen" (Blankertz

1975, S. 294). Allerdings wird der Subjektbegriff bei Kell nicht mit dem an Kant orientierten transzendentalphilosophischen Denkstil von Blankertz in Verbindung gebracht (kritisch zum „Denkstil" bei Blankertz siehe Backes-Haase 2009), sondern – wie hier in Kürze angedeutet – gleichsam als „realistische Wendung" auf das empirische Individuum im Spannungsfeld von Subjekt- und Systembezug unter Bedingungen der jeweiligen Arbeits- und Lebensverhältnisse – derzeit mithin unter dem Einfluss der Digitalisierung – bezogen.[17]

Nicht zu übersehen ist, dass die Logik der Digitalisierung das Spannungsverhältnis von Individuum und Gesellschaft vor neue Herausforderungen stellt. Hierzu wären ausführliche Bedingungsanalysen erforderlich, um zu prüfen, ob und wie sich *„Berufsbildung als Zielkategorie"* in den unterschiedlichen Bereichen des Bildungssystems (vom Übergangssystem bis hin zum Hochschulbereich) curricular, organisatorisch etc. *gestalten* und in gelingende Bildungspraxen umsetzen lässt. Berufsbildungstheorie unter dem Anspruch von Bildung und Beruflichkeit erkennt zwar Realität an, aber nimmt sie nicht hin! Die folgenden Thesen verweisen auf das komplexe Bedingungs- und Problemfeld, mit dem die Berufs- und Wirtschaftspädagogik, aber auch die Erziehungswissenschaft insgesamt konfrontiert sind bzw. in Zukunft sein könnten.

7 Thesen zur Modernisierung der beruflichen Bildung vor den Herausforderungen der Digitalisierung

„Digitalisierung ist nicht alles." So die Expertenkommission „Arbeit der Zukunft" bei der Hans-Böckler-Stiftung in ihrem Abschlussbericht (Jürgens/Hoffmann/Schildmann 2017, S. 10). Mit folgenden Stichworten sei angedeutet, dass wir uns nicht mehr auf Kontinuität und eine daran anschließende Extrapolation in die Zukunft verlassen können:

- Globalisierung wirtschaftlicher und sozialer Beziehungen,
- dynamische und nicht absehbare Entwicklungen in Forschung und Technik,
- Beschleunigung der Wissensproduktion und -distribution,
- Veränderungen der demographischen Struktur und damit verbunden
- Einflüsse auf Generationenbeziehungen und Migration sowie
- möglicherweise konflikthafte Ausprägungen des Wertewandels.

---

[17] Ähnlich wie Kell bestimmt Heid (1998) den Begriff der beruflichen Bildung „im Spannungsfeld zwischen betrieblichen Anforderungen und individuellen Ansprüchen". Indes betont Heid, dass eine „Polarisierung" zwischen gesellschaftlicher bzw. betrieblicher Umwelt und Individuum nicht haltbar sei, weil „in den individuellen Bildungsbedürfnissen auf so vielfältige und nachhaltige Weise gesellschaftliche, ökonomische und am Ende auch betriebliche Anforderungen zur Geltung kommen, ja geradezu inkorporiert sind, ..." (Heid 1998, S. 45; vgl. auch Büchter 2017b, S. 2f.). Berufsbildungstheoretisch gesehen drängt sich die Frage auf, „welches implizite Verständnis von Subjektivität eigentlich verfolgt wird, wenn der Anspruch auf Berufsbildung begründet wird" (Unger 2017, S. 7).

Die Wissens- bzw. Informationsgesellschaft produziert aus sich heraus eine nicht kontrollierbare Dynamik der Wissensakzeleration mit nicht abschätzbaren Risiken. Modern zu sein heißt, nicht mehr zu wissen, was möglich sein wird, und dennoch handeln zu müssen. Will man aus den Paradoxien der Moderne (Lyotard 1986) für das Bildungssystem eine konstruktive Perspektive ableiten, dann zunächst die, dass unser Bildungssystem in allen seinen Bereichen auf den kompetenten und verantwortlichen Umgang mit Unsicherheit und Komplexität vorzubereiten hat. Neu sind nicht der technologische Wandel, sondern das hohe Tempo und die Zunahme an Möglichkeiten der Gestaltung von Arbeitsbedingungen und der individuellen Lebensführung. Wenn nur sicher ist, dass wir nicht wissen, welches Wissen wir im laufenden Jahrhundert benötigen werden, gewinnen strategisches und reflexives Lernen und konsequente Weiterbildung einen zentralen Stellenwert. Bildung kann sich unter diesen Bedingungen nicht darauf beschränken, den im Pflichtschulbereich und in der Berufsausbildung erworbenen Wissensvorrat durch neue Wissenselemente additiv zu ergänzen. Das traditionelle Muster der linearen Wissensakkumulation trägt nicht mehr; es verliert an Bedeutung zugunsten des vernetzten und reflexiven Lernens (Kutscha 1998).

Diese Entwicklungen betreffen unmittelbar auch das berufliche Lernen sowie das berufs- und wirtschaftspädagogische Verständnis von Beruflichkeit. Beruf war bisher immer primär Fachberuf. Und genau dies könnte sich im Zeitalter der Digitalisierung ändern. Hierbei geht es nicht um das „Ende" von Beruflichkeit, wie es vielfach vermutet oder behauptet wurde, sondern um das nuancenreiche Auslaufen eines historischen Modells von Beruf, genauer: um die Überwindung des Berufs als einer starren und dauerhaft standardisierten Sozialform (vgl. Voß 2002). Die Berufsbildung hat sich auf diese Entwicklung einzustellen. Sie benötigt ein „Leitbild" im Sinne einer „erweiterten modernen Berufllichkeit", die sich sowohl auf die betriebliche und schulische Aus- und Weiterbildung als auch auf das Hochschulstudium bezieht und Optionen für eine stärkere Vernetzung der unterschiedlichen Bildungsbereiche ermöglicht (vgl. IG Metall 2014; Kaßebaum 2015; Kutscha 2015). Beruflichkeit ist in diesem Zusammenhang als *„Bildungskonzept"* zu verstehen und durch Qualitätsmaßstäbe statt durch starre Strukturen voneinander abgegrenzter Bildungs- und Studiengänge zu profilieren. Als unverzichtbare Maßstäbe werden im „gemeinsamen Leitbild für die betrieblich-duale und hochschulische Berufsbildung" der Gewerkschaft IG Metall (2014, S. 20 ff.) u. a. vorgeschlagen:

Berufliches Lernen

- ist Bildung und fördert Identität,
- erfordert eine fachlich breite Qualifikation,
- vermittelt Wissen, Handlungsfähigkeit und ermöglicht praktische Erfahrung,
- orientiert sich an Arbeits- und Geschäftsprozessen,
- zielt auf Reflexion und Gestaltung von Arbeit,
- ist soziales Lernen,

- ist entdeckendes und forschendes Lernen,
- verknüpft Erfahrungs- und Wissenschaftsorientierung,
- hat unterschiedliche Lernorte,
- schließt niemanden aus.

Entsprechend diesen Qualitätsmaßstäben beschränkt sich berufliche Bildung nicht auf die situationsadäquate und handlungsorientierte Aneignung von Wissen und dessen Anwendung in realen (z. B. beruflichen) Verwertungszusammenhängen. „Lernen als beschleunigte Entwertungsproduktion" (Geißler/Kutscha 1992, S. 19 ff.) bedeutet immer auch „Entsorgung" von Wissen mit der Folge der Verunsicherung von Identität und des Aufbaus neuer Identitäten. Dies ist in der Erwerbsbiographie vieler Menschen bereits heute Realität und setzt Menschen voraus, die durch Bildung in ihrer individuellen Persönlichkeit und sozialen Kompetenzentwicklung gefördert werden und bei aller Dynamik und Wechselhaftigkeit der Lebenssituationen in der Lage sind, Verantwortung für sich selbst und in Solidarität mit anderen zu übernehmen. 'Beruflichkeit' ist gewissermaßen ein Code, mit dem jenseits der unterschiedlichen historisch bedingten Erscheinungsformen von Berufen gesellschaftliche Themen und Probleme kommuniziert werden, bei denen es um Ordnung, Sinn und soziale Anerkennung von Arbeit geht.

In einer Welt der Digitalisierung und Hyperkonnektivität kann sich berufliche Bildung nicht auf das Spezielle beschränken. Für „ganzheitliche" Bildungskonzepte sprechen nicht nur bildungstheoretische Überlegungen, sondern unmittelbar auch die Entwicklungen im Beschäftigungssystem. Ganzheitlich orientierte Berufsbildung meint hier: sich auf komplexe Lebenslagen – nicht zuletzt auch – unter Einschluss von Arbeitslosigkeit und Non-Profit-Tätigkeiten einzulassen, wenn „Bildung als Vorgang, in subjektiver Bedeutung ... Ausstattung zum Verhalten in der Welt" sein soll (Robinsohn 1975, S. 13). „Ganzheitlich" bezieht sich auf den biographischen Wechsel der Lebenslagen in der Lebenszeit. Aus- und Weiterbildung muss der Pluralisierung der Lebensverhältnisse Rechnung tragen und sich verstärkt den Überschneidungsbereichen zwischen geregelten und nicht geregelten Systemen zuwenden.

Die Erreichbarkeit der Berufsbildung als Zielkategorie stößt an Grenzen in der von *Vielfalt* geprägten Gesellschaft. Zur Vielfalt gehört auch jener Teil der Jugendlichen und Erwachsenen, die sich der Eingliederung in das Ausbildungs- und Beschäftigungssystem mangels realistischer Perspektiven oder in Folge von „Selbstausgrenzung" aufgrund negativer Erfahrungen mit der fehlendenden bzw. defizitären Integrationskraft des beruflichen Übergangssystems entziehen. Anzahl und Zusammensetzung dieser Jugendlichen könnten in Zukunft größer bzw. komplexer und die „Abwärtsspirale in den Sortierungs- und Selektionsmustern beschleunigt" werden (Dobischat/Düsseldorff 2015, S. 478). Schutzsuchende und Asylanten sind derzeit davon besonders betroffen. Am Konzept der Jugendberufshilfe („Übergangssystem" als „Brücke zur Arbeitswelt") festzuhalten, wenn diese „Brücke" in Sackgassen führt oder auf verschlossene Tore stößt, erschwert es, andere Wege zur Bearbeitung der gesellschaftlichen Deprivationsproblematik zu erproben und alternative lebenslauffördernde Lernprozesse und -biographien zu unterstützen (vgl. Diezemann 2015).

Bildung im Medium der Beruflichkeit? – Ja, wo immer die Lebenssituationen dafür eine sinnvolle Voraussetzung bieten. Allerdings wird sich unsere Gesellschaft dem Problem stellen müssen, allen Jugendlichen in aller Vielfalt auch außerhalb formalisierter Berufslaufbahnen Aufgaben anzubieten und Angebote zu machen, bei denen sie sich bewähren können und ihren „Eigen-Sinn und Widerstand" (Bolder/Dobischat 2009) unter Beachtung der Regeln gesellschaftlichen Zusammenlebens entfalten können. Nicht Ordnung der Vielfalt per se ist gefragt, sondern „Vielfalt durch gute Ordnung" (Prengel 1999). Gemeint ist: eine gesellschaftliche Ordnung als Zustand, in dem man – wie Theodor W. Adorno es ausdrückte – „ohne Angst verschieden sein kann" (Adorno 1951, S. 131).

Für die Berufsbildungstheorie im Zeitalter der Digitalisierung wäre Selbstbezüglich ohne Anschluss an den humanwissenschaftlichen Diskurs vermutlich das „Aus" ihrer Eigenständigkeit im Sinne einer ernst zu nehmenden anschlussfähigen Universitätsdisziplin. Das gilt insbesondere hinsichtlich ihrer grundlegenden Konzepte Bildung und Beruf im Spannungsfeld von Subjekt- und Gesellschaftsbezug. Es gibt nicht viele Forschungsfelder der Geisteswissenschaften, in denen in den vergangenen zehn Jahren so viele produktive und interdisziplinär eng verknüpfte Studien vorgelegt wurden wie im Bereich der Subjektforschung (Kreknin/Marquardt 2016, S. 1). Das betrifft speziell auch Fragen nach dem „digitalisierten Subjekt" im Grenzbereich zwischen Fiktion und Alltagswelt und den darin sich entwickelnden vielfältigen Praktiken neuer Subjektkonstruktion. Es ist erstaunlich, dass sich die neuere Berufsbildungstheorie verstärkt mit der Vielfalt der *Beruflichkeit* beschäftigt, dabei aber dem Bildungsbegriff (weitgehend) fraglos ein Dispositiv von *universaler Subjektivität* unterstellt, das weder in Theorie noch Forschung einer Klärung bedürfte. Hier anzusetzen, wäre Aufgabe einer gleichermaßen subjekt- und gesellschaftsorientierten Theorie der beruflichen Bildung im Zeitalter der Digitalisierung, die mehr sein will als bloße Suche nach den Qualifikationsanforderungen in der intelligenten Fabrik.

Literatur

Abel, Heinrich (1963): Das Berufsproblem im gewerblichen Ausbildungs- und Schulsystem Deutschlands (BRD). Braunschweig: Georg Westermann

acatech (Hrsg.) (2016): Kompetenzen für Industrie 4.0. Qualifizierungsbedarfe und Lösungsansätze (acatech POSITION). München: Herbert Utz

Adorno, Theodor W. (1951): Minima Moralia. Reflexionen aus dem beschädigten Leben. Frankfurt am Main: Suhrkamp

Ahrens, Daniela; Spöttl, Georg (2015): Industrie 4.0 und Herausforderungen für die Qualifizierung von Fachkräften. In: Hirsch-Kreinsen/Ittermann/Niehaus 2015, S. 185–203

Backes-Haase, Alfons (2001): Berufsbildungstheorie – Entwicklung und Diskussionsstand. In: Schanz 2001, S. 22–38

Backes-Haase, Alfons (2009): MOSES MENDELSSOHNs Bildungsverständnis zwischen Philanthropismus und Neuhumanismus oder Das Problem der Genese des berufsbildungstheoretischen Denkstils. In: bwpf@Berufs- und Wirtschaftspädagogik – online, Ausgabe 16, S. 1–27. http://www.bwpat.de/content/ausgabe/16/backes-haase/index.html

Backes-Haase, Alfons/Klinkisch, Eva-Maria (2015): Das kompetente Subjekt? – Implizite Tendenzen zur Verdinglichung in der beruflichen Bildung. In: bwp@Berufs- und Wirtschaftspädagogik – online, Ausgabe 29, S. 1–24. http://www.bwpat.de/ausgabe/29/backes-haase-klinkisch

Baethge, Martin; Baethge-Kinsky, Volker (1998): Jenseits von Beruf und Beruflichkeit? Neue Formen von Arbeitsorganisation und Beschäftigung und ihre Bedeutung für eine zentrale Kategorie gesellschaftlicher Integration. In: Mitteilungen aus der Arbeitsmarkt- und Berufsforschung, 31. Jg., S. 461–472

Beer, Raphael: Naive Aufklärung und resignative Entmündigung. Das Subjekt zwischen Erkenntnis- und Gesellschaftstheorie. In: Kreknin, Innokentij/Marquardt, Chantal (Hrsg.): Das digitalisierte Subjekt. Grenzbereiche zwischen Fiktion und Alltagswirklichkeit. Sonderausgabe 1 von Textpraxis. Digitales Journal für Philologie (2.2016), S. 21–36. Online: www.textpraxis.net

Blankertz, Herwig (1963): Berufsbildung und Utilitarismus. Problemgeschichtliche Untersuchungen. Düsseldorf: Schwann

Blankertz, Herwig (1968): Zum Begriff des Berufs in unserer Zeit. In: Blankertz, Herwig (Hrsg.): arbeitslehre in der hauptschule, 2. erweiterte und verbesserte Auflage. Essen: Neue Deutsche Schule Verlagsgesellschaft mbH, S. 23–41

Blankertz, Herwig (1969): Bildung im Zeitalter der großen Industrie. Pädagogik, Schule und Berufsbildung im 19. Jahrhundert. Berlin – Darmstadt – Dortmund – Hannover: Hermann Schrödel

Blankertz, Herwig. (1972): Kollegstufenversuch in Nordrhein-Westfalen – das Ende der gymnasialen Oberstufe und der Berufsschule. In: Die deutsche Berufs- und Fachschule, 68. Jg., S. 2–18

Blankertz, Herwig (1975): Berufsbildungstheorie und berufliche Ausbildungskonzeptionen. In: Stratmann/Bartel 1975, S. 285–299

Blankertz, Herwig (1979): Kritische Erziehungswissenschaft. In: Schaller, Klaus (Hrsg.): Erziehungswissenschaft der Gegenwart. Prinzipien und Perspektiven moderner Pädagogik. Bochum: Kamp, S. 28–45

Blankertz Herwig (1982): Die Geschichte der Pädagogik. Von der Aufklärung bis zur Gegenwart. Wetzlar: Büchse der Pandora

Blankertz, Herwig./Claessens, Dieter/Edding, Friedrich (Hrsg.) (1966): Ein zentrales Forschungsinstitut für Berufsbildung? Gutachten im Auftrag des Senators für Arbeit und soziale Angelegenheiten Berlin. Berlin: Senator für Arbeit und Soziale Angelegenheiten des Landes Berlin

Blankertz-Färber, Gisela (1956): Muß der Kern der Berufsbildungstheorie gerettet werden? Die berufsbildende Schule, 8. Jg., H. 5, S. 312–318

Bohlinger, Sandra (2011): Der alte Streit um Kompetenz und Performanz: Was die Berufs- und Wirtschaftspädagogik von anderen Disziplinen lernen kann. In: Fischer, Nina; Grimm, Axel (Hrsg.): Lernen und Lehren in der beruflichen Bildung – Professionalität im Spannungsfeld von Schule und Hochschule. Festschrift zum 60. Geburtstag von Friedhelm Schütte. Frankfurt am Main u.a.: Peter Lang, S. 121–136

Bolder, Axel; Dobischat, Rolf (2009): Eigensinn und Widerstand. Kritische Beiträge zum Kompetenzdiskurs. Wiesbaden: VS Verlag für Sozialwissenschaften

Bonz, Bernhard (2015): Die Berufs- und Wirtschaftspädagogik als wissenschaftliche Disziplin. In: Seifried/Bonz 2015, S. 7–24

Bonz, Bernhard; Lipsmeier, Antonius (Hrsg.) (1991): Computer und Berufsbildung. Beiträge zur Didaktik neuer Technologien in der gewerblich-technischen Berufsbildung. Stuttgart: Holland + Josenhans

Bosch, Gerhard (2014): Facharbeit, Berufe und berufliche Arbeitsmärkte. In: WSI-Mitteilungen, 67. Jg., H. 1, S. 5–13

Bronfenbrenner, Urie (1981): Die Ökologie der menschlichen Entwicklung. Stuttgart: Klett-Cotta

Brynjolfsson, Erik; McAfee, Andrew (2014): The Second Machine Age. Wie die nächste digitale Revolution unser aller Leben verändern wird. Kulmbach: Börsenmedien AG

Büchter, Karin (2017a): Zum Gehalt berufs- und wirtschaftspädagogischer Selbstthematisierungen – Rückblick und Ausblick. In: Seifried, Jürgen; Seeber, Susan; Ziegler, Birgit (Hrsg.): Jahrbuch der berufs- und wirtschaftspädagogischen Forschung. Schriftenreihe der Sektion Berufs- und Wirtschaftspädagogik. Opladen Leske & Budrich (im Druck)

Büchter, Karin (2017b): Ökonomisierung oder Ent-Ökonomisierung des Berufs? berufsbildung. Zeitschrift für Theorie-Praxis-Dialog, 71. Jg., H. 164, S. 2–5

Büchter, Karin; Klusmeyer, Jens; Kipp, Martin (2009): Selbstverständnis der Disziplin Berufs- und Wirtschaftspädagogik. In: bwp@Berufs- und Wirtschaftspädagogik – online, Ausgabe 16. http://www.bwpat.de/content/ausgabe/16/editorial-bwp16/

Bundesministerium für Arbeit und Soziales (Hrsg.) (2015): Arbeit weiter denken. Grünbuch Arbeit 4.0. Berlin. http://www.arbeitenviernull.de/dialogprozess/gruenbuch.html

Bundesministerium für Bildung und Forschung (Hrsg.) (2014): Industrie 4.0. Innovationen für die Produktion von morgen. Bonn. https://www.bmbf.de/de/zukunftsprojekt-industrie-4-0-848.html

Büttemeyer, Wilhelm; Möller, Bernhard (Hrsg.) (1979): Der Positivismusstreit in der deutschen Erziehungswissenschaft. München: Wilhelm Fink

Clement, Ute (2002): Internationaler Wandel der Zielbegriffe in der beruflichen Weiterbildung. Bildung – Qualifikation – Kompetenz. In: Weber, Susanne; Bolten, Jürgen (Hrsg.): Interkulturelles Handeln in globalen Netzwerken. Bielefeld: Bertelsmann, S. 19–41

Deißinger, Thomas (2016): Die Lehrlingsausbildung in England: das „historische Erbe" und aktuelle Ansätze zur Überwindung ihres randständigen Status. In: bwp@Berufs- und Wirtschaftspädagogik – online, Profil 4: Kompetenzentwicklung im wirtschaftspädagogischen Kontext: Programmatik – Modellierung – Analyse. Digitale Festschrift für Sabine Matthäus. http://www.bwpat.de/profil4/deissinger_profil4.pdf

Deutsche Forschungsgemeinschaft (DFG) (Hrsg.) (1990): Berufsbildungsforschung an den Hochschulen des Bundesrepublik Deutschland. Denkschrift. Weinheim: VHC Acta humaniora

Diezemann, Eckart (2015): Benachteiligte Jugendliche. Zu ihrer Vergesellschaftung durch Verrechtlichung, Institutionalisierung und Wissenschaft. 3 Bände. Frankfurt am Main: Gesellschaft zur Förderung arbeitsorientierter Bildung (G. A. F. B.)

Dobischat, Rolf; Düsseldorff, Karl (2015): Sozialisation in Berufsbildung und Hochschule. In: Hurrelmann, Klaus; Bauer, Ullrich; Grundmann, Matthias; Walper, Sabine (Hrsg.): Handbuch Sozialisationsforschung, 8. Auflage. Weinheim und Basel: Beltz, S. 469–491

Draht, Rainer (2014): Industrie 4.0 – Eine Einführung. http://www.openautomation.de/detailseite/industrie-40-eine-einfuehrung.html

Englert, Ludwig (Hrsg.) (1966): Georg Kerschensteiner – Eduard Spranger. Briefwechsel 1912 – 1931. München & Wien: R. Oldenbourg; Stuttgart: B. G. Teubner

Feld, Friedrich (1924): Jugendpsychologie und Lehrkunst. Frankfurt am Main: Moritz Diesterweg

Feld, Friedrich (1928): Grundfragen der Berufsschul- und Wirtschaftspädagogik. Versuch einer Systematik der berufspädagogischen Theorie. Langensalza: Julius Beltz

Freiling, Thomas; Hauenstein, Timo (2017): Digitalisierung und Arbeit 4.0. berufsbildung. Zeitschrift für Theorie-Praxis-Dialog, 71. Jg., H. 164, S. 24–26

Geißler, Karlheinz A.; Kutscha, Günter (1992): Modernisierung der Berufsbildung – Paradoxien und Parodontosen. Oder: Was ist modern an der Modernisierung der Berufsbildung und ihrer Theorie? In: Kipp, Martin; Czycholl, Reinhard; Dikau, Joachim; Meueler, Erhard (Hrsg.): Paradoxien in der beruflichen Aus- und Weiterbildung. Frankfurt am Main: Gesellschaft zur Förderung arbeitsorientierter Bildung (G.A.F.B.), S. 13–33

Greinert, Wolf-Dietrich (1990): Fortbildungsschulpolitik im Deutschen Kaiserreich. Die wichtigen Jahre von 1895–1914. In: B.-Lisop/Greinert/Stratmann 1990, S. 177–192

Greinert, Wolf-Dietrich (2015): Erwerbsqualifizierung jenseits des Industrialismus. Zur Geschichte und Reform des deutschen Systems der Berufsbildung, 3., überarbeitete Auflage. Baltmannsweiler: Schneider

Grimm, Axel; Gebhardt, Jonas; Heinrich, Nicolai (2017): Herausforderung Digitalisierung – Impulse für eine nachhaltige Kompetenzentwicklung. In: Die berufsbildende Schule, 69. Jg., H. 4, S. 148–153

Heid, Helmut (1998): Berufliche Bildung im Spannungsfeld zwischen betrieblichen Anforderungen und individuellen Ansprüchen. In: Euler, Dieter (Hrsg.): Berufliches Lernen im Wandel – Konsequenzen für die Lernorte? Nürnberg: Institut für Arbeitsmarkt- und Berufsforschung (IAB), S. 33–54

Hirsch-Kreinsen, Hartmut; Ittermann, Peter; Niehaus, Jonathan (Hrsg.) (2015): Digitalisierung industrieller Arbeit. Die Vision Industrie 4.0 und ihre sozialen Herausforderungen. Baden-Baden: Nomos

Humboldt, Wilhelm v. (1809): Der Litauische Schulplan. In: Flitner, Andreas (Hrsg.) (1964): Wilhelm von Humboldt. Schriften zur Anthropologie und Bildungslehre. 2. Auflage. Düsseldorf–München, S. 76–82

IG Metall Vorstand (Hrsg.) (2014): Erweiterte moderne Beruflichkeit. Ein gemeinsames Leitbild für die betrieblich-duale und hochschulische Berufsbildung. Diskussionspapier. Frankfurt am Main: IG Metall

Institut für Arbeitsmarkt- und Berufsforschung (IAB) (Hrsg.) (2015): Industrie 4.0 und die Folgen für Arbeitsmarkt und Wirtschaft. Szenario-Rechnungen im Rahmen der BIBB-IAB-Qualifikations-Berufsfeldprojektionen. IAB-Forschungsbericht 8/2015. http://doku.iab.de/forschungsbericht/2015/fb0815.pdf

Jürgens, Kerstin; Hoffmann, Reiner; Schildmann, Christina: Arbeit transformieren. Denkanstöße der Kommission „Arbeit der Zukunft". Bielefeld: transcript Verlag 2017

Kagermann, Henning; Lukas, Wolf-Dieter; Wahlster, Wolfgang (2011): Industrie 4.0. VDI–Nachrichten Nr. 13. Online: http://www.wolfgang-wahlster.de/wordpress/wp-content/uploads/Industrie_4_0_Mit_dem_Internet_der_Dinge_auf_dem_Weg_zur_vierten_industriellen_Revolution_2.pdf

Kaßebaum, Bern (2015): „Erweiterte moderne Beruflichkeit" – Ein Kompass für Berufsbildungs- und Hochschulpolitik. In: Ordnung der Wissenschaft 4 (2015), S. 199–210. http://www.ordnungderwissenschaft.de/2015%20-%20Gesamt/27_kassebaum_erweiterte_moderne_beruflichkeit_2015.pdf

Kell, Adolf (2015): Arbeit und Beruf aus Sicht ökologischer Berufsbildungswissenschaft. bwp@Berufs- und Wirtschaftspädagogik – online, Ausgabe 29. http://www.bwpat.de/ausgabe29/kell_beitrag1_bwpat29.pdf

Kell, Adolf; Schanz, Heinrich (Hrsg.) (1994): Computer und Berufsbildung. Beiträge zur Didaktik neuer Informations- und Kommunikationstechniken in der kaufmännischen Berufsbildung. Stuttgart: Holland + Josenhans

Kern, Horst; Schumann, Michael (1984): Das Ende der Arbeitsteilung? Rationalisierung der industriellen Produktion. München: C.H. Beck

Kerschensteiner, Georg (1901/1966): Staatsbürgerliche Erziehung der deutschen Jugend. In: Georg Kerschensteiner. Berufsbildung und Berufsschule. Ausgewählte pädagogische Schriften, Band I, besorgt von Gerhard Wehle. Paderborn: Ferdinand Schöningh, S. 5–88

Kerschensteiner, Georg (1968): Texte zum pädagogischen Begriff der Arbeit und zur Arbeitsschule. Ausgewählte pädagogische Schriften, Band II, besorgt von Gerhard Wehle. Paderborn: Ferdinand Schöningh

Klafki, Wolfgang (1979): Theodor Litt (1880–1962). In: Scheuerl, Hans (Hrsg.): Klassiker der Pädagogik. Zweiter Band. München: C.H. Beck, S. 241–257

Knoll, Joachim H. (Hrsg.) (1965): Grundlegende Bildung – Berufsbildung – Allgemeinbildung, H. 9/10 der Reihe „Grundlagen und Grundfragen der Erziehung", hrsg. von Ballauff, Theodor u.a. Heidelberg: Quelle & Meyer

Kreknin, Innokentij; Marquardt, Chantal: Einleitung: Subjekthaftigkeit, Digitalität, Fiktion und Alltagswirklichkeit. In: Dies. (Hrsg.): Das digitalisierte Subjekt. Grenzbereiche zwischen Fiktion und Alltagswirklichkeit. Sonderausgabe 1 von Textpraxis. Digitales Journal für Philologie (2.2016), S. 1–20. Online: www.textpraxis.net

Kuhn, Thomas S. (1996): Die Struktur wissenschaftlicher Revolutionen. Frankfurt am Main: Suhrkamp

Kultusministerkonferenz (1996). Handreichung für die Erarbeitung von Rahmenlehrplänen der Kultusministerkonferenz für den berufsbezogenen Unterricht in der Berufsschule und ihre Abstimmung mit den Ausbildungsordnungen des Bundes für anerkannte Ausbildungsordnungen. Bonn: KMK

Kultusministerkonferenz (2015): Rahmenvereinbarung über die Berufsschule. Beschluss der Kultusministerkonferenz vom 12.03.2015. Bonn: KMK

Kutscha, Günter (1992): 'Entberuflichung' und 'Neue Beruflichkeit' – Thesen und Aspekte zur Modernisierung der Berufsbildung und ihrer Theorie. In: Zeitschrift für Berufs- und Wirtschaftspädagogik, Bd. 88, S. 535–548

Kutscha, Günter (1998): Modernisierung der beruflichen Aus- und Weiterbildung unter dem Aspekt ganzheitlicher Bildung für die Informations- und Wissensgesellschaft beim Übergang ins dritte Jahrtausend. In: Gewerkschaftliche Bildungspolitik 5–6/98, S. 6–10

Kutscha, Günter (2009): Bildung im Medium des Berufs. Ein kritisch-konstruktiver Beitrag zur Auseinandersetzung mit der bildungstheoretischen Grundlegung der Berufs- und Wirtschaftspädagogik durch Herwig Blankertz unter Berücksichtigung neuerer Beiträge zur Theorie der beruflichen Bildung. In: Lisop/Schlüter 2009, S. 13–36

Kutscha, Günter (2010): Ansatz und Einfluss der Kritischen Theorie in der Berufs- und Wirtschaftspädagogik. In: Nickolaus, Reinhold; Pätzold, Günter; Reinisch, Holger; Tramm, Tade (Hrsg.): Handbuch Berufs- und Wirtschaftspädagogik. Bad Heilbronn: Julius Klinkhardt, S. 379–383.

Kutscha, Günter (2015): Erweiterte moderne Beruflichkeit – Eine Alternative zum Mythos „Akademisierungswahn" und zur „Employability-Maxime" des Bologna-Regimes. In: bwp@Berufs- und Wirtschaftspädagogik – online, Ausgabe 29. http://www.bwpat.de/ausgabe/29/kutscha

Lehmer, Florian; Matthes, Britta (2017): Stand der Digitalisierung. In: Möller/Walwei 2017, S. 112–113

Lipsmeier, Antonius (1972/1975): Vom Beruf des Berufspädagogen. Zur Wissenschaftstheorie der Berufspädagogik. Die Deutsche Berufs- und Fachschule, Band 68, S. 21–49, leicht gekürzter Abdruck in: Stratmann/Bartel 1975, S. 242–270.

Lisop, Ingrid; Greinert, Wolf-Dietrich; Stratmann, Karlwilhelm (Hrsg.) (1990): Gründerjahre der Berufsschule. Berufspädagogisch-historischer Kongreß am 4.–6. Oktober 1989. Berlin: Bundesinstitut für Berufsbildung

Lisop, Ingrid; Schlüter, Anne (2009): Bildung im Medium des Berufs. Diskurslinien der Berufs- und Wirtschaftspädagogik. Frankfurt am Main: Gesellschaft zur Förderung arbeitsorientierter Forschung und Bildung (G. A. F. B.)

Litt, Theodor (1955): Das Bildungsideal der deutschen Klassik und die moderne Arbeitswelt. Bonn: Bundeszentrale für Heimatdienst

Luhmann, Niklas; Schorr, Karl Eberhard (1988): Reflexionsprobleme im Erziehungssystem. Frankfurt am Main: Suhrkamp

Lukowski, Felix; Neuber-Pohl, Caroline (2017): Digitale Technologien machen Arbeit anspruchsvoller. In: Berufsbildung in Wissenschaft und Praxis, 46. Jg., H. 2, S. 9–13

Lüscher, Rudolf M. (1985): Henry und die Krümelmonster. Versuche über den fordistischen Sozialcharakter. Tübingen: Claudia Gehrke

Lyotard, Jean-Francois (1986): Das postmoderne Wissen, neu hrsg. von Peter Engelmann, 8., unveränderte Auflage. Wien: Passagen Verlag 2015

Marotzki, Winfried (1990): Entwurf einer strukturalen Bildungstheorie. Biographietheoretische Auslegung von Bildungsprozessen in hochkomplexen Gesellschaften. Weinheim: Deutscher Studienverlag

Mayer, Christiane (1990): Aussagen der Pädagogik zur Berufsschule: Friedrich Feld (1987–1945). B.-Lisop/Greinert/Stratmann 1990, S. 129–147

Möller, Joachim; Walwei, Ulrich (Hrsg.): Arbeitsmarkt kompakt. Analysen, Daten, Fakten. Bielefeld: Bertelsmann

Ortmeyer, Benjamin (2008): Eduard Spranger und die NS-Zeit. Forschungsbericht. Frankfurt am Main: Johann Wolfgang-Goethe-Universität. Online: https://forschungsstelle.files.wordpress.com/2012/06/ortmeyer_forschungsbericht_sprangerunddienszeit.pdf

Pfeiffer, Sabine; Lee, Horan; Zirnig, Christopher; Suphan, Anne (2016): Industrie 4.0 – Qualifizierung 2025. Frankfurt am Main: VDMA

Pfeiffer, Sabine; Suphan, Anne (2015): Industrie 4.0 und Erfahrung. In: Hirsch-Kreinsen/Ittermann/Niehaus 2015, S. 205–230

Prengel, A. (1999): Vielfalt durch Ordnung im Anfangsunterricht. Wiesbaden: Leske + Budrich

Reetz, Lothar (1999). Zum Zusammenhang von Schlüsselqualifikationen – Kompetenzen – Bildung. In: Tramm, Tade; Sembill, Detlef; Klauser, Fritz; John, Ernst G. (Hrsg.): Professionalisierung kaufmännischer Berufsbildung. Beiträge zur Öffnung der Wirtschaftspädagogik für die Anforderungen des 21. Jahrhunderts. Festschrift zum 60. Geburtstag von Frank Achtenhagen. Frankfurt am Main: Lang, S. 32–51

Reinisch, H. (2003): Die „sittlich freie Persönlichkeit" (Kerschensteiner) und die Wissensgesellschaft. In: Fischer, Andreas (Hrsg.): Im Spiegel der Zeit. Sieben berufs- und wirtschaftspädagogische Protagonisten des 20. Jahrhunderts. Frankfurt am Main: Gesellschaft zur Förderung arbeitsorientierter Bildung (G. A. F. B.), S. 41–65

Reinisch, Holger (2009): Über Nutzen und Schaden des Philosophierens über das Selbstverständnis der Berufs- und Wirtschaftspädagogik – Anmerkungen aus wissenschaftssoziologisch inspirierter Sicht. In: bwp@Berufs- und Wirtschaftspädagogik – online, Ausgabe 16, S. 1–18. http://www.bwpat.de/ausgabe16/reinisch_bwpat16.pdf

Rifkin, Jeremy (2011): Die dritte industrielle Revolution. Die Zukunft der Wirtschaft nach dem Atomzeitalter. Frankfurt am Main: Campus

Robinsohn, Saul B. (1975): Bildungsreform als Revision des Curriculum. 5. unveränderte Auflage. Neuwied & Berlin: Luchterhand

Roth, Heinrich (1962): Die realistische Wendung in der Pädagogischen Forschung. In: Neue Sammlung, 2. Jg., S. 481–490

Schanz, Heinrich (Hrsg.) (2001): Berufs- und wirtschaftspädagogische Grundprobleme. (Berufsbildung konkret Bd. 1) Baltmannsweiler: Schneider

Schelsky, Helmut (1953): Zukunftsaspekte der industriellen Gesellschaft. In: Schelsky 1965, S. 88–104

Schelsky, Helmut (1956): Beruf und Freizeit als Erziehungsziele in der modernen Gesellschaft. In: Schelsky 1965, S. 160–181

Schelsky, Helmut (1965): Auf der Suche nach Wirklichkeit. Gesammelte Aufsätze. Düsseldorf–Köln: Eugen Diederichs

Schwarzlose, Adolf (1954): Berufserziehung in der industriellen Gesellschaft. Berufspädagogische Beiträge der berufspädagogischen Zeitschrift (BPZ), H. 2. Braunschweig: Diesterweg

Seifried, Jürgen; Bonz, Bernhard (2015) Berufs- und Wirtschaftspädagogik – Handlungsfelder und Grundprobleme. (Berufsbildung konkret Bd. 12) Baltmannsweiler: Schneider

Siemsen, Anna (1926): Beruf und Erziehung. Berlin: E. Laub'sche Verlagsbuchhandlung G.m.b.H.

Spöttl, Georg; Windelband, Lars (2016): Industrie 4.0 – Neugestaltung industrieller Prozesse mit erheblichen Konsequenzen für die Berufsausbildung! In: Die berufsbildende Schule (BbSch), 68. Jg., H. 9, S. 295–301

Spranger, Eduard (1920): Allgemeinbildung und Berufsschule. In: Stratmann/Bartel 1975, S. 42–57

Spranger, Eduard (1921): Lebensformen. Geisteswissenschaftliche Psychologie und Ethik der Persönlichkeit, 2., völlig neu bearbeitete und erweiterte Auflage. Halle (Saale): Niemeyer (Die erste Auflage wurde veröffentlicht unter: Spranger, Eduard (1914): Lebensformen. Ein Entwurf. In: Festschrift für Alois Riehl. Von Freunden und Schülern zu seinem siebzigsten Geburtstag dargebracht. Halle (Saale): Niemeyer

Spranger, Eduard (1922): Berufsbildung und Allgemeinbildung. In: Knoll 1965, S. 24–45

Spranger, Eduard (1923): Grundlegende Bildung, Berufsbildung, Allgemeinbildung. In: Knoll 1965, S. 8–23

Spranger, Eduard (1924): Psychologie des Jugendalters. 2. Auflage. Leipzig: Quelle & Meyer

Spranger, Eduard (1950): Umbildungen im Berufsleben und in der Berufserziehung. In: Knoll 1965, S. 46–57

Stratmann, Karlwilhelm (1978): Georg Kerschensteiner. In: Speck, Josef (Hrsg.): Geschichte der Pädagogik des 20. Jh., Band 1. Stuttgart–Berlin–Köln–Mainz: W. Kohlhammer, S. 57–71

Stratmann, Karlwilhelm (1990): Die Berufsschule zwischen Wissenschaft und Politik – eine Analyse der berufsschulpädagogischen Diskussion des Kaiserreichs. In: B.-Lisop/Greinert/Stratmann 1990, S. 333–354

Stratmann, Karlwilhelm; Bartel, Werner (1975): Berufspädagogik. Ansätze zu ihrer Grundlegung und Differenzierung. Köln: Kiepenheuer & Witsch

The Economic Intelligence Unit Limited (2014): Die hochvernetzte Wirtschaft. Wie die zunehmende Vernetzung der Gesellschaft das Umfeld für Unternehmen verändert. Eine Studie von The Economist Intelligence Unit durchgeführt im Auftrag von SAP. Online: https://assets.cdn.sap.com/sapcom/docs/2015/04/44330e96-3a7c-0010-82c7-eda71af511fa.pdf

Unger, Tim (2017): Bildung und berufliche Identität. Berufsbildungstheoretische Begründungen im Spannungsfeld von Normativität und Freiheit. berufsbildung. Zeitschrift für Theorie-Praxis-Dialog, 71. Jg., H. 164, S. 6–8.

Voß, G. Günter (2002): Der Beruf ist tot! Es lebe der Beruf! Zur Beruflichkeit des Arbeitskraftunternehmers und deren Folgen für das Bildungssystem. In: Kuda, Eva; Strauß, Jürgen (Hrsg.): Arbeitnehmer als Unternehmer. Herausforderungen für Gewerkschaften und berufliche Bildung. Hamburg: VSA-Verlag, S. 100–118

Wehler, Hans-Ulrich (1995): Deutsche Gesellschaftsgeschichte, Dritter Band: Von der „Deutschen Doppelrevolution" bis zum Beginn des Ersten Weltkrieges, 1849–1914. München: C.H. Beck

Wilhelm, Theodor (1979): Georg Kerschensteiner (1854–1932). In: Scheuerl, Hans (Hrsg.): Klassiker der Pädagogik. Zweiter Band. München: C.H. Beck, S. 103–126

Windelband, Lars; Dworschak, Bernd (2015): Veränderungen der industriellen Produktion – Notwendige Kompetenzen auf dem Weg vom Internet der Dinge zu Industrie 4.0. Berufsbildung in Wissenschaft und Praxis (BWP), 44. Jg., H. 6, S. 26–29

Zabeck, Jürgen (1975): Berufsbildungsreform in der Krise – Aufgaben einer funktionalen Politik. In: Schlaffke, Winfried; Zabeck, Jürgen: Berufsbildungsreform – Illusion und Wirklichkeit. DIV-Sachbuchreihe 7. Köln: Deutscher Instituts-Verlag, S. 89–161

Zabeck, Jürgen (1980): Das systemtheoretische Paradigma in der Berufs- und Wirtschaftspädagogik. In: Heid, Helmut; Lempert, Wolfgang; Zabeck, Jürgen (Hrsg.): Ansätze der berufs- und wirtschaftspädagogischen Theoriebildung. Beiheft 1 der Zeitschrift für Berufs- und Wirtschaftspädagogik. Wiesbaden: Steiner, S. 21–33

Zabeck, Jürgen (1992): Paradigmenpluralismus als wissenschaftstheoretisches Programm – Ein Beitrag zur Überwindung zur Krise der Erziehungswissenschaft. In: Zabeck, Jürgen: Die Berufs- und Wirtschaftspädagogik als erziehungswissenschaftliche Teildisziplin. Schriftenreihe Wirtschaftsdidaktik, Bd. 24. Baltmannsweiler: Schneider, S. 101–125

Zabeck, Jürgen (2001): Funktionsfähigkeit statt Emanzipation als Leitkategorie der beruflichen Bildung. In: Lange, Ute; Harney, Klaus; Rahn, Sylvia; Stachowski, Heidrun (Hrsg.): Studienbuch Theorien der beruflichen Bildung. Grundzüge der Diskussion im 20. Jahrhundert. Bad Heilbrunn: Julius Klinkhardt, S. 135–147

Zabeck, Jürgen (2009): Über die Chancen einer Wiederbelebung des methodologischen Diskurses in der Berufs- und Wirtschaftspädagogik. In: Lisop/Schlüter 2009, S. 121–147

Zabeck, Jürgen (2013): Geschichte der Berufserziehung und ihrer Theorie. Paderborn: Eusl-Verlagsgesellschaft mbH

Zedler, Peter (1989): Bildungstheorie in praktischer Absicht. Kritische Theorie und pädagogische Theorietradition bei Blankertz. In: Kutscha, Günter (Hrsg.): Bildung unter dem Anspruch von Aufklärung. Zur Pädagogik von Herwig Blankertz. (Studien zur Schulpädagogik, Bd. 1) Weinheim & Basel: Beltz, S. 45–68

Marianne Friese

Inklusion, Gender, Migration – berufs- und wirtschaftspädagogische Herausforderungen im Zuge des demografischen Wandels

1 Konzeptionelle und empirische Entwicklungen
1.1 Historische Eckpunkte
1.2 Konzeptionelle Schnittmengen
1.3 Demografischer Wandel und Fachkräftemangel
2. Durchlässigkeit in der beruflichen Bildung
2.1 Übergang Schule – Beruf
2.2 Duale und vollzeitschulische Ausbildung
2.3 Berufliche Fort- und Weiterbildung
3. Lehramtsausbildung und Professionalisierung

Vorbemerkungen

Im Diskurs der beruflichen Bildung hat sich eine bemerkenswerte Entwicklung vollzogen. Zu beobachten ist, dass die sogenannten Querschnittsthemen Gender, Migration und Inklusion von einer randständigen Positionierung in den 1980er Jahren nunmehr – in den letzten Jahren – nahezu in das Zentrum berufs- und wirtschaftspädagogischer Konzepte gerückt sind. Dieses Interesse mag einer bildungspolitischen Sensibilisierung für Fragen von Bildungsungleichheit und gerechter Teilhabe an Ausbildung und Beschäftigung geschuldet sein. Fokussiert wird diese Perspektive in neuerer Zeit durch das Leitbild der Inklusion und aufgrund neuer Anforderungen zur Integration von geflüchteten jungen Menschen in das System der beruflichen Bildung in Deutschland. Gründe liegen zudem in der Sorge um den dramatisch wachsenden Fachkräftemangel, der insbesondere dem demografischen Wandel geschuldet ist. Diese Entwicklung stellt sich zwar regional sowie branchen- und berufsfeldspezifisch differenziert dar. Unbestritten sind jedoch die neuen Qualifikations- und Kompetenzanforderungen sowie die Notwendigkeit der nachhaltigen Fachkräftegewinnung für Zukunftsbranchen. Aus dieser Perspektive geraten gegenwärtig auch diejenigen bislang vernachlässigten Zielgruppen in den Blick, die im Bildungs- und Ausbildungssystem sowie auf dem Arbeitsmarkt strukturell durch Determinanten sozialer, regionaler, ethnischer sowie geschlechtlicher Ungleichheit und somit durch Marginalisierung und fehlende Partizipation an Ausbildung und Beruf gekennzeichnet sind.

Vor diesem Hintergrund gesellschaftlicher, beschäftigungspolitischer und demografischer Entwicklungen sowie neuer Anforderungen des Arbeitsmarktes ist die

Berufs- und Wirtschaftspädagogik gefordert, empirische und theoretische Analysen sowie Handlungsansätze der beruflichen Bildung zu entwickeln. Der folgende Beitrag greift diese Anforderungen auf. Dazu werden zunächst historische und theoretische Eckpunkte zur wechselseitigen Verschränkung der Querschnittsthemen „Inklusion, Gender, Migration" dargestellt und im Konzept der Intersektionalität zusammengeführt. In einem zweiten Schritt werden empirische Befunde zum gesellschaftlichen und demografischen Wandel aufgezeigt, die im Folgenden mit der Darstellung von Handlungsfeldern inklusiver sowie gender- und migrationssensibler Berufsorientierung, Berufsbildung und Weiterbildung verbunden werden. Im Anschluss werden Fragen zur Professionalisierung der universitären Lehramtsausbildung diskutiert.

1 Konzeptionelle und empirische Entwicklungen

1.1 Historische Eckpunkte

Die gegenwärtige Dynamik des Berufsbildungsdiskurses zur theoretischen und bildungspolitischen Positionierung der Themen „Inklusion, Gender, Migration" ist historisch und theoretisch zu beleuchten (Friese 2015, S. 150 ff.). Aus historischer Perspektive sind Exklusionsmechanismen wie auch (arbeits- und berufs-)pädagogische Bemühungen um die Integration spezifischer „benachteiligter" Zielgruppen keineswegs neu. Bereits im Zuge der beginnenden Industrialisierung des 18. Jahrhunderts wurden zielgruppenspezifische Ansätze entwickelt, die aktuelle Schnittmengen der beruflichen Benachteiligtenförderung sowie der inklusiven und gender- wie auch migrationsspezifischen Berufsbildung vorwegnehmen. Dazu zählt zum einen die Ausdifferenzierung des allgemeinbildenden Schulwesens zu einem zunehmend segregierenden System mit Förder- und Sonderschulen und speziell ausgebildeten Lehrkräften. Aus berufspädagogischer Perspektive sind die im Rahmen der Industriepädagogik, Arbeitsmigration und Urbanisierung entstandenen Bemühungen zur Qualifizierung des Volkes für un- und angelernte Fabrikarbeit sowie für Gesellenlohnarbeit relevant. Aus Genderperspektive ist bedeutsam, dass der sogenannte „Zug nach der Stadt" zu einem hohen Anteil von jungen Frauen vom Lande geprägt war, die in spezifischen städtischen „Mägdebildungsanstalten" für lohnarbeits- und berufsförmige Dienstbotentätigkeit im bürgerlichen Haushalt ausgebildet wurden (vgl. Friese 2007, S. 338 ff.).

Aufgrund der fortschreitenden Industrialisierung und der zunehmenden Bedarfe an berufsfachlicher Qualifizierung differenzierten sich um die Wende zum 20. Jahrhundert neben der Fortbildungsschule auch bereits reformpädagogische Ansätze zur Berufsorientierung und Berufsvorbereitung heraus. Diese zielten auf Förderkonzepte für die letzten Schuljahre der Volksschule als „berufliche Entdeckungsphase" sowie auf die Implementierung von Arbeitsschulen mit deutlichem didaktischen Bezug zur Handlungsorientierung, zu ganzheitlicher Berufsbildung sowie zur gesellschaftlichen Integration. In der Folgezeit wurden mit der Vorbereitung von Konzepten der gewerblich-technischen Ausbildung für Männer im dualen System und der sozial-, gesundheitsberuflichen und hauswirtschaftliche Ausbildung für Frauen im schulberuflichen System zugleich Gendercodierungen vorgenommen, die bis in die Gegenwart nachhaltig in Ausbildungs- und Berufsstrukturen wirksam sind.

Schnittmengen zielgruppenspezifischer Qualifizierungsansätze wurden mit den Bildungsreformen der 1960er Jahre und der beginnenden bildungspolitischen und wissenschaftlichen Debatte um soziale Ungleichheit im Bildungswesen fortgesetzt. Neben sozial- und genderbezogenen Forderungen zur Integration des „katholischen Arbeitermädchens vom Lande in Bayern" in das Bildungssystem und spezifischen beruflichen Qualifizierungsansätzen für ungelernte „Jungarbeiter" entstanden auch Bemühungen um ein integrativ ausgerichtetes Schulsystem mit gemeinsamer Beschulung von behinderten und nichtbehinderten jungen Menschen.

Eine neue Etappe der Förderung spezifischer Zielgruppen setzte in den 1980er Jahren im Zuge des entstehenden Übergangssystems ein. Mit der „Entdeckung" von Risikogruppen des Arbeitsmarktes entstanden im Rahmen der beruflichen Benachteiligtenförderung und Rehabilitation neue gesetzliche Rahmenbedingungen sowie Instrumente und Maßnahmen zur Berufsorientierung, Berufsvorbereitung und Gender Mainstreaming. Eine Weiterentwicklung fand in den 1990er Jahren statt, indem Leitbilder zur Förderung von defizitär und benachteiligt geltenden Zielgruppen durch die Postulate der beruflichen Integrationsförderung sowie Inklusion abgelöst wurden.

Diese bildungspolitische Perspektive wird nunmehr seit etwa zwei Dekaden durch förderpolitische Anreize, Programme, Maßnahmen sowie gesetzlichen Neuregelungen zur Gewährleistung von Chancengleichheit und Förderung von spezifischen Zielgruppen in der Berufsorientierung und beruflichen Bildung flankiert. Dabei haben zum einen die in Gesetzen und Förderrichtlinien obligatorischen Forderungen zur Integration von gendergerechten Konzepten und zum anderen das seit der Ratifizierung der UN-Behindertenrechtskonvention in Deutschland im Jahre 2009 festgelegte Leitbild einer „Bildung für alle" zu einem zentralen Paradigmenwechsel geführt. Dieser berührt auch eine Neupositionierung der Kategorie Migration. Fragen der Förderung und Integration von Jugendlichen mit Migrationshintergrund in das Berufsbildungssystem sind historisch zwar keineswegs neu, jedoch seit den 1970er Jahren zu einem festen Bestandteil der beruflichen Benachteiligten- und Integrationsförderung geworden. Aufgrund der aktuellen Fluchtbewegungen und der daraus entstehenden Anforderungen an Qualifizierung, Ausbildung und systemische Inklusion ist das Handlungsfeld Migration jedoch in neuer Weise in das Blickfeld der beruflichen Bildung und berufsbildungswissenschaftlichen Forschung gerückt.

Aus systematischer Perspektive wird mit diesen historischen Entwicklungen für die Positionierung und wechselseitige Überlagerung der Querschnittskategorien „Inklusion, Gender, Migration" in Handlungsfeldern der beruflichen Bildung ein fundamentaler Paradigmenwechsel eingeleitet. Dieser Wandlungsprozess weist grundlegende Neuerungen auf. Es handelt sich erstens um den Wandel von defizitorientierten zu ressourcenorientierten Ansätzen, zweitens um die Abkehr von individuellen Zuschreibungen von Benachteiligung und Behinderung, damit verbunden drittens die Einordnung von Behinderung, Benachteiligung und Gender als soziale Kategorie in der Wechselbeziehung zwischen individuellen und gesellschaftlichen Determinanten und viertens um die Weiterentwicklung von spezifischen und für individuelle Lernbedürfnisse zugeschnittene Förderansätze zur Förderung von Chancengleichheit auf der Systemebene.

1.2 Konzeptionelle Schnittmengen

Mit diesen bildungspolitischen Leitlinien und theoretischen Konstrukten sind deutliche Schnittmengen zu Handlungsfeldern der beruflichen Benachteiligten- und Integrationsförderung sowie zur Genderforschung hergestellt. So verfolgt die Realisierung einer inklusiven Strategie nicht lediglich pädagogische oder bildungspolitische Ansätze der Förderung marginalisierter Gruppen, sondern zielt auf das Menschenrecht auf Bildung für Alle und auf die Kohäsion der Gesellschaft als Ganzes (Boban/Hinz 2012, S. 13 ff.). Die zentrale Leitidee zielt darauf ab, nicht die Individuen in die Systeme zu integrieren, sondern die Systeme den Lernmöglichkeiten und Potenzialen der Individuen anzupassen. In dieser Lesart werden Vielfalt und Heterogenität der Lernenden als Entwicklungspotenzial für Lern- und Bildungsprozesse und zugleich als Chance und Gewinn für Konzeptentwicklungen einer differenzierten Berufsbildung verstanden (Bylinski/Rützel 2016, S. 15).

Zugleich werden interdisziplinäre Schnittmengen hergestellt. Neben berufs- und sozialpädagogischen Bezügen zur Benachteiligten- und Integrationsforschung bestehen Anschlüsse an anerkennungstheoretische und interkulturelle Ansätze einer „Pädagogik der Vielfalt" (Prengel 2006) sowie an feministische und intersektionale Analysen der Geschlechterforschung (Herwartz-Emden/Waburg 2012, S. 471 ff.). Verbindende Leitideen sind diversitätsbezogene Zielgruppen- und Methodenverständnisse, gerechtigkeitsbezogene Teilhabekonzepte sowie ganzheitliche Sichtweisen auf die Sphären Lebenswelt und Beruf.

Es werden des Weiteren neue Perspektiven für curriculare Weiterungen eröffnet. Eine erste Perspektive betrifft die Ausdehnung eines insbesondere in Deutschland und USA vorherrschenden engen behinderungsbezogenen Adressatenverständnisses zugunsten von Diversitäts- und Heterogenitätsorientierung (Lindmeier/Lütje-Klose 2015, S. 7). Zur pädagogischen Gestaltung dieser Orientierungen müssen Konzepte für die Wertschätzung von Heterogenität in komplexen Lehr-Lern-Situationen entwickelt und unterrichtlich umgesetzt werden. Dabei ist das in jeglichen pädagogischen Prozessen originäre Spannungsverhältnis zwischen gesellschaftlichen Qualifikationsanforderungen und individuellen Bildungsbedürfnissen in spezifischer Weise auszuloten.

Diese Anforderung erhöht sich in inklusiven Handlungsfeldern nicht zuletzt durch sich widersprechende Dynamiken von gemeinsamen Unterricht und unterschiedlichen Voraussetzungen sowie ungleichen Teilhabechancen der Schüler und Schülerinnen. Auch mangelnde Akzeptanz und Wertschätzung von Diversität durch pädagogisches Personal und Schulorganisation kann einem vorurteilsfreien Unterricht im Wege stehen. Zur Bewältigung dieser Herausforderungen sind sowohl entsprechende Kompetenzen der Lehrenden zum Umgang mit Vielfalt als auch die notwendigen Kenntnisse zur Gestaltung von komplexen Lehr-Lern-Prozessen bei heterogenen Lernvoraussetzungen unerlässlich. Anregungen für neue berufspädagogische Konzepte zum methodisch-didaktischen Umgang mit Differenz und Heterogenität als Potenzial für Lehr- und Lernprozesse können aus fachdidaktischen Kontexten der Benachteiligtenförderung sowie der Ausbildung für personenbezogene Berufe gewonnen werden (Friese 2015, S. 149 ff.).

Bedeutsam für Curricula der beruflichen Bildung sind des Weiteren soziologische Wissensbestände zu Exklusionsmechanismen, die aufgrund diverser Ungleichheitsdimensionen von Individuen zu mangelnder gesellschaftlicher, politischer, ökonomischer oder kultureller Partizipation führen (Bohlinger 2012, S. 27). So offenbaren sich in Deutschland trotz rechtlicher Standards zur Umsetzung sozialer Kohäsion und Gleichbehandlung verschiedene Formen der Ausgrenzung, insbesondere aufgrund des Alters, des Geschlechts, der sozialen, regionalen Herkunft, aufgrund von Behinderung, Migration und Flucht (Bertelsmann Stiftung 2011). Zur Analyse dieser ineinander verwobenen und wechselseitig wirksam werdenden Exklusionsmechanismen bietet sich im Anschluss an feministische Ansätze zur Konstruktion und Dekonstruktion von Geschlecht zum einen das Konstrukt der Intersektionalität an. Auf der normativen Ebene sind zum anderen Leitbilder neu zu ordnen, die den Abbau von ausgrenzenden Strukturen, Vorurteilen und stereotypen Wertvorstellungen zugunsten der Einbeziehung des „Anderen" (Habermas 1999) befördern. Dabei darf sich soziale Anerkennung nicht auf Anerkennung von Gleichheit reduzieren, sondern muss Anerkennung der Differenz als einen nicht zu relativierenden Umstand einschließen. Hinsichtlich der Implementierung dieser Postulate stellen sich neue Anforderungen aufgrund der aktuellen Flucht- und Migrationsbewegungen wie auch aufgrund der demografischen Alterung.

Auch der im Inklusionskonzept zugrunde gelegte mehrdimensionale Lebenslagenansatz, der nicht lediglich auf Teilhabe an Arbeit und Berufsbildung, sondern auf die Inklusion von Menschen in allen Lebensbereichen zielt (Lippegaus-Grünau 2011, S. 18 f.), eröffnet interdisziplinäre Perspektiven und intersektionale Schnittstellen. So ist die Lebenslagendimension mit der ganzheitlichen Sicht auf Familien- und Berufssphären sowie auf Alltags- und Lebensweltkompetenzen ein zentraler curricularer Bestandteil personenbezogener Ausbildungsgänge sowie gender- und integrationsbezogener Konzepte der Berufsbildung.

1.3 Demografischer Wandel und Fachkräftemangel

Die Implementierung der neuen Leitbilder in Theorie und Praxis der beruflichen Bildung ist nicht ohne Bezug zum empirischen Wandel der Gesellschaft und zu den daraus resultierenden Veränderungen in allen Arbeits- und Lebensbereichen umzusetzen. Aus empirischer Sicht zog die in den letzten Dekaden im Zuge von Globalisierung und Internationalisierung vollzogene Entwicklung zu einer Informations-, Dienstleistungs- und Wissensgesellschaft einen tiefgreifenden Wandel von Wirtschaftssektoren, Berufsstrukturen und Wissensformen sowie Lebenswelten nach sich. Dabei stellt insbesondere der demografische Wandel eine zentrale Herausforderung für den Umbau der beruflichen Bildung dar.

Charakteristisch für individuelle und lebensweltliche Wandlungsprozesse sind zum einen die zunehmende Pluralisierung und Entstandardisierung von Biografien sowie von familiären und lebensweltlichen Konzepten. Faktoren wie die fortschreitende Differenzierung der Selbstkonzepte und Lebenslagen sowie die erhöhten Anforderungen an eigenverantwortliches Handeln und Biografiegestaltung erzeugen Komplexität, Offenheit und Unsicherheit in allen Lebensbereichen. Zugleich birgt die ansteigende Wissensorientierung neue Exklusionsmechanismen für Menschen mit geringem sozialen, kulturellen und ökonomischen Kapital, wobei Jugendliche mit niedrigen oder fehlenden Schul- und Berufsabschlüssen besonders betroffen sind (Rützel 2013, S. 3 ff.).

Kennzeichnend für berufsbiografische Verläufe sind zum anderen neue Herausforderungen an Flexibilität und Mobilität der Beschäftigten sowie veränderte und komplexe Kompetenzanforderungen in der beruflichen und akademischen Bildung. Dabei stellen die Anforderungen an das lebenslange Lernen, die Entgrenzung von Berufen und die zunehmende Verwissenschaftlichung aller Arbeits- und Lebensbereiche besondere Herausforderungen an Individuen und Berufsbildungssysteme.

Aufgrund der demografischen Alterung verbunden mit der rapiden Verringerung der Bevölkerung und dem signifikanten Rückgang der Erwerbspersonen werden alarmierende Zukunftsperspektiven zum Fachkräftemangel erwartet. Prognosen zufolge können weder die durch Fluchtbewegungen zukünftig zu rekrutierenden Fachkräfte noch der leichte Rückgang des Übergangssystems die vornehmlich durch demografisch bedingte Faktoren entstandene und weiter entstehende Fachkräftelücke schließen (Bundesministerium für Arbeit und Soziales 2013, S. 22). Im Hinblick auf Gestaltungspotenziale der beruflichen Bildung sind gleichwohl die facettenreichen regionalen, branchenspezifischen sowie alters- und geschlechtsspezifischen und nicht zuletzt durch verschiedene Bildungsniveaus und Migrationszuwachs geprägten Unterschiede des Arbeits- und Fachkräftemangels zu berücksichtigen.

So zeigen sich zum einen erhebliche regionale Disparitäten zwischen Ostdeutschland und Westdeutschland sowie zwischen Stadt und Land. Während Regionen mit hoher Wirtschaftskraft, hohem Einkommensniveau der Haushalte und niedriger Arbeitslosigkeit weniger von demografischen Veränderungen betroffen sind, erfahren Regionen mit schwächerer Wirtschaftskraft in Ostdeutschland oder peripheren ländlichen Lagen erhebliche Schrumpfungsprozesse verbunden mit einer extremen Alterungsdynamik und entsprechendem Fachkräftemangel. Großen Einfluss auf die Fachkräfteentwicklung hat zudem die jeweilige Alters- und Geschlechterstruktur der Bevölkerung, die durch Rückgang der Schüler- und Auszubildendenzahlen sowie durch die steigende Erwerbstätigkeit von Frauen mit Kindern gekennzeichnet ist. Nach der Erwerbspersonenprognose von 2016 ist im Zeitraum von 2012 bis 2035 bundesweit ein Rückgang des Arbeitskräfteangebots von 9,9 % zu erwarten. Dabei sinkt die Zahl der jüngeren Erwerbspersonen (15 bis 29-Jährige) überdurchschnittlich stark (-17,8 %), während die Zahl der Älteren (50 bis 69-Jährige) nur um 7,5 % sinkt. Aufgrund der zu erwartenden weiterhin steigenden Frauenerwerbsquoten wird auch das Arbeitskräfteangebot von Frauen weniger stark sinken (Maretzke 2016, S. 168 ff.; Autorengruppe Bildungsberichterstattung 2016, S. 24).

Neben den regionalen Disparitäten und soziokulturellen Indikatoren des demografischen Wandels sind branchenspezifische Unterschiede des Fachkräftemangels zu berücksichtigen. Ein dynamisches Wirtschaftswachstum mit hohen Bedarfen an qualifizierten Fachkräften zeichnet sich gegenwärtig in Segmenten personenbezogener Dienstleistungsberufe ab. Die durch ökonomischen, demografischen sowie soziokulturellen Wandel bedingte Ausdehnung des personenbezogenen Dienstleistungssektors und die damit entstandenen hohen Bedarfe an professionell erbrachten Care-Leistungen in öffentlichen und privaten Beschäftigungsfeldern haben insbesondere in den Gesundheits- und Sozialberufen zu einem großen Beschäftigungswachstum geführt. Dieser Trend ist keineswegs lediglich als konjunkturelle Entwicklung zu sehen. Vielmehr wird bis 2030 aufgrund der erhöhten Nachfrage nach Pflege- und Betreuungsdiensten eine deutliche Steigerung der Beschäftigtenzahl in den Gesundheits- und Sozialberufen und insbesondere in der Altenpflege erwartet (Bundesministerium für Bildung und Forschung 2016, S. 117; Bundesagentur für Arbeit 2016, S. 6).

Wie in der Gesamtwirtschaft werden auch in personenbezogenen Berufsbereichen, insbesondere in Sozial- und Gesundheitsberufen, vorrangig hohe und mittlere berufsfachliche Qualifikationen gefordert. Der steigende Trend der Akademisierung von Care-Berufen spiegelt diesen qualitativen Bedeutungszuwachs wider. Zugleich bestehen jedoch auch Bedarfe an niedrigschwelliger Qualifizierung am Übergang Schule – Beruf sowie als Quer- und Wiedereinstieg in Qualifizierung und Beschäftigung. Diese Erfordernisse können durch die Integration bisher vernachlässigter Potenziale in das Berufsbildungssystem aufgenommen werden, womit die notwendigen Voraussetzungen für die Ausschöpfung sämtlicher vorhandener Erwerbspersonenpotenziale hergestellt werden. Hierzu zählen ebenso Jugendliche mit Migrationshintergrund, Behinderung oder Benachteiligung sowie junge Frauen mit Kindern und Berufsrückkehrerinnen, die familienbedingt keine Ausbildung abschließen oder keine Weiterqualifizierung in der Familienphase in Anspruch nehmen konnten. Die Aktivierung dieser Potenziale kann einerseits zur Bewältigung der drängenden Problemlagen des wirtschaftlichen, sozialen und demografischen Wandels beitragen. Zugleich sind Weichen für eine gleichberechtigte Teilhabe von Individuen an Arbeit, Beruf und Lebenswelt gestellt.

Der skizzierte Wandel von Arbeit, Beruf und Lebenswelt erfordert zwangsläufig Modernisierungen der historisch geprägten und relativ starren Ausbildungs- und Berufsstrukturen in Deutschland. Um zudem die Leitbilder sozial- und geschlechtergerechter sowie inklusiver Berufsbildung umfassend in das Regelsystem der beruflichen Bildung zu implementieren, sind vielfältige neue theoretische und curriculare Konzepte zu entwickeln, in Praxiskontexten zu erproben und zu evaluieren. Dabei besteht eine entscheidende Anforderung darin, horizontale und vertikale Durchlässigkeit in der beruflichen Bildung herzustellen. Dazu gehört zum einen die Durchlässigkeit und Kooperation zwischen Allgemeinbildung, Aus- und Weiterbildung sowie akademischer Bildung. Herzustellen sind zum anderen Öffnungen und Durchlässigkeit zwischen den drei Säulen des beruflichen Ausbildungssystems sowie zum Bereich der Fort- und Weiterbildung.

2 Durchlässigkeit in der Berufsbildung

2.1 Übergang Schule – Beruf

Von Bedeutung für gelingende Ausbildungsverläufe von Jugendlichen sind erfolgreiche Berufswahlprozesse im allgemeinbildenden Schulsystem sowie Förderung von Berufsorientierung und Berufsvorbereitung am Übergang von der Schule in die Ausbildung (vgl. Eckert/Friese 2016, S. 2 ff.). Das Übergangssystem hat die zunächst in den 1980er-Jahren aufgrund der Ausbildungsstellenlücke zugedachte Funktion als kurzfristiges Interventionsinstrument längst verloren und gilt trotz fehlender Qualitätsentwicklung und Systematisierung inzwischen doch als konstante Größe und dritter Sektor der beruflichen Bildung. Gegenwärtig ist trotz des konjunkturell und demografisch bedingten leichten Rückgangs seit Mitte 2000 bereits wieder im Jahr 2015 mit 271.000 Neuzugängen ein steigender Trend des Übergangssystems zu beobachten (Autorengruppe Bildungsberichterstattung 2016, S. 278). Eine weitere Steigerung ist zudem durch die Einmündung von geflüchteten Jugendlichen in der Altersgruppe von 15 bis 25 Jahren in das Übergangssystem zu erwarten (Münk 2016, S. 178).

Für die Entwicklung von berufs- und wirtschaftspädagogischen Ansätzen zur Integration und Inklusion von Flüchtlingen bietet es sich an, die vorhandenen methodisch-didaktischen Konzepte und Kompetenzen des Bildungspersonals im Umgang mit sehr heterogenen, durch Chancenungleichheit geprägten Zielgruppen, darunter ein hoher Anteil von jungen Männern mit Migrationshintergrund, sowie bereits vorhandene Bildungsgänge und Qualifizierungsformate an beruflichen Schulen und bei außerschulischen Trägern zu nutzen. Dabei sind bei der Entwicklung von passgenauen Unterstützungsangeboten die vielschichtigen sozioökonomischen Unterschiede von Zugewanderten hinsichtlich Alter, Bildungsabschlüssen, Kompetenzerwerb, ethnischer und sozialer Herkunft sowie Geschlecht zu beachten. Vor dem Hintergrund, dass viele Flüchtlinge keine Kenntnisse zu den Werten und Strukturen der deutschen Berufsausbildung besitzen, kommt dabei der Berufsorientierung besondere Bedeutung zu.

Zu berücksichtigen sind des Weiteren die im deutschen (Berufs-)Bildungssystem historisch und strukturell verankerten migrationsbedingten Faktoren sozialer Ungleichheit, die eine Einmündung von Jugendlichen mit Migrationshintergrund in eine betriebliche Ausbildung erschweren und Ausbildungsabbrüche befördern (Euler 2016, S. 342 ff.; Beicht/Gei 2015, S. 9 ff.). Um für neu eingewanderte Flüchtlinge über die Förderung von Sprachkompetenz hinaus spezifische Angebote für Einmündung und Ausbildungsabschlüsse im Regelsystem der beruflichen Bildung zu entwickeln, kann auf erprobte Konzepte und Instrumente der Berufsorientierung und Ausbildungsvorbereitung wie beispielsweise Potenzialanalysen, Berufseinstiegsbegleitung, Berufswahlpass, Assistierte Ausbildung, Profiling, Kompetenzfeststellung sowie Stufenkonzepte und spezifische Formate der Förderung von Jugendlichen mit differenzierten Förderbedarfen zurückgegriffen und für die Zielgruppen der jungen Flüchtlinge weiterentwickelt werden.

Zu bedenken ist dabei auch, dass die im Übergangssystem allgemein noch vorherrschende unzureichende Anrechenbarkeit und somit fehlende Anschlussfähigkeit für Ausbildung und Beschäftigung für die Zielgruppe der Flüchtlinge und ihrer im Ausland erworbenen beruflichen Qualifikationen besondere Relevanz erhält. Zwar wurde mit dem im Anerkennungsgesetz (Gesetz zur Verbesserung der Feststellung und Anerkennung im Ausland erworbener Berufsqualifikationen) verabschiedeten Berufsqualifikationsfeststellungsgesetz (BQFG) von 2012 hinsichtlich Gleichwertigkeit und Anerkennung von im Ausland erworbenen Qualifikationen bereits ein Instrument zur beruflichen Integration von Zugewanderten geschaffen, das zunehmend Wirkung zeigt (Autorengruppe Bildungsberichterstattung 2016, S. 188 ff.). Gleichwohl existieren für Bildungsgänge des Übergangssystems, für Ausbildungsabschnitte und Ausbildungsgänge im dualen System sowie insbesondere für landesrechtlich geregelte Schulberufe, die nicht im Anerkennungsgesetz geregelt sind, vielfältige Handlungsbedarfe zu ordnungsrechtlichen Regelungen sowie zur Entwicklung neuer Verfahren zur Feststellung, Anerkennung und Anrechnung von beruflichen, informellen sowie non-formal erworbenen Kompetenzen. Vordringlich ist die Weiterentwicklung von rechtlichen Regelungen zum Anerkennungsgesetz, zur Externenprüfung nach BBiG/HWO sowie zu Anerkennungsmöglichkeiten über den Europäischen und deutschen Qualifikationsrahmen (Euler 2016, S. 362; Schmidt/Walter 2011, S. 7).

Mit Blick auf wechselseitige Verschränkungen von Ungleichheitsfaktoren sind zudem Genderstrukturen der Berufswahl, Berufsorientierung und Ausbildung zu beachten (Friese 2017, S. 451 ff.). Signifikant ist, dass junge Frauen zwar bessere allgemeinbildende Schulabschlüsse erreichen, jedoch ein engeres Berufswahlspektrum mit deutlicher Präferenz für schulberuflich ausgebildete Dienstleistungs- und Gesundheitsberufe aufweisen. Die Berufswahl von Frauen nimmt damit in doppelter Weise gendercodierte Berufsverläufe vorweg. Zum einen weisen schulberufliche und personenbezogene Berufe im Vergleich zum dualen System hinsichtlich bundeseinheitlicher Standardisierung und Steuerung sowie Lohnentwicklung erhebliche Professionsdefizite auf. Zum anderen kann sich die enge Auswahl von Frauen auf nur wenige duale Ausbildungsberufe und die damit entstehende Konkurrenz von Frauen um die zur Verfügung stehenden Ausbildungsplätze ungünstig auf die vergleichsweise schlechteren Einmündungschancen in das duale System auswirken (Beicht/Walden 2014, S. 2 ff.).

Wenngleich junge Männer und insbesondere männliche Jugendliche mit Migrationshintergrund aufgrund des weiblichen Bildungsvorsprungs im allgemeinbildenden Schulsystem stärker am Übergangssystem beteiligt sind, stellen doch junge Frauen nennenswerte Zielgruppen des Übergangssystems dar, die mit den unterschiedlichen Strukturmerkmalen sozialer, geschlechtsspezifischer, marktbezogener sowie leistungsbezogener Benachteiligung versehen sind. Die Einmündung von jungen Frauen in das Übergangssystem begründet sich zum einen durch die hohe weibliche Beteiligung an Helferinnen- und Assistenz- sowie Rehabilitationsberufen im Segment personenbezogener Dienstleistungen, insbesondere in hauswirtschaftlichen Basisberufen. Als gravierendes Hindernis der Einmündung in eine berufliche Ausbildung gelten zum anderen familienbedingte Barrieren, wobei insbesondere die disparaten Zeitstrukturen zwischen beruflichen und familiären Bereichen eine Vereinbarkeit von Ausbildung und Mutterschaft verhindern. Dieser strukturellen Chancenungleichheit von jungen Frauen kann durch gendersensible Konzepte der Berufswahl und Berufsorientierung begegnet werden.

Auch wenn Konzepte des Übergangssystems in keiner Weise eine Berufsausbildung, vorzugsweise im dualen System, ersetzen können, sind vor dem Hintergrund sehr vielfältiger Bedarfe der Wirtschaft an unterschiedlichen Qualifikationsniveaus sowie aufgrund sehr heterogener Bildungsvoraussetzungen, Bedürfnisse und Lebenslagen auch alternative Ausbildungskonzepte auf unterschiedlichen Systemebenen zu prüfen (Biermann/Bonz 2011, S. 220 ff.). Als wirksame Instrumente der Berufsvorbereitung und Nachqualifizierung haben sich modulare Formate wie beispielsweise zertifizierte Qualifizierungsbausteine erwiesen. Modularisierung ermöglicht denjenigen Zielgruppen, die nicht das Niveau einer Berufsausbildung erreichen oder berufsbiografische Unterbrechungen aufweisen, Qualifizierungswege sowie Anschluss und Durchlässigkeit für Einstieg und Wiedereinstieg in Ausbildung und Beschäftigungssysteme. Zu bedenken ist auch, dass eine generelle Beschäftigungsfähigkeit nicht bloß fachliche Kompetenzen für Tätigkeiten unterhalb der Facharbeit umfasst, sondern auch überfachliche, persönliche und soziale Kompetenzen, die eine Selbststeuerung der eigenen Erwerbsbiographie und lebenslanges Lernen ermöglichen (Münk et al. 2008, S. 70).

Schüsselfunktionen für eine gelingende Gestaltung inklusiver sowie gender- und migrationsorientierter Bildung am Übergang von der Schule in den Beruf besitzen schließlich Konzepte der Kooperation und Netzwerkbildung. Dieses gilt sowohl auf Ebene der Unterrichts- und Schulentwicklung als auch bezogen auf regionale und kommunale Vernetzungs- und Kooperationsaufgaben zwischen den Akteuren des Berufsbildungssystems. Einen hohen Stellenwert hat der präventive Charakter eines frühzeitig erkannten Förderbedarfs (Bylinski/Rützel 2011, S. 16). Die Früherkennung setzt ein sensibles Übergangsmanagement und eine rechtzeitige Intervention auf unterschiedlichen Systemebenen und in der Kooperation von Personen und Organisationen voraus. Notwendig sind des Weiteren Konzepte, die sich an der sozialräumlichen Lebenswelt der Adressaten orientieren und die bestehenden sozialen Netze und lokalen Hilfsstrukturen berücksichtigen. Dabei sind auch vitale Kooperationen zwischen beruflichen und allgemeinbildenden Schulen zu fördern. Hier bestehen hohe Bedarfe an die Entwicklung von Kompetenzen für bereichsübergreifenden und multiprofessionell gestalteten Unterricht. Für die Entwicklung von neuen Konzepten können aus der beruflichen Benachteiligten- und Integrationsförderung, insbesondere aus bewährten Praxen der Kooperation zwischen Berufs- und Sozialpädagogik, innovative Ideen gewonnen werden.

2.2 Duale und vollzeitschulische Ausbildung

Zur Optimierung von Durchlässigkeit kann ebenfalls auf begonnene Entwicklungen in Handlungsfeldern der beruflichen Aus- und Weiterbildung Bezug genommen werden. Wichtige Voraussetzungen bilden ordnungsrechtliche Reformen. Regelungen wie die Einbeziehung vollzeitschulischer Ausbildung in das Berufsbildungsgesetz, die Zulassung von Berufsfachschulabsolventen durch Kammerorganisationen, die Externenprüfung sowie gestufte und modularisierte Ausbildungskonzepte schufen zentrale Voraussetzungen für Verschränkungen zwischen dualen und vollzeitschulischen Ausbildungsprinzipien ebenso wie für horizontale und vertikale Durchlässigkeit und damit für berufsbiografische Flexibilität. Mehr Durchlässigkeit entstand ebenfalls durch thematische Weiterungen wie beispielsweise die Berücksichtigung lebensweltlicher Sphären. Wurde die Perspektive der Bewältigung privater Lebenssituationen bereits mit dem Lernfeldkonzept seit 1996 in den Auftrag der beruflichen Bildung einbezogen, entstanden mit der Novellierung des Berufsbildungsgesetzes zentrale ordnungsrechtliche Verankerungen zur Berücksichtigung lebensweltlicher Bezüge an der Schnittstelle zum Ausbildungs- und

Berufssystem. Auch der Einbezug von Sozialkompetenz sowie von emotionalen und interaktiven Kompetenzen, die in personenbezogenen Ausbildungssegmenten als zentrale didaktische Leitlinien gelten, in Curricula der dualen Ausbildung kann für die Weiterentwicklung von gendergerechter sowie inklusiver und interkultureller Berufsbildung produktiv genutzt werden.

Dabei ist es auch wesentlich, Betriebe für neue intersektional orientierte Ausbildungskonzepte zu gewinnen. Sind Konzepte des Gender Mainstreaming seit den 1980er Jahren zwar zögerlich, jedoch spürbar in betriebliche Personalpolitik und in Rekrutierungsstrategien zur Gewinnung von Frauen als Beschäftigte und Führungskräfte auf der mittleren Ebene eingeflossen, sind die Erfahrungen von Betrieben zur Ausbildung von Menschen mit Behinderungen sowie von Flüchtlingen noch relativ gering. Nach Befunden aus einer Betriebsbefragung von 2014 haben Betriebe sehr unzureichende Wissensbestände hinsichtlich des Behinderungsverständnisses, zu staatlichen Förderleistungen sowie zu individuellen Lernvoraussetzungen und didaktischen Ansätzen. Vonnöten sind Fort- und Weiterbildung des betrieblichen Personals wie auch die Intensivierung von Beratungsangeboten zur didaktischen Gestaltung, zu Formaten niedrigschwelliger Qualifizierung wie beispielsweise „Assistierte Ausbildung" sowie zu Förderleistungen und bürokratischen Vorgehensweisen (Enggruber/Rützel 2014). Wesentlich dabei ist auch die Intensivierung von Informationsaustausch und Kommunikation über Netzwerke zwischen Betrieben, Schulen, Agenturen für Arbeit, Jugendhilfe, Berufsbildungsförderwerke, heilpädagogische Tagesstätten etc.

Diese im Bereich der inklusiven betrieblichen Bildung vorhandenen Unsicherheiten und Handlungsbedarfe gelten nicht weniger für die Gestaltung von Ausbildungsverläufen von jungen Flüchtlingen und Menschen mit Migrationshintergrund. Sind junge Menschen mit Migrationshintergrund hinsichtlich Einmündung und Verbleib in der dualen Ausbildung ohnehin deutlich schlechter gestellt als Jugendliche ohne Migrationshintergrund (Autorengruppe 2016, S. 11 ff.; Beicht 2015, S. 33 ff.), stellen sich für die zukünftige Integration von Flüchtlingen multidimensionale Herausforderungen an die Berufs- und Wirtschaftspädagogik. Schätzungen zufolge ist für 2017 nach Durchlaufen entsprechender Sprachförder- und Ausbildungsvorbereitungsmaßnahmen eine Nachfrage von mehr als 100.000 zusätzlichen Ausbildungsstellen erwartbar (Bertelsmann 2016, S. 19 ff.). Zwar kann diese hohe Nachfrage nicht allein durch die duale Ausbildung gedeckt werden, jedoch bestehen vor dem Hintergrund des enormen Fachkräftemangels und der gesellschaftlichen Verantwortung zur Integration von jungen Flüchtlingen hohe Anforderungen an die Bereitstellung von betrieblichen und betriebsnahen Ausbildungsplätzen sowie an die spezifische didaktische Gestaltung von Ausbildungsformaten.

Eine wesentliche Voraussetzung für gelingende Ausbildungsabschlüsse und somit für Anschlüsse an das Beschäftigungssystem besteht darin, die im allgemeinbildenden Schulsystem und im Übergangssystem eingeleiteten Maßnahmen für Spracherwerb, Berufsorientierung, Identitätsbildung sowie Stärkung von Empowerment mit kohärenten Förderstrukturen in der betrieblichen Ausbildung zusammenzuführen. Für dieses Ziel können inzwischen im Ordnungsrecht verankerte flexible Ansätze einer abschlussbezogenen Berufsausbildung umgesetzt werden. Dazu gehören Teilqualifikationen, Ausbildungssteine, gestreckte Ausbildungsverläufe. Des Weiteren können die aus der beruflichen Benachteiligten- und Integrationsförderung bekannten ausbildungsbegleitenden Unterstützungsangebote wie integrations- und sozialpädagogische Begleitungen genutzt und für die spezifischen Belange der Flüchtlinge zugeschnitten werden. Darüber hinaus ist es unverzichtbar, spezifische Fort- und Weiterbildungsangebote für das pädagogische Personal zum Erwerb interkultureller und migrationssensibler sowie heterogenitätsbezogener Kompetenzen zu intensivieren.

Bezugspunkte für flexible und modularisierte Ausbildungswege können aus vorhandenen Erfahrungen der beruflichen Bildung gewonnen werden, wobei insbesondere an zeitflexible Konzepte der dualen Ausbildung angeknüpft werden kann (Friese 2010, S. 101 ff.; Anslinger 2016, S. 155 ff.). Die im Berufsbildungsgesetz verankerte Teilzeitberufsausbildung für junge Menschen mit Familienpflichten in Form von Kinderziehung oder Pflege von Angehörigen, die bislang insbesondere von jungen Müttern in Anspruch genommen wurde, hat trotz zögerlicher Implementierung im Regelsystem der beruflichen Bildung zu Innovationen im Handlungsfeld der betrieblichen Ausbildung geführt. Dazu gehören neue gesetzliche Regelungen zu Strukturen und zur Finanzierung der Teilzeitberufsausbildung für Auszubildende wie auch für Betriebe. Auch die im Sozialgesetzbuch geregelten Unterstützungsleistungen für junge Mütter und ihre Kinder repräsentieren neue Entwicklungen. Erweitert wurden nicht zuletzt die familien- und personalpolitischen Instrumente des Gender Mainstreaming und Diversity Management, indem das Leitbild „Work-Life-Balance" in Ausbildungskonzepte aufgenommen und somit auch auf die Zielgruppe jüngerer Frauen bezogen wurde.

Auf der berufspädagogischen Handlungsebene wurden spezifische individuelle Föderansätze für die Umsetzung der zeitlich flexibleren Ausbildungsformate in Teilzeit entwickelt. Dazu gehören diagnostische Verfahren, die an biografischen Verläufen und Förderbedarfen der Auszubildenden und ihrer Kinder orientiert sind. Auf Ebene der Ausbildungsstrukturen haben sich modularisierte Formate wie Ausbildungsbausteine mit zertifizierten Teilabschnitten als günstig erwiesen. Sie bieten die Möglichkeit für den Wiedereinstieg in Ausbildung nach Unterbrechungen aufgrund von biografischen oder familiär bedingten Erfordernissen. Zur erfolgreichen Bewältigung des alltäglichen Balanceaktes der Vereinbarkeit von Ausbildungs- und Familienaufgaben haben sich des Weiteren Maßnahmen sozialpädagogischer Unterstützung und Begleitung bewährt. Mit diesen Formaten sind nicht zuletzt neue Anforderungen an interdisziplinäre Kooperationen und multiprofessionelle Teamarbeit entstanden. Die Zusammenarbeit aller an Teilzeitausbildung beteiligten

Professionen wie betriebliches und außerbetriebliches Ausbildungspersonal, Lehrkräfte an beruflichen Schulen sowie Förderschulen, sozialpädagogisches Personal, Akteure der Jugendhilfe und Beratung erfordert ein hohes Maß an inter- und transdisziplinären Kompetenzen.

Die aus zeitflexiblen und modularisierten Ausbildungsformaten gewonnenen Erfahrungen können produktiv für Ansätze inklusiver, gender- und migrationssensibler Berufsbildung weiterentwickelt werden, da sie wesentliche Voraussetzungen für erfolgreiche Qualifizierungswege für junge Menschen mit spezifischen Bedarfen schaffen. Dazu gehören äußerst heterogene Zielgruppen mit sehr unterschiedlichen Voraussetzungen wie junge Mütter und zuweilen auch Väter, Auszubildende mit körperlichen, motorischen oder psychischen Entwicklungsproblemen, junge Menschen aus den Förderbereichen emotionale Entwicklung, Lernen und Sprache, bildungsbenachteiligte Jugendliche sowie junge Flüchtlinge und Jugendliche mit Migrationshintergrund. Bei allen Unterschieden hinsichtlich adressatenbezogener und individueller Förderbedarfe ist den sehr heterogenen Zielgruppen doch gemeinsam, dass insbesondere fehlende Zeitkontingente und disparate Zeitstrukturen die Bewältigung der sehr komplexen Aufgabenbereiche wie beispielsweise Erziehungsaufgaben, Behördengänge, familiäre Pflegeleistungen sowie Sprachkurse etc. erschweren.

2.3 Berufliche Fort- und Weiterbildung

Im Zuge des gesellschaftlichen Wandels sind auch Fragen der beruflichen Fort- und Weiterbildung sowie Altersbildung neu in den Diskurs der beruflichen Bildung gerückt (vgl. Friese 2015a, S. 2 f.). Ausschlaggebend dafür sind Faktoren wie der demografisch bedingte Fachkräftemangel und das Leitbild des lebenslangen Lernens, die angepasste Konzepte der Fort- und Weiterbildung auf allen Niveaustufen beruflicher Qualifizierung für alle Altersgruppen erfordern. Dabei kommt der betrieblichen Bildung ein besonderer Stellenwert zu (Bundesministerium für Arbeit und Soziales 2014). Standen im Fokus der betrieblichen Bildungsangebote bislang vornehmlich Beschäftigte jüngeren und mittleren Alters mit zumeist hohen Qualifikationen und Optionen für effiziente betriebliche Verwertung sowie individuelle Karrierebildung, findet in neuerer Zeit ein Perspektivwechsel zu einer demografiefesten Personalpolitik statt. Dabei geraten verstärkt auch ältere Arbeitskräfte, Frauen, Geringqualifizierte, Personen mit Migrationsintergrund und in neuerer Zeit Flüchtlinge in den Blick. Mit diesem Perspektivwechsel sind verschiedene Strategien der Personalentwicklung verbunden. Neben dem Bemühen, alle Leistungspotenziale für Fachkräftesicherung auszuschöpfen, wird eine heterogene Struktur der Belegschaft hinsichtlich Alter, Geschlecht und kultureller Herkunft angestrebt. Dabei rücken die Sicherung der Wissensbestände von langjährig Beschäftigten und Ansätze des intergenerationellen Wissenstransfers zwischen Jung und Alt in den Fokus (Hörr 2009, S. 46 ff.).

Auch für berufliche Schulen stellt sich durch den demografischen Wandel der älter werden Gesellschaft eine Reihe von spezifischen Herausforderungen. Zum einen erfordert der zunehmende Anteil der Lehrkräfte in einem Alter von 50 plus, der besonders an beruflichen Schulen und in den Mangelfächern der gewerblich-technischen beruflichen Fachrichtungen zu verzeichnen ist, kompetenzorientierte Fort- und Weiterbildung mit Anschluss an den aktuellen Entwicklungsstand der Facharbeit. Auch neue Themen der Lehramtsausbildung, die gegenwärtig keineswegs zureichend, jedoch ansatzweise in universitäre Curricula einfließen, wie beispielsweise die Umsetzung von Inklusion, geschlechtersensibler Didaktik sowie Förderung digitaler Kompetenzen, erfordern beständige Fort- und Weiterbildung des älteren pädagogischen Personals. Des Weiteren entstehen aufgrund des dynamischen Wandels von Berufsstrukturen und der Unübersichtlichkeit der Qualifizierungs- und Bildungsangebote neue Anforderungen an Lehrkräfte hinsichtlich personenbezogener Beratung in Form von Orientierung, Kompetenzentwicklungs- sowie Lernberatung und Berufswegebegleitung (Friese/Brutzer 2015, S. 3).

Die Konfrontation von jungen Menschen mit unterschiedlichen Facetten der demografischen Alterung erzeugt zum anderen neue pädagogische Herausforderungen an allgemeinbildenden und beruflichen Schulen. Lehrkräfte haben die Aufgabe, den gelebten Alltag ihrer Schüler und Schülerinnen aufzugreifen, Wissen zu den spezifischen Themen zu vermitteln und reflexive Prozesse der Auseinandersetzung mit Alter und Alltag zu fördern. Gefordert sind dabei nicht nur Schulen der Gesundheits- und Sozialberufe, die originär mit Fragen der Daseinsvorsorge und Pflege befasst sind. Die Herausforderungen, über Wissen und fachdidaktische Kompetenzen zum Umgang mit spezifischen Situationen der älter werdenden Gesellschaft zu verfügen, betreffen alle Lehrkräfte und Bildungsgänge. Das Fach Arbeitslehre an Haupt-, Real- und Förderschulen kann hier als interdisziplinäres Integrationsfach in der curricularen Ausrichtung auf die Förderung von Alltags- und Lebensweltkompetenzen einen wichtigen Beitrag leisten.

Eine weitere Herausforderung für berufliche Schulen liegt in der Entwicklung von neuen Bildungsgängen und Qualifizierungsformaten der beruflichen Bildung mit Durchlässigkeit zum tertiären Sektor. Bereits entwickelte Formate wie beispielsweise duale Studiengänge oder Angebote beruflicher Schulen zur Vorbereitung auf Kammerprüfungen etc. geben erste Antworten auf demografische Anforderungen. Zum weiteren Ausbau und zur Optimierung dieser Strategien ist es vonnöten, die Kooperation und Vernetzung der regionalen Akteure der beruflichen Weiterbildung mit Blick auf Zielgruppen, Bildungspolitik, Lehr- und Ausbildungspersonal sowie Schulen, Betriebe, Bildungsträger zu stärken (Münk 2016, S. 179 ff.). Mit diesen Modellen ist neben der Durchlässigkeit im Berufsbildungssystem auch die notwendige Durchlässigkeit der beruflichen Bildung zu Hochschulen hergestellt.

Vor dem Hintergrund der Akademisierung der beruflichen Bildung und des lebenslangen Lernens stehen Hochschulen vor der Aufgabe, die bislang im Rahmen unterschiedlicher Studienformate vorwiegend allgemeinen Weiterbildungsangebote deutlich um Angebote berufsbezogener wissenschaftlicher Weiterbildung für ältere Erwerbstätige zu erweitern. Dieser Aufforderung kommen gegenwärtig verschiedene Hochschulen im Rahmen des Wettbewerbs „Aufstieg durch Bildung: Offene Hochschulen" des Bundesministeriums für Bildung und Forschung nach (Hörr/Jütte 2017, S. 9 ff.; Denninger 2015, S. 10 ff.). Forschungsergebnisse zeigen, dass die Ausweitung wissenschaftlicher Weiterbildung auf berufsbezogene Qualifizierung und die sehr heterogenen Zielgruppen älterer Erwerbstätiger grundlegend neue Anforderungen an Hochschulen stellen. Diese betreffen abnehmer- und adressatenbezogene Forschungen ebenso wie die Entwicklung von zielgruppenspezifischen methodisch-didaktischen Konzepten. Auch die Ausgestaltung rechtlicher Instrumente wie Anerkennung und Zertifizierung von beruflich erworbenen Qualifikationen und nicht zuletzt die Einstellung der Hochschule auf Markt- und Dienstleistungsorientierung sowie Vertrieb von Bildungsangeboten stellt enorme Anforderungen an Organisationsentwicklung sowie an Kooperation und Netzwerkbildung von Hochschulen, Unternehmen und regionalen Akteuren der beruflichen Weiterbildung (Seitter/Friese/Robinson, 2017).

Anforderungen an intersektional ausgerichtete berufliche Weiterbildung eröffnen schließlich auch neue Herausforderungen für eine sozial- und geschlechtergerechte Partizipation im Alter. Frauen sind bedingt durch häufige Erwerbsunterbrechungen aufgrund von Kindererziehung und Pflegetätigkeit oft von Altersarmut betroffen. Bestärkt wird diese Tendenz durch im Vergleich zu (höher qualifizierten) Männern geringere Beteiligung von Frauen an beruflicher und karriereförderlicher Weiterbildung. Eine Folge der mangelnden materiellen Absicherung im Alter und der geringeren Einbindung in berufliche sowie außerfamiliale Netzwerke ist die fehlende soziale und kulturelle Partizipation von älteren Frauen (Backes/Dittmar-Dahnke 2009, S. 158 ff.). Zur Überwindung dieser Problemlagen entstehen aus demografischer Perspektive verschiedene Optionen. Dazu gehören die Qualifizierung von Berufsrückkehrerinnen, die gegenwärtig von Betrieben und Hochschulen als attraktive Zielgruppe personal- und bildungspolitischer Rekrutierung adressiert werden, Fort- und Weiterbildung für Beschäftigte in Pflege- und Gesundheitsberufen sowie entsprechende betriebliche Konzepte der Personal- und Familienpolitik, die der demografischen Vielfalt und den unterschiedlichen Bedürfnissen der Beschäftigten zur Vereinbarkeit von Lebenswelten und beruflichen Anforderungen gerecht werden.

3 Lehramtsausbildung und Professionalisierung

Die durch den demografischen Wandel verbundene Weiterung pädagogischer Professionalität ist auch für die berufliche Lehramtsausbildung auszugestalten. Bezüglich der Vorbereitung von Studierenden auf Handlungsfelder der gendersensiblen, interkulturellen und inklusiven Berufsbildung besteht in den zuständigen Studiengängen der Berufs- und Wirtschaftspädagogik, der Sozialpädagogik, der Rehabilitationspädagogik sowie der Arbeitslehre noch ein erhebliches Professionsdefizit. Noch ungeklärt in der Fachdebatte sind Fragen zu Studiengangprofilen, zur curricularen Positionierung von Themenfeldern, zu methodisch-didaktischen Konzepten sowie zu den Zuständigkeiten und Kompetenzanforderungen an Lehrkräfte und pädagogisches Personal. Eine zentrale Frage ist, ob Querschnittskategorien als eigenständiges Angebot oder als integrative Querschnittsaufgabe in Curricula der Lehramtsausbildung abgebildet werden sollen.

In den Ordnungsgrundlagen der Kultusminister- sowie Hochschulrektorenkonferenz wurden im Anschluss an die Leitlinien und Empfehlungen der Deutschen UNESCO-Kommission spezifische Rahmenvereinbarungen und Empfehlungen für die Gestaltung und Implementierung in der Lehrerbildung verabschiedet. Dabei wurden Leitlinien für zentrale Werte, Lehrkompetenzen und Handlungsfelder inklusiver Bildung wie auch für strukturelle Entwicklungen von Bildungsgängen sowie Schulkultur und Schulorganisation erarbeitet. Wurden diese Ansätze zunächst auf allgemeinbildende Schulen und ihre Lehrkräfte zugeschnitten, erfolgte mit den Empfehlungen der Kultusminister- und Hochschulrektorenkonferenz von 2015 eine Übertragung auf alle Schultypen, auf die beruflichen Fachrichtungen sowie auf alle Phasen der Lehrerbildung. Auf dieser ordnungsrechtlichen Basis erfolgt gegenwärtig die Umsetzung in den Schul- und Lehrerbildungsgesetzen der Bundesländer (Zoyke 2016, S. 209 ff.).

Erste Analysen der bereits erfolgten Umstellung auf inklusive Konzepte zeigen, dass die Vision einer einheitlichen inklusionsbezogenen Lehramtsausbildung mit gleichen inklusionspädagogischen Kompetenzen in allen Schulformen bislang keineswegs umgesetzt worden ist (Deutsches Institut für Menschenrechte 2014, S. 52 f.). Zudem stellt sich die Frage, ob diese Vereinheitlichung ein tragfähiges Zukunftsmodell sein kann oder ob differenzierte, standort- und bildungsgangbezogene Modelle mit spezifischem Kompetenzerwerb für die unterschiedlichen Handlungsfelder und Unterstützungsbedarfe inklusiver Berufsbildung zu verfolgen sind. Im Monitor Lehrerbildung (Bertelsmann Stiftung 2015) wurden vier Modelle für Strukturveränderungen einer inklusiven Lehrerbildung diskutiert. Ein erstes Modell sieht additive Lehrveranstaltungen durch Aufnahme von themenspezifischen Lehrveranstaltungen in das Curriculum vor; ein zweiter Ansatz zielt darauf, Inklusion als Querschnittsthema in bestehende Module und Lehrveranstaltungen zu integrieren; der dritte Ansatz sieht eine affine Fachrichtung mit sonderpädagogischen Inhalten vor; der vierte Ansatz zielt auf Modelle der Lehrerbildung ohne Differenzierung nach Lehrämtern.

Es ist naheliegend, dass die verschiedenen Optionen bundesländerspezifisch, regionalbezogen und standortspezifisch auszuloten sind. Bei allen Unterschieden zeigt sich zugleich, dass die Lehrerbildung einen umfassenden Leitbildwandel zu vollziehen hat. Hinsichtlich des noch ungeklärten Verhältnisses der Positionierung inklusiver sowie gender- und migrationssensibler Angebote zwischen Sonderstatus und Normalisierung im Regelsystem der beruflichen und akademischen Bildung sind Parallelen zu weiteren Bemühungen um Positionsbestimmungen in der Lehrerbildung und außerschulischen Bildung erkennbar. Dazu gehören Fragen der curricularen Verortung von Themen der beruflichen Benachteiligung, Integration und Rehabilitation. Parallelen finden sich auch hinsichtlich der Anbindung weiterer Querschnittsthemen, insbesondere zur curricularen und strukturellen Verankerung von gendersensiblen Konzepten.

Wurden diese Fragen bereits mit der Gründung von Studiengängen zur Frauen- und Geschlechterforschung und mit der Verankerung des Gender Mainstreaming seit den 1990er Jahren diskutiert, fließen sie gegenwärtig verstärkt in die Schulpädagogik, Lehramtsausbildung sowie Fachdidaktik ein (Friese 2012, S. 64 ff.; Kampshoff/Wiepcke 2012). Eine aussichtsreiche Option für Zukunftsentwürfe inklusiver Studiengänge liegt darin, die Erfahrungen aus diesen stets mit Sonderstatus versehenen Bereichen reflexiv zusammenzuführen und für Synergieeffekte aufzubereiten. Dabei muss kritisch beleuchtet werden, dass die Dekonstruktion der Besonderheit von Geschlecht zugunsten der Verallgemeinerung durch das Gender Mainstreaming zuweilen doch empirisch noch vorhandene geschlechtsspezifische Ungleichheiten eingeebnet hat. Zur Vermeidung dieser Gefahr erscheint es sinnvoll, nicht ausschließlich additive oder integrative Modelle zu favorisieren, sondern differenzierte inklusive Studienstrukturen je nach fach- und standortspezifischen Erfordernissen und Möglichkeiten auszugestalten.

Bei der curricularen Ausgestaltung von diversitätsbezogenen Studiengängen ist zu berücksichtigen, dass gleichermaßen hohe Anforderungen an fachlicher Spezialisierung sowie an interdisziplinären Kompetenzen in der Lehramtsausbildung für allgemeinbildende und berufliche Schulen sowie in außerschulischen Studiengängen der Sozial- und Förderpädagogik bestehen. Zu klären ist auch die Frage, welche Basiskompetenzen etwa im Rahmen von generalistischen BA-Studiengängen und in welchem Maße spezifische Expertisen und fachliche Spezialisierungen im Rahmen von Masterstudiengängen, berufsbegleitenden Studiengängen oder Zertifikatskursen auszubilden sind. Die Strategie der gleichzeitigen Generalisierung und Spezialisierung ermöglicht es, die Querschnittskategorien Inklusion, Gender und Migration in horizontaler und vertikaler Durchlässigkeit der Module und Studiengänge zu verankern. Für die Weiterentwicklung von Professionsansätzen für die berufliche Lehrerbildung kann das zugrunde gelegte Konzept der Intersektionalität zielführend sein.

Fazit und Entwicklungsperspektiven

Der Beitrag hat die komplexen Positionierungen und wechselseitigen Überlagerungen der Querschnittskategorien „Inklusion, Gender, Migration" in der beruflichen Bildung mit Blick auf Konstruktion und Dekonstruktion von Ungleichheit zugunsten von gesellschaftlicher Partizipation sowie Anerkennung von Heterogenität in historischer, systematischer, empirischer und handlungsfeldbezogener Perspektive aufgezeigt. Ein Fokus lag auf der Identifizierung von neuen beruflichen und lebensweltlichen Kompetenzanforderungen und auf systemischen Veränderungsbedarfen im Zuge des demografischen Wandels und des damit verbundenen Fachkräftemangels. Deutlich geworden sind vielfältige Herausforderungen an die Berufs- und Wirtschaftspädagogik.

Diese beziehen sich auf alle Ebenen der Berufswahl und Berufsorientierung, der beruflichen Aus- und Weiterbildung sowie der beruflichen Lehramtsausbildung, wobei vertikale und horizontale Durchlässigkeit zwischen den Systemen mit Anschluss- und Abschlussperspektiven herzustellen sind. Neben strukturellen und bildungspolitischen Reformbedarfen bestehen grundlegende Forschungs- und Handlungsbedarfe zur Implementierung von neuen curricularen Konzepten und methodisch-didaktischen Ansätzen zum Umgang mit Heterogenität und individuellen Förderbedarfen. Die Aufgaben sind zwar vielfältig und komplex. Jedoch bestehen in Forschung und Praxis der beruflichen Bildung bereits historische, interdisziplinäre und gegenwartsbezogene Erfahrungen, die für zukunftsfähige Konzepte einer inklusiven sowie gender- und migrationssensiblen Berufsbildung aufgegriffen und innovativ weiterentwickelt werden können.

Literatur

Anslinger, Eva (2016): Teilzeitberufsausbildung als Instrument zur inklusiven Gestaltung des Berufsbildungssystems. In: Bylinski, Ursula; Rützel, Josef (Hrsg.) (2016): Inklusion als Chance und Gewinn für eine differenzierte Berufsbildung. Bielefeld: W. Bertelsmann, S. 155–168

Autorengruppe Bildungsberichtserstattung (2016) (Hrsg.): Bildung in Deutschland 2016. Ein indikatorengestützter Bericht mit einer Analyse zur Bildung und Migration. Bielefeld: W. Bertelsmann

Backes, Gertrud, M.; Dittmar-Dahnke, Cosmo M. (2009). „Geschlecht und Alter(n)" als Herausforderung an Gerontologie in Wissenschaft und Praxis. In Felizitas Sagebiel (Hrsg.), Flügel wachsen. Wissenschaftliche Weiterbildung im Alter zwischen Hochschulreform und demographischem Wandel. Berlin: LIT., S. 158–170

Beicht, Ursula (2016): Berufliche Orientierung junger Menschen mit Migrationshintergrund und ihre Erfolgschancen beim Übergang in betriebliche Ausbildung. Überblick über Ergebnisse quantitativer Forschung der letzten zehn Jahre sowie vergleichende Analysen auf Basis der BIBB-Übergangsstudien und der BA/BIBB-Bewerberbefragungen. Wissenschaftliche Diskussionspapiere, H. 163, hrsg. v. Bundesinstitut für Berufsbildung, Bonn

Beicht, Ursula; Walden, Günter (2014): Berufswahl junger Männer und Frauen: Übergangschancen in betriebliche Ausbildung und erreichtes Bildungsprinzip. BiBB Report 4/2014, hrsg. v. Bundesinstitut für Berufsbildung, Bonn

Beicht, Ursula; Gei, Julia (2015): Ausbildungschancen junger Migranten und Migrantinnen unterschiedlicher Herkunftsregionen. BIBB Report 3/2015, hrsg. v. Bundesinstitut für Berufsbildung, Bonn

Bertelsmann Stiftung (2011, Hrsg.): Bertelsmann Stiftung – Jahresbericht 2011. URL: https://www.bertelsmann-Stiftung.de/fileadmin/files/BSt/Publikationen/Infomaterialien/IN_BSt_Jahresbericht_2011.pdf Stand: 23.03.2017

Bertelsmann Stiftung, CHE Centrum für Hochschulentwicklung, DeutscheTelekom Stiftung & Stifterverband für die deutsche Wissenschaft (2015): Inklusionsorientierte Lehrerbildung – vom Schlagwort zur Realität?! Eine Sonderpublikation aus dem Projekt „Monitor Lehrerbildung". URL: https://www.bertelsmann-stiftung.de/ fileadmin/files/BSt/Publikationen/GrauePublikationen/Broschuere_CHE_Monitor_Lehrerbildung_Inklusion_2015.pdf Stand: 23.03.2017

Bertelsmann Stiftung (2016, Hrsg.): Berufsbildung in einer Einwanderungsgesellschaft, Politische Forderungen der Initiative „Chance Ausbildung". URL: https://www.bertelsmann-stiftung.de/de/publikationen/publikation/did/berufsausbildung-in-einer-einwanderungsgesellschaft-position-beziehen/pdf

Biermann, Horst; Bonz, Bernhard (2011): Annäherung an eine inklusive Berufsbildung. In: Biermann, Horst; Bonz, Bernhard (Hrsg.): Inklusive Berufsbildung. Didaktik beruflicher Teilhabe trotz Behinderung und Benachteiligung. Baltmannsweiler: Schneider, S. 220–226

Boban, Ines; Hinz, Andreas (2012): Inklusive Schulentwicklung mit dem Index für Inklusion. In: Berufsbildung. Zeitschrift für Praxis und Theorie in Betrieb und Schule 66, H. 137, S. 13–15

Bohlinger, Sandra (2012): Inklusion und Exklusion in der europäischen Berufsbildungsdebatte. In: Berufsbildung. Zeitschrift für Praxis und Theorie in Betrieb und Schule 66, H. 137, S. 27–29

Bundesagentur für Arbeit (Hrsg.) (2016): Der Arbeitsmarkt in Deutschland. Frauen und Männer am Arbeitsmarkt 2015. Nürnberg

Bundesministerium für Arbeit und Soziales (Hrsg.). (Juni 2014). Fortschrittsreport „Altersgerechte Arbeitswelt. Ausgabe 4: Lebenslanges Lernen und betriebliche Weiterbildung. http://www.bmas.de/Shared-Docs/Downloads/DE/PDF-Publikationen/fortschrittsreport-ausgabe-4-juni-2014

Bundesministerium für Arbeit und Soziales (BMAS) (2013) (Hrsg.): Arbeitsmarktprognose 2030. Eine strategische Vorausschau auf die Entwicklung von Angebot und Nachfrage in Deutschland. Bonn

Bundesministerium für Bildung und Forschung (BMBF) (2016) (Hrsg.): Berufsbildungsbericht 2016. Bonn.

Bylinski, Ursula; Rützel, Josef (2011): „Ausbildung für alle" braucht eine Pädagogik der Vielfalt. In: Berufsbildung in Wissenschaft und Praxis 40, H. 2, S. 14–17

Bylinski, Ursula; Rützel, Josef (Hrsg.) (2016): Inklusion als Chance und Gewinn für eine differenzierte Berufsbildung. Bielefeld: W. Bertelsmann

Denninger, Anika (2015): Ältere Erwerbstätige als Zielgruppe hochschulischer Bildungsangebote. In: Berufsbildung. Zeitschrift für Praxis und Theorie in Betrieb und Schule, 69. Jg., H. 156, S. 10–12

Deutsches Institut für Menschenrechte (2014) (Hrsg.): Inklusive Bildung: Schulgesetze auf dem Prüfstand. Vorabfassung der Studie. Berlin

Eckert, Manfred; Friese, Marianne (2016): Berufsorientierung, Berufswahl und die Förderung gelingender Übergänge. In: Berufsbildung. Zeitschrift für Praxis und Theorie in Betrieb und Schule, 70 Jg., H. 160, S. 2–5

Enggruber, Ruth; Rützel, Josef (2014): Berufsausbildung junger Menschen mit Behinderungen. Eine repräsentative Befragung von Betrieben. Gütersloh

Euler, Dieter (2016): Schaffen wir das? Herausforderungen und Gestaltungsansätze für die Berufsbildung von Flüchtlingen. Zeitschrift für Berufs- und Wirtschaftspädagogik 112 Jg., S. 341–359

Friese, Marianne (2007): Soziale Ungleichheiten an der Schnittstelle von Lebenswelt und Beruf. Der Beitrag personenbezogener Arbeit zur Transformation des ökonomischen, kulturellen und sozialen Kapitals. In: Heuer, Ulrike; Siebers, Ruth (Hrsg.): Weiterbildung am Beginn des 21. Jahrhunderts. Festschrift für Wiltrud Gieseke, Münster: Waxmann, S. 338–353

Friese, Marianne (2010): Doppelanforderung Familie und Beruf: Work-Life-Balance in der Ausbildung. In: Spies, Anke (Hrsg.): Frühe Mutterschaft – die Bandbreite der pädagogischen Perspektiven und Aufgaben angesichts einer ungewöhnlichen Lebenssituation. Reihe Soziale Arbeit aktuell. Baltmannsweiler, S. 101–126

Friese, Marianne (2012): Didaktik der Arbeitslehre und Geschlechterforschung. In: Kampshoff, Marita; Wiepcke, Claudia (Hrsg.): Handbuch Geschlechterforschung und Fachdidaktik. Wiesbaden: VS-Verlag, S. 55–68

Friese, Marianne (2015): Heterogenität und Inklusion – Herausforderungen für Professionalisierung und Didaktik personenbezogener Dienstleistungsberufe. In: Bonz, Bernhard/Seifried, Jürgen (Hrsg.): Berufs- und Wirtschaftspädagogik. Handlungsfelder und Grundprobleme. Berufsbildung konkret, Bd. 12. Baltmannsweiler: Schneider, S. 149–166

Friese, Marianne (2015a): Altern und Berufsbildung. In: Berufsbildung. Zeitschrift für Praxis und Theorie in Betrieb und Schule, 69. Jg. H. 156, S. 2–3

Friese, Marianne (2017): Gendersensible Berufsorientierung. In: Schlemmer, Elisabeth/Kuld, Lothar/Lange, Andreas (Hrsg.): Familie, Bildung und Beruf in Zeiten demografischen Wandels, Weinheim und Basel: Beltz Juventa, S. 451–452

Friese, Marianne; Brutzer, Alexandra (2015): Beratung als Handlungsfeld der beruflichen Bildung. In: Berufsbildung. Zeitschrift für Praxis und Theorie in Betrieb und Schule 69 Jg. H. 152, S. 2–4

Habermas, Jürgen (1999): Die Einbeziehung des Anderen. Studien zur politischen Theorie. Frankfurt a. M.: Suhrkamp

Herwartz-Emden, Leonie; Waburg, Wiebke (2012): Geschlecht(erforschung) in der Interkulturellen Pädagogik. In: Kampshoff, Marita; Wiepcke, Claudia (Hrsg.): Handbuch Geschlechterforschung und Fachdidaktik. Wiesbaden: VS-Verlag, S. 471–484

Hörr, Beate (2009). Berufliche Weiterbildung für ältere Arbeitnehmerinnen und Arbeitnehmer als ein Entwicklungstrend der wissenschaftlichen Weiterbildung. In: Felizitas Sagebiel (Hrsg.): Flügel wachsen. Wissenschaftliche Weiterbildung im Alter zwischen Hochschulreform und demographischem Wandel, Berlin: LIT, S. 46–59

Hörr, Beate; Jütte, Wolfgang (2017): Der Beitrag der DGFW zur Förderung wissenschaftlicher Weiterbildung. Zur Einführung. In: dies. (Hrsg.): Weiterbildung an Hochschulen. Der Beitrag der DGWF zur Förderung wissenschaftlicher Weiterbildung, Bielefeld, Bertelsmann, S. 9–12

Kampshoff, Marita; Wiepcke, Claudia (Hrsg.): Handbuch Geschlechterforschung und Fachdidaktik. Wiesbaden: VS-Verlag

Lindmeier, Christian; Lütje-Klose, Birgit (2015): Inklusion als Querschnittsaufgabe in der Erziehungswissenschaft – In: Erziehungswissenschaft 26 Jg. H. 51, S. 7–16

Lippegaus-Grünau, Petra (2011): Das Inklusionskonzept bringt Bewegung in die Benachteiligtenförderung. Neue Impulse aus der Praxis. In: Berufsbildung in Wissenschaft und Praxis 40 Jg. H. 2, S. 18–19

Maretzke, Steffen (2016): Zwischen Wachstum und Schrumpfung. Der demografische Wandel in den Regionen Deutschlands hat viele Facetten. In: Die berufsbildende Schule (BbSch) 68 Jg. H. 5, S. 168–174

Münk, Dieter (2016): Berufsbildende Schulen im Zeichen des demografischen Wandels. In: Die berufsbildende Schule (BbSch) 68 Jg. H. 5, S. 175–180

Münk, Dieter; Rützel, Josef; Schmidt, Christian; Walter, Marcel (2008): Modellprojekt „Evaluation der Berufsfachschule in Hessen: Das Problem der Übergänge". Abschlussbericht der wissenschaftlichen Begleitung

Prengel, Annedore (2006): Pädagogik der Vielfalt. Verschiedenheit und Gleichberechtigung in Interkultureller, Feministischer und Integrativer Pädagogik. 3. Auflage. Wiesbaden: VS Verlag für Sozialwissenschaften

Rützel, Josef (2013): Inklusion als Perspektive einer zukunftsorientierten Berufsbildung und die Bewältigung des demographischen Wandels. In: bwp@Spezial 6, Hochschultage Berufliche Bildung 2013, Workshop 22, S. 1–19

Schmidt, Christian; Walter, Marcel (2001): Demografischer Wandel und berufliche Bildung. Ein Querschnittsthema. In: Berufsbildung. Zeitschrift für Praxis und Theorie in Betrieb und Schule 65, H. 130, S. 2–5

Seitter, Wolfgang; Friese, Marianne; Robinson, Pia (2017) (Hrsg.): Wissenschaftliche Weiterbildung zwischen Implementierung und Optimierung. WM³ Weiterbildung Mittelhessen, Wiesbaden VS-Verlag

Zoyke, Andrea (2016): Inklusive Berufsbildung in der Lehrerbildung für berufliche Schulen. Impressionen und Denkanstöße zur inhaltlichen und strukturellen Verankerung. In: Zoyke, Andrea & Vollmer, Kirsten (Hrsg.): Inklusion in der Berufsbildung: Befunde – Konzepte – Diskussionen, Bertelsmann: Bielefeld, S. 205–235

Heinrich Schanz

Akademisierung des Beschäftigungssystems

1 Ausweitung der Akademisierung
2 Fachkräftebedarf des Beschäftigungssystems
3 Arbeitsmarktorientierung der akademischen Studiengänge
4 Mehr Bildung durch Akademisierung

1 Ausweitung der Akademisierung

1.1 Expansion der Studienberechtigten und der Studierenden

Mit *Akademisierung* wird in der Öffentlichkeit seit einigen Jahren die starke Zunahme der Studierenden an den Hochschulen diskutiert. Hierbei wird übersehen, dass „*Akademisierung*" ein unscharfer Begriff und das Wort *Akademie* nicht für Hochschulen reserviert ist. Nach *Kerst* und *Wolter* kann

1. Akademisierung die Anhebung von Ausbildungsvoraussetzungen von bisher im Schulberufssystem qualifizierten Berufen sein, z. B. im Erziehungs-, Gesundheits- und Pflegebereich, auf (Fach-) Hochschulniveau.
2. Akademisierung kann auch die Verdrängung von Fachkräften im mittleren Qualifikations- und Beschäftigungssektor infolge steigender Angebote von Hochschulabsolventen bedeuten.
3. Akademisierung kann der zunehmende Übergang von Bachelorabsolventen in Tätigkeitsfelder meinen, die herkömmlich nicht von Hochschulabsolventen besetzt wurden.
4. Akademisierung kann eine stärkere Öffnung der Hochschulen für qualifizierte Berufstätige ohne schulische Studienberechtigung bedeuten.
5. Akademisierung kann die Umschichtung in der Bildungsbeteiligung meinen, wobei Akademisierung auch mit einem polemischen Unterton verwendet wird, z. B. „Akademisierungswahn" (vgl. Kerst/Wolter 2014, S. 20f.).

In der öffentlichen Diskussion um die *Akademisierung der Arbeits- und Berufswelt* steht einerseits die starke *Zunahme der Studierenden an Hochschulen und Hochschulabsolventen*, andererseits der *Rückgang an qualifizierten Bewerbern für eine duale Berufsausbildung* im Blick. Mit der *Expansion des Bildungswesens* hat die Zahl der Absolventen mit *Fachhochschulreife* und *Hochschulreife* zusammen von 1992 mit 290.635 auf 453.737 2016 zugenommen (siehe Tabelle 1). Der wachsende Zugang der Studienberechtigten zum Studium geht teilweise auf das Drängen der Eltern der Heranwachsenden zurück, ist aber auch angesichts höherer qualifikatorischer Anforderungen in der Arbeitswelt begründet.

Tab. 1 Allgemeinbildende und berufliche Schulen – Absolventen nach Abschlussart und Geschlecht

Abschlussart		Abgangsjahr								
		1992		2006		2010		2015		2016
Fachhoch-schulreife	z	77.492	z	129.482	z	142.483	z	120.890	z	100.312
	m	47.434	m	68.630	m	74.264	m	54.284	m	53.101
	w	30.058	w	60.852	w	68.219	w	48.606	w	47.211
Allgemeine Hochschulreife[1)]	z	213.143	z	285.286	z	315.879	z	341.969	z	353.025
	m	104.854	m	127.633	m	142.068	m	156.189	m	160.601
	w	108.289	w	157.653	w	173.811	w	185.780	w	192.424
Studienberech-tigte insgesamt[2)]	z	290.635	z	414.768	z	458.362	z	444.859	z	453.737
	m	152.288	m	196.263	m	216.332	m	210.473	m	213.702
	w	138.347	w	218.505	w	242.030	w	234.386	w	239.635

[1)] Einschließlich fachgebundene Hochschulreife.
[2)] Fachhochschulreife, allgemeine und fachgebundene Hochschulreife.

Quelle: Statistisches Bundesamt (2017): Schnellmeldungsergebnisse zu Studienberechtigten der allgemeinbildenden und beruflichen Schulen – vorläufige Ergebnisse Abgangsjahr 2016. Wiesbaden, S. 9

Die Zahl der Studienberechtigten wird noch erweitert, nachdem die KMK 2009 den „Hochschulzugang für beruflich qualifizierte Bewerber ohne schulische Hochschulzugangsberechtigung" eröffnet hat.[1] Danach erhalten Inhaber der beruflichen Aufstiegsfortbildung, z. B. Inhaber von Abschlüssen von Fachschulen und Meister des Handwerks eine allgemeine Hochschulzugangsberechtigung. Beruflich qualifizierte Bewerber, die eine duale Berufsausbildung erfolgreich abgeschlossen haben und eine mindestens dreijährige Berufspraxis nachweisen, erhalten eine fachgebundene Hochschulzugangsberechtigung nach erfolgreichem Abschluss eines Eignungsfeststellungsverfahrens oder einem Probestudium (vgl. KMK 2009, S. 1). Während im Jahr 1997 nur 1.568 Studienanfänger ohne schulische Hochschulzugangsberechtigung (HZB) waren, wurden im Jahr 2013 13.215 Studienanfänger ohne Abitur und ohne Fachhochschulreife registriert. Im Jahr 2013 studierten an den Hochschulen 45.859 Personen ohne schulische Hochschulzugangsberechtigung. Im gleichen Jahr haben 4.363 Studierende ohne HZB das Studium erfolgreich abgeschlossen (vgl. CHE 2016, S. 1).

1.2 Ausbau und Differenzierung des Hochschulwesens

Für die Ausweitung der Anzahl der Studierenden an Hochschulen ist nicht nur der steigende Anteil der Studienberechtigten verantwortlich, sondern auch der starke Ausbau des Hochschulwesens. Ende der 1960er Jahre entstanden aus den höheren

---

[1] vgl. hierzu Elsholz, Uwe (Hrsg.) (2015): Beruflich Qualifizierte im Studium – Analysen und Konzepte zum Dritten Bildungsweg. Bielefeld: Bertelsmann.

Fachschulen und Akademien die Fachhochschulen, die in kürzeren Studiengängen praxisorientiert, zugleich aber auch wissenschaftlich ausbilden (vgl. WR 2015, S. 4). Für Nida-Rümelin handelt es sich bei den Fachhochschulen „nicht um ein wissenschaftliches Studium, die Lehrenden qualifizieren sich nicht primär über Forschungsleistungen – für viele Studierende ist das die bessere Alternative" (Nida-Rümelin/Zierer 2015, S. 61 f.). Im Wintersemester 1995/1996 bestanden in Deutschland 297 Hochschulen. Bis zum Wintersemester 2015/2016 erfolgte ein Anstieg auf 427 Hochschulen, davon waren u. a. 107 Universitäten und 216 Fachhochschulen ohne Verwaltungsfachhochschulen (vgl. Stat. Bundesamt 2016a, S. 5; Autorengruppe Bildungsberichterstattung 2014, S. 120). Die deutschen Hochschulen haben im Wintersemester 2015/2016 insgesamt 18.044 Studiengänge (WiSe 2007/2008: 11.265 Studiengänge) angeboten. Die meisten Studiengänge führen zu den Abschlüssen Bachelor (8.298) und Master (8.099) (vgl. HRK 2015, S. 7). Tabelle 2 zeigt die Entwicklung der Studierendenzahlen nach Hochschularten vom Wintersemester 2012/2013 bis zum Wintersemester 2016/2017.

Tab. 2 Studierende in den Wintersemestern 2012/2013 bis 2016/2017 nach Hochschularten

Hochschulart	Wintersemester 2012/2013		Wintersemester 2013/2014		Wintersemester 2014/2015		Wintersemester 2015/2016		Wintersemester 2016/2017[1]	
	Insgesamt	weiblich	Insgesamt	weiblich	Insgesamt	weiblich	Insgesamt	weiblich	Insgesamt	weiblich
Studierende insgesamt										
Universitäten	1 611 664	812 885	1 674 345	844 852	1 702 732	862 378	1 729 503	873 666	1 745 088	882 559
Pädagogische Hochschulen	24 735	18 864	24 899	19 133	24 748	19 079	24 456	18 883	25 109	19 393
Theologische Hochschulen	2 557	1 018	2 556	1 045	2 568	1 032	2 493	1 029	2 450	1 049
Kunsthochschulen	34 719	19 730	35 184	19 969	35 326	20 172	35 536	20 285	35 607	20 306
Fachhochschulen (ohne Verwaltungsfachhochschulen)	792 837	316 622	846 517	343 737	896 187	370 429	929 241	391 444	956 928	408 569
Verwaltungsfachhochschulen	32 897	16 273	33 380	16 505	34 349	17 287	36 570	18 366	38 734	19 597
dar.: FH Bund	2 997	1 316	3 136	1 403	3 059	1 380	3 546	1 524	3 581	1 628
Hochschulen insgesamt	2 499 409	1 185 392	2 616 881	1 245 241	2 698 910	1 290 376	2 757 799	1 323 673	2 803 916	1 351 473

[1] vorläufiges Ergebnis

Quelle: Stat. Bundesamt (2017): Studierende an Hochschulen – Vorbericht –. Fachserie 11 Reihe 4.1 Wintersemester 2016/2017. Wiesbaden, S. 9 f.

Im Hinblick auf die Ausweitung der Teilnehmer am Studium kommt auch dem *Teilzeitstudium* Bedeutung zu. Das *Teilzeitstudium* ermöglicht, ein Studium für Personen mit Familienpflichten, Erwerbsarbeit und gesundheitlichen Einschränkungen in Einklang zu bringen. Dies bedeutet, dass Personen, denen ein Vollzeitstudium nicht möglich war, doch ein Studium absolvieren können. Teilzeitstudien tragen zur *Chancengleichheit* im Sinne von Startgleichheit bei und ermöglichen die Ausschöpfung von weiterem möglichem Bildungspotential. Der Anteil von Teilzeitstudierenden ist vom Wintersemester 2000/2001 von 2,33 % auf 6,46 % im Wintersemester 2013/2014 angestiegen! Im Wintersemester 2013/2014 befanden sich 11,9 % der Studierenden an Universitäten und 9,47 % an Fachhochschulen im Teilzeitstudium (vgl. Lah/Röwert/Berthold 2016, S. 15 ff.).

Schließlich wurde mit der Einführung der Berufsakademien ab 1974, zwar zunächst nicht als Hochschulen, eine weitere hochschulähnliche Einrichtung geschaffen. Inzwischen hat das Land Baden-Württemberg seine Berufsakademien zur „Dualen Hochschule" umgestaltet und damit einen neuen Hochschultyp eingeführt. Es bestehen weitere hochschulähnliche Einrichtungen, wie z. B. die Verwaltungs- und Wirtschaftsakademien. Das berufsbegleitende Studium an den über 100 Verwaltungs- und Wirtschaftsakademien führt in der 1. Stufe zu einem Abschluss in 11 verschiedenen Fachrichtungen, in der 2. Stufe zum Betriebswirt (VWA) und in der 3. Stufe in Kooperation mit einer Hochschule zum Bachelor-Abschluss (vgl. Information Studiengänge VWA).

Das Hochschulwesen befindet sich in einem tiefgreifenden Umstrukturierungsprozess. Im Jahr 1999 haben 29 europäische Bildungsminister (inzwischen sind 47 Staaten beteiligt) die sogenannte „Bologna-Erklärung" unterzeichnet mit dem Ziel, einen europäischen Hochschulraum zu schaffen, der in einem zweistufigen System von Studienabschlüssen (Bachelor/Master) vergleichbare Abschlüsse schafft. Inzwischen wurde in das zweistufige System als dritte Stufe die Promotionsphase einbezogen (vgl. BMBF 2009, S. 3). In den Studiengängen der drei Stufen soll die Berufsqualifizierung/Beschäftigungsfähigkeit stärkere Berücksichtigung finden. Von den Hochschulen wird erwartet, dass sie neben der Vermittlung einer breiten Wissensgrundlage auch auf den Arbeitsmarkt vorbereiten. Die Bachelor/Masterstrukturen in der Folge des Bologna-Prozesses haben zu einer Angleichung der Studienstrukturen und Funktionen zwischen Universitäten und Fachhochschulen geführt. Mit der Einrichtung und Entwicklung von Fachhochschulen, dualer Studiengänge, Fernstudium, Exzellenzinitiative und Gründung privater Hochschulen sowie der Möglichkeit des Teilzeitstudiums hat das Hochschulwesen nicht nur eine Ausweitung, sondern auch eine starke Differenzierung erfahren.

Die *Universitäten und Hochschulen* gehören zum *tertiären Bildungsbereich*. Der *tertiäre Bildungsbereich* wird fälschlicherweise häufig mit Hochschulbildung gleichgesetzt, obwohl der tertiäre Bereich sowohl hochschulische als auch nichthochschulische Programme, wie z.B. von Fachschulen und Fachakademien sowie abgeschlossene berufliche Fortbildungen erfasst (vgl. Hippach-Schneider/Schneider 2016, S. 7 und S. 30; Deißinger 2015, S. 61; KMK 2013). *Tertiarisierung* geht daher über Akademisierung hinaus.

Die Ausweitung der Akademisierung zeigt sich nicht nur in der Zunahme der Studierenden und Absolventen der Hochschulen, sondern auch in der Zunahme von Absolventen von Berufsakademien und anderen Akademien, die nicht Hochschulen sind, aber zum tertiären Sektor gehören. Ausbildungsgänge an Berufsakademien, die zur Abschlussbezeichnung „Bachelor" führen, werden unter bestimmten Voraussetzungen von der KMK hochschulrechtlich Bachelorabsolventen von Hochschulen gleichgestellt (KMK 2004, S. 1).

Im Hinblick auf die hohen Studierendenzahlen muss auch die Zahl der *Studienabbrüche* bedacht werden. Der Wissenschaftsrat spricht vom Studienabbruch, wenn das Hochschulsystem dauerhaft und ohne Abschluss verlassen wird. Die Abbruchquote betrug 2012 beim Bachelorstudium 28 % (vgl. WR 2015, S. 83 und S. 86). Es gibt Bemühungen, Studienabbrechern neue Chancen über eine duale Berufsausbildung zu ermöglichen (vgl. BMBF 2015). Nach *Zierer* nimmt ein zu hoher Anteil Nichtqualifizierter eines Jahrgangs ein Studium auf (vgl. Nida-Rümelin/Zierer 2015, S. 52).

2 Fachkräftebedarf des Beschäftigungssystems

2.1 Höhere und andere Qualifikationsanforderungen

Das Beschäftigungssystem umfasst die Gesamtzahl der Arbeitsplätze der unselbstständig und selbstständig beschäftigten Menschen zu einem gegebenen Zeitpunkt in den verschiedenen Wirtschaftsbereichen und in den öffentlichen Einrichtungen. Unter Fachkräften kann man Erwerbspersonen verstehen, die über eine abgeschlossene berufliche oder akademische Ausbildung verfügen. Bezüglich des volkswirtschaftlichen Fachkräftepotentials kann man eine quantitative Komponente – die Zahl der verschiedenen Fachkräfte – und eine qualitative Komponente – die Qualität und Bedarfsorientierung der Ausbildung – unterscheiden (vgl. WR 2015, S. 26). Der quantitative Bedarf wird zurzeit beeinträchtigt durch die demografische Entwicklung und Defizite, z. B. fehlende Ausbildungsreife bei den Bewerbern um eine Ausbildungsstelle. Hinsichtlich der qualitativen Anforderungen an die Fachkräfte zeigt sich bei den beruflichen Inhalten eine generelle Verschiebung zu komplexeren beruflichen Inhalten. Die zunehmend digitalisierte Facharbeit stellt höhere und andere Anforderungen, da die Abläufe nicht nur komplexer, sondern vernetzter werden, da sich technische, organisatorische und soziale Handlungsfelder und Arbeitsprozesse in den Betrieben überschneiden (vgl. Tiemann 2013, S. 81; Gebhardt u. a. 2015, S. 49).

„Die Verselbstständigung von IT-Systemen nimmt in der neuen industriellen Revolution 'Industrie 4.0' Schritt für Schritt zu, so dass sich die Rolle der Facharbeit in Zukunft stark verändern wird" (*Windelband* 2014, S. 138). „Industrie 4.0 steht für die interaktive Vernetzung der analogen Produktion mit der digitalen Welt" (Wolter u. a. 2015, S. 11). In einer „Wirtschaft 4.0" ist nicht nur die Industrie betroffen, denn es kann z. B. auch der Einzelhandel („Handel 4.0") anders organisiert werden (vgl. Wolter u. a. 2015, S. 52). „Generell werden sich die Beschäftigten der mittleren Qualifikationsebene höheren Komplexitäts-, Abstraktions- und Problemlösungsanforderungen stellen müssen, da das Zusammenspiel und die Vernetzung von technischen Systemen in den Gesamtprozessen zunehmen werden" (Windelband 2014, S. 153). Die *Nachfrage nach höher Qualifizierten* nimmt zu Lasten von Personen mit Berufsabschluss und Routine-Tätigkeiten zu, da die hohen *Wissensanforderungen wie Forschen, Entwickeln, Konstruieren, Organisation fremder Arbeitsabläufe sowie Ausbilden und Beraten* an Bedeutung gewinnen (vgl. Wolter u. a. 2015, S. 49; Tiemann 2013, S. 76).

„Wissenschaftliches Wissen als Grundlage für Problemdefinitionen und Problemlösungen durchdringt immer weitere Bereiche von Wirtschaft und Gesellschaft. Diese Grundtendenz wird als charakteristisch für eine 'Wissensgesellschaft' angesehen; im Zuge dieser Entwicklung nimmt die Bedeutung von Bildung und Qualifikation zu" (WR 1999, S. 3). In gewissem Sinn ist jede menschliche Tätigkeit wissensbasiert. Von Wissensarbeitenden kann man erst sprechen, wenn „deren Tätigkeiten komplex und wenig planbar sind, immer wieder neue Anforderungen stellen und einen hohen Grad an Information, Koordination und Kooperation, aber auch Entwicklung und andere kreative Leistungen erfordern" (Haberfellner/Sturm 2014, S. 19).

Nach Befragungen ist hinsichtlich der Hochschulabsolventen den Unternehmen wichtiger als spezielles Fachwissen, „dass sich die Absolventen in neue Bereiche einarbeiten, mit neuen Problemen umgehen und ihr erworbenes Wissen anwenden können sowie über soziale Kompetenzen verfügen. Beispielsweise sind von den Methoden- und Sozialkompetenzen insbesondere Kooperationsfähigkeit und Problemlösefähigkeit elementare Anforderungen der Arbeitgeber" (Schubarth/Speck 2014, S. 64). Ohne fundiertes Fachwissen geht es aber nicht, denn Methodenkenntnis ohne Fachwissen ist leer, Fachwissen ohne Methodenkenntnis aber blind (vgl. Kant 1975, S. 98).

2.2 Bedarf an Hochqualifizierten

„Hochqualifizierte leisten einen wichtigen Beitrag zur Entwicklung und Verbreitung von Wissen und Technologien. Sie gelten als Schlüsselfaktoren für wirtschaftliches Wachstum, Fortschritt und Innovation in Wissensgesellschaften" (Krenner/Homeffer 2013, S. 6). In Deutschland zählen zu den Hochqualifizierten nicht nur Absolventen von Hochschulen, sondern auch Absolventen von Fachschulen, z. B. Techniker, und die nach dem BBiG bzw. der HwO geregelten Fortbildungsberufe bzw. Weiterbildungsberufe, z. B. Geprüfte Meister, Geprüfte Fachwirte. Dieser Personenkreis ist im DQR dem Niveau 6 und damit dem Hochschulabschluss Bachelor als gleichwertig zugeordnet. Die Fortbildungsabschlüsse Geprüfter Betriebswirt, Geprüfter Informatiker u. a. sind im DQR dem Niveau 7 und damit dem Hochschulabschluss Master gleichwertig eingereiht (vgl. BIBB 2015, S. 375). Das Qualifikationsniveau 6 bis 7 ist daher nicht für Hochschulabsolventen vorbehalten, sondern schließt Fachschulabschlüsse und geprüfte Fort-Weiterbildungsberufe ein (vgl.

Dunkel/Le Mouillour 2013, S. 163).[2] Mit der Verberuflichung der beruflichen Weiterbildung durch die Einführung von Weiterbildungsberufen entstand eine neue Form höherer Berufsbildung im tertiären Bildungsbereich.

Der Anteil der Erwerbstätigen mit Hochschulabschluss ist 1993 von 13,1 % auf 19,2 % im Jahr 2013 gestiegen. Im Jahr 2015 erwarben über alle Abschlussarten hinweg 481.588 Studierende einen Hochschulabschluss, davon waren 46.434 Ausländer. 20.372 Studierende, davon 3.545 Ausländer, haben die Hochschulabschlussprüfung nicht bestanden (vgl. Stat. Bundesamt 2017, S. 1 f.). Bedarfsprognosen von Arbeitskräften mit bestimmtem Qualifikationsniveau sind unsicher und werden auch vom Wirtschaftswachstum und Strukturveränderungen beeinflusst. Man muss auch berücksichtigen, dass klassische Ausbildungsberufe teilweise stark veränderte berufliche Anforderungen aufweisen und wie z. B. im Gesundheitsbereich eine Akademisierung sinnvoll erscheinen lassen (vgl. WR 2013, S. 37).

Eine Untersuchung von Großbetrieben, die sich an der dualen Ausbildung beteiligen, hat u. a. ergeben, dass sich bei den kaufmännischen Ausbildungsberufen eine Tendenz zugunsten der akademischen Ausbildung abzeichnet. Zwei Unternehmen ersetzten die kaufmännische Ausbildung vollständig durch das Angebot dualer Studiengänge. Ein anderes Unternehmen will künftig Industriekaufleute durch Bachelor-Absolventen ersetzen und denkt sogar daran, auf Master zurückzugreifen. Die befragten Unternehmen sehen die Vorteile des dualen Studiums neben der akademischen Ausbildung in der Praxisnähe, der möglichen Bindung an das Unternehmen, dem schnelleren Wertschöpfungsbeitrag nach Berufseinstieg und in der Möglichkeit, auf die Studieninhalte Einfluss zu nehmen (vgl. BMBF 2015, S. 13, S. 81 f. und S. 91 ff.).

2.3 Balance zwischen dualer und akademischer Ausbildung

Im Zusammenhang mit der Akademisierungsproblematik wird die fehlende Balance gesehen zwischen der dualen Berufsausbildung auf der mittleren Qualifikationsebene und der akademischen Ausbildung, verstanden als Hochschulstudium. Das Missverhältnis der Balance soll in der abnehmenden Anzahl der Eintritte in eine duale Berufsausbildung und der Zahl der Studienanfänger an den Hochschulen bestehen. Im Jahr 2016 standen 507.779 Studienanfängern im 1. Hochschulsemester, davon waren 116.723 Ausländer, 510.900 neu abgeschlossene Ausbildungsverträge in der dualen Ausbildung gegenüber. Die Gesamtzahl der Studierenden ist im Wintersemester 2011/12 von 2.380.974 auf 2.803.916 im Wintersemester 2016/17 angestiegen, während die Gesamtzahl der Auszubildenden von 1.429.977 im Jahr 2012 auf 1.323.100 in 2016 gefallen ist (vgl. Stat. Bundesamt 2016a, S. 6 f. und S. 10; Stat. Bundesamt 2016b, S. 24; Stat. Bundesamt 2017, S. 25 ff.; destatis 2017). Mit der starken Zunahme der Studierenden wird nicht nur die Gefahr einer

---

[2] vgl. hierzu BIBB (Hrsg.) (2013): Fortbildungsordnungen und wie sie entstehen. Bonn.

„Überqualifizierung" befürchtet, sondern auch mit einem wachsenden Verlust von qualifizierten Bewerbern für eine duale Berufsausbildung gerechnet. Es wird allerdings übersehen, dass seit Mitte der 1990er Jahre die Zahl der neu abgeschlossenen Ausbildungsverträge mit Studienberechtigten von 87.000 (= 15 % 1995) auf 117.000 (= 21 % 2010) und 2014 auf 134.808 (= 26,2 %) angestiegen ist (vgl. BIBB 2016, S. 161 f.; Baethge u. a. 2014, S. 19). Bei dieser Diskussion wird auch übersehen, dass im Schuljahr 2014/15 234.483 Personen an einer vollschulischen Berufsausbildung teilgenommen haben. Im gleichen Jahr befanden sich 270.783 Personen im Übergangsbereich. Außerdem kann auf die im Jahr 2014 1,93 Millionen nicht formal qualifizierten 20- bis 34-Jährigen hingewiesen werden (vgl. Stat. Bundesamt 2015, S. 228 und S. 258 ff.; BMBF 2016, S. 58 und S. 73).

Waren Hochschulen ursprünglich darauf angelegt, eine kleine *Elite* im akademischen Bereich auszubilden, so spricht man gegenwärtig bereits vom *Hochschulstudium als Normalfall* (vgl. Dräger/Ziegele 2014, S. 3 ff.). Allerdings wird mit der „*Exzellenzinitiative*" ein „*Elitewettbewerb*" geschaffen, dessen Differenzierung für *Karl Ulrich Mayer* schon greifbar ist: „zahllose demotivierte Professoren und Studierende, denen nun offiziell bescheinigt worden ist, nicht an Spitzenuniversitäten oder Exzellenzclustern zu arbeiten" (Mayer 2008, S. 645). Der *Trend zur Höherqualifizierung* wird zwar anhalten, aber es werden auch in Zukunft Fachkräfte mit einer dualen Berufsausbildung benötigt und ausgebildet werden. „Anstatt ein Studium gegen eine duale Ausbildung auszuspielen und Debatten über zu viele oder zu wenige Studierende zu führen, sollten alle Beteiligten Wege suchen, fließende Übergänge sowie Anrechnungsmöglichkeiten von Leistungen und Abschlüssen zwischen beiden Systemen zu ermöglichen und zu vereinfachen" (Dräger/Ziegele 2014, S. 14). *Stefan Wolf* findet es aus Arbeitgebersicht naiv, „eine Stärkung der dualen Ausbildung durch eine Schwächung der Hochschulen oder eine künstliche Begrenzung der Hochschulzugangsberechtigungen erreichen zu wollen" (Wolf 2013, S. 21).

3 Arbeitsmarktorientierung der akademischen Studiengänge

3.1 Beruflichkeitsbezüge akademischer Studiengänge

„Der Berufsbezug des Hochschulstudiums steht in Deutschland traditionell in einem Spannungsfeld zwischen tradierten humanistischen Bildungszielen und utilitaristischen Vorstellungen einer unmittelbaren beruflichen Verwend- und Verwertbarkeit des Studiums. Zwischen diesen beiden Polen gibt es eine nahezu unüberschaubare Zahl an unterschiedlichen Sichtweisen" (Minks/Netz/Völk 2011, S. 9). Für die akademische Bildung unterscheidet der Wissenschaftsrat die drei Dimensionen (Fach-)Wissenschaft, Persönlichkeitsentwicklung und Arbeitsmarktvorbereitung (vgl. WR 2015, S. 95). Die Berücksichtigung der drei Dimensionen soll zu einer Mehrfachanschlussfähigkeit sämtlicher Hochschulabschlüsse auf allen Studienstufen führen und sowohl die wissenschaftliche Weiterqualifizierung oder Forschungstätigkeiten als auch den Einstieg in die berufliche Praxis auf außerwissenschaftlichen Arbeitsmärkten ermöglichen (vgl. WR 2015, S. 12). „Ein Hochschulstudium soll die Studierenden befähigen komplexe berufliche Tätigkeiten auszuüben und ihre individuellen (Weiter-)Bildungs- und Erwerbsbiographien erfolgreich zu gestalten" (WR 2015, S. 7). Kompetenzen, die in Auseinandersetzung mit Wissenschaft entwickelt werden, sollen Absolventen zur Bewältigung vielfältiger Aufgaben mit hohem kognitiven Niveau und/oder kreativen Anforderungen befähigen (vgl. WR 2015, S. 41 f.).

Der *Berufsbezug* und damit die *Arbeitsmarktorientierung* von hochschulischen und universitären Studien waren schon immer von hoher Relevanz, wenn man an Ärzte, Juristen, Theologen und Lehrer denkt. Hierbei geht man davon aus, dass wissenschaftliches Wissen und forschend angelegte Lehr-Lern-Prozesse wichtige Beiträge für das gewünschte Berufsziel waren. Wissenschaftliches Wissen war daher auch berufsqualifizierendes Wissen, das zur notwendigen beruflichen Handlungskompetenz führt (vgl. Frommberger/Hentrich 2015, S. 180). Dieser erste Berufsbezug der Universitäten war einzelberuflich ausgerichtet und hat nur wenig Spielraum hinsichtlich des Beschäftigungssystems eröffnet. Mit der Entwicklung des Hochschulwesens haben sich bereits mit der Industrialisierung weitere Berufsbezüge im Zusammenhang mit den Ingenieur- und Naturwissenschaften, später auch mit den Wirtschafts- und Sozialwissenschaften ergeben. Es müssen aber auch einige Wissenschaften mit geringem Berufsbezug und damit mit nur schwach ausgeprägter Arbeitsmarktorientierung unterschieden werden. Mit der *Bologna-Reform* erhalten die Arbeitsmarktorientierung und die Berufsbezüge des Studiums einen höheren Stellenwert. Der *Bachelor als Regelabschluss des Studiums* „hat ein eigenständiges berufsqualifizierendes Profil, das durch die innerhalb der vorgegebenen Regelstudienzeit zu vermittelnden Inhalte deutlich werden muss. Als Studiengänge, die zu berufsqualifizierenden Abschlüssen führen, müssen die Bachelorstudiengänge wissenschaftliche Grundlagen, Methodenkompetenz und berufsfeldbezogene Qualifikationen entsprechend dem Profil der Hochschule und des Studienganges vermitteln" (KMK 2010, S. 2).

Berufsbezüge im Zusammenhang der Arbeitsmarktorientierung von Studiengängen dürfen nicht berufsspezifisch gesehen werden, da das Berufskonzept als Leit- und Strukturkonzept für berufliche Ausbildung und Arbeit nur noch begrenzte Bedeutung hat. Das Berufskonzept in der Wissensgesellschaft muss weiter gefasst werden zu einer Beruflichkeit, die über einen Einzelberuf hinausgeht und mittels Weiterbildung auf Erhaltung, Entwicklung und Veränderung einer nicht eng gefassten Employability (Beschäftigungsfähigkeit) zielt (vgl. Wittwer 2003, S. 80; Greinert 2008, S. 9 ff.; Kutscha 2015, S. 11 ff.). Beschäftigungsfähigkeit soll dem Einzelnen sowohl den Übergang in das Erwerbsleben ermöglichen als auch den Verbleib und das berufliche Weiterkommen im Erwerbsleben sichern (vgl. Dunkel/Le Mouillour

2013, S. 146). Die zentrale neue Funktion der Berufsbildung besteht daher in der „Befähigung zum wiederholten ('selbstgesteuerten') Neuaufbau von Berufsfähigkeit angesichts sich wandelnder Bedingungen" (Backes-Haase 2001, S. 37).

3.2 Verberuflichung des Hochschulwesens

Mit der Entwicklung der Fachhochschulen und den dualen Studiengängen hat die Arbeitsmarktorientierung im Hochschulwesen eine Ausweitung erfahren. Mit der „Dualisierung" ist eine Form der Verberuflichung des Hochschulsystems verbunden (vgl. Kurtz S. 58 f.). Im dualen Studium bilden das berufspraktische und das akademische Element gleichwertige Anteile. Der Wissenschaftsrat sieht die Dualität als Verbindung und Abstimmung von mindestens zwei Lernorten und die Verfasstheit als wissenschaftliches bzw. wissenschaftsbezogenes Studium als konstituierende Wesensmerkmale (vgl. WR 2013, S. 22). Die Verknüpfung der Lernorte Hochschule und Unternehmen realisiert ein hybrides Studienmodell (vgl. Frommberger/Hentrich 2015, S. 185 f.). „Das duale Studium ermöglicht über seine Verbindung von berufspraktischen und akademisch-wissenschaftlichen Lerninhalten den Erwerb spezieller Kompetenzprofile, die weder von der akademischen, noch von der beruflichen Bildung allein vermittelt werden können" (WR 2014, S. 71). Für duale Studiengänge ist die Verzahnung der Lernorte sehr wichtig. Eine Befragung von Betrieben, die an dualen Studiengängen beteiligt sind, hat ergeben, dass beide Lernorte größtenteils autonom agieren und abgesehen von organisatorischen Fragen wenig Kontakt haben (vgl. Kupfer 2013, S. 28).

Im Rahmen eines *dualen Studiums* übernehmen die beteiligten Unternehmen die Aufgabe der *praktischen Ausbildung*, die über ein Praktikum hinausgeht und auf die theoretischen Ausbildungsinhalte bezogen werden soll. Im Jahr 2012 kooperierten 45.630 Unternehmen mit dualen Studiengängen (vgl. WR 2013, S. 19 und S. 48). Das duale Studium wird auch kritisiert! „Unter dem Label duales Studium wird indessen eine Reihe von Angeboten gemacht, die den Anspruch eines wissenschaftlichen Studiums nicht erfüllen. Auch bleibt die angestrebte Integration und Verzahnung beruflichen und akademischen Lernens auf der Strecke oder allein den Lernenden überlassen" (Weiß 2016, S. 21).

Da der *Terminus duales Studium* unscharf ist, hat der Wissenschaftsrat eine Typologie der dualen Studienformate vorgestellt (siehe Übersicht 1) (vgl. WR 2013, S. 7). Die drei Gruppen der *dualen Studienformate* sind *ausbildungsintegrierend, praxisintegrierend* und *berufsintegrierend*. Ausschlaggebend für die Definition eines Studienangebotes als duales Studium sind die Beziehung der Lernorte, der wissenschaftliche Anspruch und die Gestaltung des Praxisbezugs, wobei der Praxisbezug die Qualität der wissenschaftlichen Ausbildung nicht beeinträchtigen darf (vgl. WR 2013, S. 24 ff.). Die Zahl der Studierenden in 608 dualen Studiengängen betrug 2006 43.256 Studierende (vgl. WR 2013, S. 46). Die AusbildungPlus-Datenbank verzeichnete 2016 100.739 Studierende in 1.592 dualen Studiengängen für die Erstausbildung, davon waren 69 bei den Universitäten und 1.100 bei den Fachhochschulen eingerichtet (vgl. BIBB 2015, S. 7 und S. 12; BIBB 2017, S. 210 und S. 213).

Übersicht 1 Typologie der dualen Studienformate (nach Wissenschaftsrat 2013)

	Individueller Bildungsabschnitt	Studienformat
Erstausbildung	mit Berufsausbildung	ausbildungsintegrierend (Bachelor)
	mit Praxisanteilen	praxisintegrierend (Bachelor) gestalteter Ausbildungsanteil beim Praxispartner
Weiterbildung	mit Berufstätigkeit	berufsintegrierend (Master/Bachelor) mit gestalteten Bezugnahmen
	mit Praxisanteilen	praxisintegrierend (Master/Bachelor)

Quelle: Wissenschaftsrat (2013): Empfehlungen zur Entwicklung des dualen Studiums – Positionspapier Drs. 3479-13. Mainz, S. 23

3.3 Gleichwertigkeit von beruflicher und akademischer Bildung

Mit der Studienberechtigung von beruflich Qualifizierten wurde die „Gleichwertigkeit von allgemeiner und beruflicher Bildung" erreicht. Diese Studienberechtigung beruht nicht auf einer schulischen Studienberechtigung, sondern auf beruflicher Bildung. Berufliche und akademische bzw. hochschulische Bildung sind ebenfalls gleichwertig, nachdem z. B. ein geprüfter Meister nach dem Europäischen und Deutschen Qualifikationsrahmen auf Niveau 6 eingeordnet ist. Dem gleichen Niveau ist auch der Bachelor zugeordnet (vgl. BMBF 2014, S. 1). Diese Gleichwertigkeit wird auch relevant bezüglich der Durchlässigkeit von beruflicher zu hochschulischer Bildung, da Anrechnungen beruflicher Ausbildungsinhalte auf ein Studium nach der KMK-Regelung bis zu 50% möglich sind (vgl. KMK 2002). Rauner weist darauf hin, „dass Absolventen einer dualen Berufsausbildung für Berufe, die überwiegend von Abiturienten angestrebt werden, ein Qualifikationsniveau erreichen, das über dem von Absolventen/-innen einschlägiger Bachelorstudiengänge liegt" (Rauner 2012, S. 7). Es zeichnet sich nach Elsholz eine „Akademisierung beruflicher Bildung" und eine „Verberuflichung akademischer Bildung" ab (vgl. Elsholz 2015, S. 245).

3.4 Grenzen der Arbeitsmarktorientierung

Jeder Studierende, abgesehen von Ausnahmefällen, wird nach einem erfolgreichen Erststudium in das Erwerbsleben einmünden, sodass eine gewisse „Arbeitsmarktrelevanz" in den Studiengängen unerlässlich ist. „Mit dem Begriff Arbeitsmarktrelevanz soll dabei die Bedeutung und die Anschlussfähigkeit des im Studium Erlernten für die vielfältigen, sich stetig verändernden und nur bedingt vorhersehbaren Anforderungen eines ganzen Erwerbslebens beschrieben werden" (WR 2015, S. 39). Die Anforderungen aus dem Beschäftigungssystem bilden für ein Hochschulstudium einen wichtigen, aber nicht einzigen Zielbereich für Studium und Lehre (vgl. WR 1999, S. 59). Um die Wissenschaftlichkeit eines Studiums zu sichern, besteht die Möglichkeit des forschenden Lehrens und Lernens. „Unter forschendem Lernen kann vereinfacht ein Lehr-Lern-Format verstanden werden, bei dem Studierende – unterstützt von den Lehrenden – theoriegeleitet, methodisch fundiert und kritisch reflektiert möglichst den gesamten Prozess eines Forschungsvorhabens von der Entwicklung einer praxisrelevanten Fragestellung über die Datenerhebung im Arbeitsfeld bis zur Auswertung und Präsentation weitgehend eigenständig gestalten" (Schubarth / Speck 2014, S. 73). Für jedes wissenschaftliche Hochschulstudium muss konstitutiv bleiben, „dass die Studierenden Forschungskompetenz im Sinne einer umfassenden Theorie- und Methodenkompetenz entwickeln" (WR 2015, S. 95). Die Studierenden müssen dazu befähigt werden, die wissenschaftlichen Kompetenzen auch in außerwissenschaftlichen Kontexten anzuwenden (vgl. WR 2015, S. 97). Die Grenzen einer Arbeitsmarktorientierung bestehen daher in einseitigen Spezialisierungen beruflicher Bezüge und der Veränderungsdynamik der Qualifikationsanforderungen des Beschäftigungssystems.

Grenzen der Arbeitsmarktorientierung bestehen auch bei Studiengängen ohne konkreten Berufsbezug, z. B. den Geisteswissenschaften jenseits der Lehramtsstudiengänge, Kulturwissenschaften und den sogenannten „kleinen Fächern". Da die Absolventen dieser Fächer in unterschiedlichen Berufsfeldern tätig sein können, ist die Arbeitsmarktorientierung nur bedingt möglich (vgl. WR 2015, S. 48).

Angesichts der Ziele und Funktionen eines Hochschulstudiums ist darauf hinzuweisen, dass nur ein geringer Teil der Absolventen (ca. 5–10 %) eine wissenschaftliche Laufbahn verfolgen, während die Mehrzahl eine berufliche Tätigkeit außerhalb der Hochschule und der Wissenschaft anstrebt. Nach einer Firmenbefragung durchdringen forschungsbasierte Tätigkeiten die Arbeitswelt und die Bedeutung der Forschung gewinnt für die Firmen an Bedeutung (vgl. Stifterverband 2016, S. 4 u. S. 7). Der Zielkonflikt For*schungsexzellenz* für Wenige und *exzellente Lehrqualität* für Viele muss gelöst werden (vgl. Schubarth / Speck 2014, S. 92).

4 Mehr Bildung durch Akademisierung

Die Zahlen der Studierenden an Hochschulen und der Hochschulabsolventen nehmen seit Jahren zu. Die OECD weist darauf hin, dass in Deutschland zwar die Zugangsquoten zum Tertiärbereich steigen, aber die Abschlussquoten im Tertiärbereich nach wie vor unter dem OECD-Durchschnitt liegen (vgl. OECD 2015, S. 3 f.). Nachdem die steigende Anzahl der Hochschulabsolventen vom Beschäftigungssystem nicht nur aufgenommen, sondern auch angefordert wird, kann man von einer steigenden „Akademisierung des Beschäftigungssystems" ausgehen. „Der technologische Wandel, kürzere Innovationszyklen und die zunehmende Internationalisierung fördern den Trend zur Höherqualifizierung und zur Akademisierung der Arbeitswelt" (Klös/Plünnecke 2013, S. 9). Diskussionen über einen „Akademisierungswahn" und die Gefahr der „Überqualifikation" sind überzogen.

Die *Bundesministerin für Bildung und Forschung* erklärte hierzu: „Angesichts der weiterhin hohen Nachfrage nach akademisch ausgebildeten Menschen sind die steigenden Studienanfängerzahlen ein Glücksfall für unser Land" (Wanka 2013, S. 4). Nach *Klös* und *Plünnecke* vom Institut der deutschen Wirtschaft Köln ist die *These einer Überakademisierung* zu verwerfen. „Alle einschlägigen Kennziffern für die Akzeptanz von Abschlüssen deuten auf eine große Aufnahmefähigkeit des Arbeitsmarktes für alle Fachkräfte hin" (Klös/Plünnecke 2013, S. 10). Der Bildungsökonom *Wößmann* weist in seinem Beitrag *„Der Wahn vom Akademisierungswahn"* darauf hin, dass die Fakten und die Realität die Rede vom *Akademisierungswahn als Wahnbild* erscheinen lassen (vgl. Wößmann 2013, S. 15). Auch *Joachim Möller*, Direktor des Instituts für Arbeitsmarkt- und Berufsforschung, findet bisher *keine Anzeichen einer Überakademisierung* (vgl. Möller 2013, S. 11 ff.).

Die zunehmende Akademisierung ermöglicht vielen Menschen eine wissenschaftliche und damit höhere Bildung. Nach Schätzungen soll die Akademisierung zwischen 2000 und 2013 zu einem Zuwachs der Wertschöpfung in Deutschland von 20,5 Milliarden Euro geführt haben (vgl. Plünnecke 2015, S. 4). Die Akademisierung darf aber nicht nur im Zusammenhang von ökonomischen Nützlichkeitserwägungen gesehen werden. Mehr Bildung für viele ist auch förderlich für die individuelle und gesellschaftliche Lebensgestaltung sowie die Teilhabe an der Gesellschaft. Jegliche Bildung hat einen Eigenwert und erschöpft sich nicht in Nützlichkeitsüberlegungen. Die Akademisierung trägt auch zu mehr Chancengleichheit bei, indem beruflich Qualifizierte ohne schulische Hochschulzugangsberechtigung ein Hochschulstudium als Erststudium oder Weiterbildungsstudium aufnehmen können.[3] „Überqualifizierung" durch Akademisierung findet nicht statt. „Vorstellungen, eine gute Bildung sei nichts mehr wert, wenn jeder sie hätte, sind völlig irrig" (Wößmann 2013, S. 19).

Literatur

Autorengruppe Bildungsberichterstattung (Hrsg.) (2014): Bildung in Deutschland 2014. Bielefeld: Bertelsmann

Backes-Haase, Alfons (2001): Berufsbildungstheorie – Entwicklung und Diskussionsstand. In: Schanz, Heinrich (Hrsg.): Berufs- und wirtschaftspädagogische Grundprobleme. (Berufsbildung konkret Bd. 1) Baltmannsweiler, S. 22–38

---

[3] vgl. hierzu *Schreiber, Anne*; *Jungmann, Walter* (2014): Der dritte Bildungsweg – Die neue Zugangsoption für beruflich Qualifizierte in die Hochschulen. Grundlagen der Weiterbildung Praxishilfen (GdW-Ph) Aktualisierung Nr. 118 Oktober 2014. Köln: Luchterhand, S. 1–13

Baethge, Martin u. a. (2014): Zur neuen Konstellation zwischen Hochschulbildung und Berufsausbildung. Forum Hochschule 3/2014

BIBB (Hrsg.) (2015): Datenreport zum Berufsbildungsbericht 2015. Bonn

BIBB (Hrsg.) (2016): Datenreport zum Berufsbildungsbericht 2016. Bonn

BIBB (Hrsg.) (2017): Datenreport zum Berufsbildungsbericht 2017. Bonn

(BMBF) Bundesministerium für Bildung und Forschung (Hrsg.) (2016): Berufsbildungsbericht 2016. Bonn

BMBF (Hrsg.) (2015): Stellenwert der dualen Ausbildung in Großunternehmen. Bonn

BMBF (2009): Der Bologna-Prozess. http://www.bmbf.de/de/3336.php

BMBF (2014): Berufliche und akademische Bildung sind gleichwertig. Pressemitteilung 012/2014 vom 21.02.2014

BMBF (2015): Neue Chancen für Studienabbrecher. Pressemitteilung 005/2015 vom 22.01.2015

CHE Gemeinnütziges Centrum für Hochschulentwicklung (2016): Studieren ohne Abitur – Quantitative Entwicklung in Deutschland insgesamt. http://www.studieren-ohne-abitur.de/web/information/daten-monitoring/quantitative-e

Deißinger, Thomas (2015): Verberuflichung und Verallgemeinerung – internationale Perspektiven und die Frage nach der Tertiarisierung der beruflichen Bildung. In: Ziegler, Birgit (Hrsg.): Verallgemeinerung des Beruflichen – Verberuflichung des Allgemeinen? Bielefeld: Bertelsmann, S. 57–80

Dräger, Jörg; Ziegele, Frank (Hrsg.) (2014): Hochschulbildung wird zum Normalfall. Ein gesellschaftlicher Wandel und seine Folgen. Gütersloh: CHE Centrum für Hochschulentwicklung

Dunkel, Torsten; Le Mouillour, Isabelle (2013): Berufsbildung auf höchstem Niveau. In: Severing, Eckart; Teichler, Ulrich (Hrsg.): Akademisierung der Berufswelt? Bonn, S. 143–167

Elsholz, Uwe (2015): Überwindung der Trennung zwischen beruflicher und akademischer Bildung? Bildungstheoretische, bildungspolitische und didaktische Herausforderungen. In: Elsholz, Uwe (Hrsg.): Beruflich Qualifizierte im Studium. Analysen und Konzepte zum Dritten Bildungsweg. Bielefeld: Bertelsmann, S. 245–259

Frommberger, Dietmar; Hentrich, Karoline (2015): Entwicklungen und Erfahrungen zur Verbindung beruflicher und hochschulischer Bildung. In Elsholz, Uwe (Hrsg.): Beruflich Qualifizierte im Studium. Analysen und Konzepte zum Dritten Bildungsweg. Bielefeld: Bertelsmann, S. 177–190

Gebhardt, Jonas; Grimm, Axel; Neugebauer, Laura Maria (2015): Entwicklungen 4.0 – Ausblicke auf zukünftige Anforderungen an und Auswirkungen auf Arbeit und Ausbildung. Journal of Technical Education (JOTED), Jg. 3 (H. 2), S. 45–61

Greinert, Wolf-Dietrich (2008): Beschäftigungsfähigkeit und Beruflichkeit – zwei konkurrierende Modelle der Erwerbsqualifizierung? Berufsbildung in Wissenschaft und Praxis 27 (2008) H. 4, S. 9–12

Haberfellner, Regina; Sturm, René (2014): Zur Akademisierung der Berufswelt. Hrsg. Arbeitsmarktservice Österreich. Wien

Hippach-Schneider, Ute; Schneider, Verena (Hrsg.) (2016): Tertiäre berufliche Bildung in Europa – Beispiele aus sechs Bildungssystemen. (BIBB Wissenschaftliche Diskussionspapiere H. 175) Bonn

(HRK) Hochschulrektorenkonferenz (2015): Statistische Daten zu Studienangeboten an Hochschulen in Deutschland Wintersemester 2015/2016. Statistiken zur Hochschulpolitik 1/2015

iw-dienst (2010): Bildungsrendite – Auch Meister-Mühen zahlen sich aus. iwd Ausgabe Nr. 38 vom 23.9.2010

Kant, Immanuel (1975): Kritik der reinen Vernunft. In: ders.: Werke in zehn Bänden. Hrsgg. von Wilhelm Weischedel. Darmstadt: Wissenschaftliche Buchgesellschaft. Bd. 3

Kerst, Christian; Wolter, Andrä (2014): Expansion der Hochschulbildung: Bedrohung oder Chance? DJI Impulse 3/2014, S. 19–21

Klös, Hans-Peter; Plünnecke, Axel (2013): Fachkräftebedarfe in Deutschland: Komplementarität von beruflicher und akademischer Ausbildung. In: Wanka, Johanna u.a.: „Akademisierungswahn": Studieren zu viele? ifo Schnelldienst, 66 (2013) Nr. 23, S. 6–10

KMK (2002): Anrechnung von außerhalb des Hochschulwesens erworbenen Kenntnissen und Fähigkeiten auf ein Hochschulstudium (I). (Beschluss der Kultusministerkonferenz vom 28.06.2002)

KMK (2004): Einordnung der Bachelorausbildungsgänge an Berufsakademien in die konsekutive Studienstruktur. (Beschluss der Kultusministerkonferenz vom 15.10.2004)

KMK (2009): Hochschulzugang für beruflich qualifizierte Bewerber ohne schulische Hochschulzugangsberechtigung. (Beschluss der Kultusministerkonferenz vom 06.03.2009)

KMK (2010): Ländergemeinsame Strukturvorgaben für die Akkreditierung von Bachelor- und Masterstudiengängen. (Beschluss der Kultusministerkonferenz vom 10.10.2003 i.d.F. vom 04.02.2010)

KMK (Hrsg.) (2013): Das Bildungswesen in der Bundesrepublik Deutschland 2011/2012. Bonn

Krenner, Daniela; Homeffer, Birgit (2013): Hochqualifizierte in Deutschland. Erhebung zu Karriereverläufen und internationaler Mobilität von Hochqualifizierten. (Hrsg. Statistisches Bundesamt) Wiesbaden

Kupfer, Franziska (2013): Duale Studiengänge aus Sicht der Betriebe – Praxisnahes Erfolgsmodell durch Bestenauslese. Berufsbildung in Wissenschaft und Praxis 42 (2013) H. 4, S. 25–29

Kurtz, Thomas (2015): Der Beruf als Form. Eine soziologische Begriffsbestimmung. In: Ziegler, Birgit (Hrsg.): Verallgemeinerung des Beruflichen – Verberuflichung des Allgemeinen? Bielefeld: Bertelsmann, S. 37–54

Kutscha, Günter (2015): Erweiterte moderne Beruflichkeit – Eine Alternative zum Mythos „Akademisierungswahn" und zur „Employability-Maxime" des Bologna-Regimes. In: bwp@Berufs- und Wirtschaftspädagogik – online, Ausgabe 29, 1–22. Online: http://www.bwpat.de/ausgabe29/kutscha_bwpat29.pdf

Lah, Wencke; Röwert, Ronny; Berthold, Christian (2016): Das Teilzeit-Studium an deutschen Hochschulen – Wo stehen wir und was ist möglich? Gütersloh: CHE Centrum für Hochschulentwicklung, Arbeitspapier Nr. 188

Mayer, Karl Ulrich (2008): Das Hochschulwesen. In: Cortina, Kai S. u.a.: Das Bildungswesen in der Bundesrepublik Deutschland. Reinbek bei Hamburg: Rowohlt, S. 599–645

Minks, Karl-Heinz; Netz, Nicolai; Völk, Daniel (2011): Berufsbegleitende und duale Studienangebote in Deutschland: Status quo und Perspektiven. HIS: Forum Hochschule 11/2011

Möller, Joachim (2013): Bisher keine Anzeichen einer Überakademisierung. In: Wanka, Johanna u.a.: „Akademisierungswahn": Studieren zu viele? ifo Schnelldienst 66 (2013) Nr. 23, S. 11–15

Nida-Rümelin, Julian; Zierer, Klaus (2015): Auf dem Weg in eine neue deutsche Bildungskatastrophe. Zwölf unangenehme Wahrheiten. Freiburg i.Br.: Herder

OECD (2015): Bildung auf einen Blick 2015: OECD-Indikatoren. (Ländernotiz) Bielefeld: Bertelsmann

Plünnecke, Axel (2015): Bildungsmonitor 2015 – ein Blick auf Bachelor und Master. Pressekonferenz 03. September 2015. Berlin

Rauner, Felix (2012): Akademisierung beruflicher und Verberuflichung akademischer Bildung – widersprüchliche Trends im Wandel nationaler Bildungssysteme. In: bwp@ Berufs- und Wirtschaftspädagogik – online. Ausgabe Nr. 23, 1–19. Online: http://www.bwpat.de/ausgabe23/rauner_bwpat23.pdf

Schubarth, Wilfried; Speck, Karsten (2014): Employability und Praxisbezüge im wissenschaftlichen Studium. Fachgutachten für die Hochschulrektorenkonferenz. Bonn

Statisches Bundesamt: Pressemitteilung Nr. 128 vom 17.04.2017: 11 % weniger neue Ausbildungsverträge im Jahr 2016. Online: https://www.destatis.de/DE/Presseservice

Statistisches Bundesamt (2017): Studierende an Hochschulen – Vorbericht. (Fachserie 11 Reihe 4.1 Wintersemester 2016/2017). Wiesbaden

Statistisches Bundesamt (2017): Prüfungen an Hochschulen – Statistik der Prüfungen Stand 23.3.2017. Wiesbaden

Statistisches Bundesamt (2016a): Studierende an Hochschulen – Vorbericht. (Fachserie 11 Reihe 4.1 Wintersemester 2015/2016). Wiesbaden

Statistisches Bundesamt (2016b): Berufliche Bildung. (Fachserie 11 Reihe 3 2015). Wiesbaden

Statistisches Bundesamt (2015): Studierende an Hochschulen – Vorbericht – Wintersemester 2014/2015. Wiesbaden

Statistisches Bundesamt (2015): Berufliche Schulen. (Fachserie 11 Reihe 2 Schuljahr 2014/2015). Wiesbaden

Statistisches Bundesamt (2015): Prüfungen an Hochschulen 2014. (Fachserie 11 Reihe 4.2 2014). Wiesbaden

Statistisches Bundesamt (2013): Hochqualifizierte in Deutschland 2011. Wiesbaden

Stifterverband für die Deutsche Wissenschaft e. V. (2016): Jahresbericht 2016: Hochschulbildung für die Arbeitswelt 4.0. Frankfurt am Main

Tiemann, Michael (2013): Wissensintensität von Berufen. In: Severing, Eckart; Teichler, Ulrich (Hrsg.): Akademisierung der Berufswelt? Bonn, S. 63–83

(VWA) Verwaltungs- und Wirtschaftsakademie: Das berufsbegleitende Studienprogramm im Überblick. http://www.vwa-gruppe.de/studiengaenge.html

Wanka, Johanna (2013): Auf jeden einzelnen kommt es an. In: Wanka, Johanna u. a.: „Akademisierungswahn": Studieren zu viele? ifo Schnelldienst, 66 (2013), Nr. 23, S. 3–24

Weiß, Reinhold (2016): Duale Studiengänge – Verzahnung beruflicher und akademischer Bildung. In: Faßhauer, Uwe; Severing, Eckart (Hrsg.): Verzahnung beruflicher und akademischer Bildung. Deutsche Studiengänge in Theorie und Praxis. Bielefeld: Bertelsmann, S. 21–38

Windelband, Lars (2014): Zukunft der Facharbeit im Zeitalter „Industrie 4.0". Journal of Technical Education (JOTED), Jg. 2 (H. 2) S. 138–160

(WR) Wissenschaftsrat (1999): Stellungnahme zum Verhältnis von Hochschulausbildung und Beschäftigungssystem. Würzburg Drs. 4099/99

Wissenschaftsrat (2013): Empfehlungen zur Entwicklung des dualen Studiums – Positionspapier. Mainz Drs. 3479–13

Wissenschaftsrat (2014): Empfehlungen zur Gestaltung des Verhältnisses von beruflicher und akademischer Bildung. Erster Teil der Empfehlungen zur Qualifizierung von Fachkräften vor dem Hintergrund des demographischen Wandels. Darmstadt Drs. 3818–14

Wissenschaftsrat (2015): Empfehlungen zum Verhältnis von Hochschulbildung und Arbeitsmarkt. Zweiter Teil der Empfehlungen zur Qualifizierung von Fachkräften vor dem Hintergrund des demographischen Wandels. Bielefeld Drs. 4925–15

Wittwer, Wolfgang (2003): Die neue Beruflichkeit. Der Trend zur Virtualisierung des Berufskonzepts. In: Arnold, Rolf (Hrsg.): Berufspädagogik ohne Beruf? Baltmannsweiler, S. 64–88

Wolf, Stefan (2013): Die Wissensgesellschaft braucht Hochschulabsolventen und Facharbeiter. In: Wanka, Johanna u. a.: „Akademisierungswahn": Studieren zu viele? ifo Schnelldienst 66 (2013) Nr. 23, S. 21–24

Wolter, Marc Ingo u. a. (2015): Industrie 4.0 und die Folgen für Arbeitsmarkt und Wirtschaft. IAB-Forschungsbericht 8/2015. Nürnberg

Wößmann, Ludger (2013): Der Wahn vom Akademisierungswahn. In: Wanka, Johanna u. a.: „Akademisierungswahn": Studieren zu viele? ifo Schnelldienst 66 (2013) Nr. 23, S. 18–24

II
Herausforderungen für das berufliche Bildungswesen

Dieter Euler

Die Berufsausbildung zwischen altem Glanz und neuen Herausforderungen

1 Italienische Reise – oder: Aktuelle Herausforderung der Berufsausbildung
2 Einordnungen
3 Übergang in eine Berufsausbildung – Fokus „Pisa"
4 Herausforderungen innerhalb des dualen Systems – Fokus „Venedig"
5 Akademisierung zulasten der dualen Berufsausbildung – Fokus „Bologna"
6 Abschluss

1 Italienische Reise – oder: Aktuelle Herausforderung der Berufsausbildung

Wenn in Deutschland Zukunftsfragen der Berufsbildung diskutiert werden, dann richtet sich der Blick nicht unbedingt auf Italien. Dabei sind mit Pisa, Bologna und Venedig drei italienische Städte zu Namenspaten für grundlegende Veränderungen im Bildungssystem geworden. Sie lassen sich zumindest metaphorisch verwenden, um aktuelle Herausforderungen der beruflichen Bildung in Deutschland greifbar zu machen.

In der Berufsbildung hatte *Karlheinz Geißler* vor knapp einem Vierteljahrhundert das duale System der deutschen Berufsbildung mit der einst prachtvollen, nun aber vom Untergang bedrohten Lagunenstadt *Venedig* verglichen. „Die Republik Venedig hat die moderne Welt maßgeblich geprägt, künstlerisch, ... architektonisch ... und zu allererst ... wirtschaftlich" (Geißler 1991, S. 102). Gleichermaßen, so seine Analogie, seien die Industrialisierung und die mit ihr verbundene wirtschaftliche Entwicklung in Deutschland eng mit dem dualen System der Berufsausbildung verbunden. Beides gehöre jedoch der Vergangenheit an: „Venedig hat, ebenso wie das duale System, seine ehemals innovative Funktion heute verloren. Die Welt verändert sich schneller denn je, aber nicht in Venedig und nicht im und durchs duale System der Berufsausbildung. Es gibt Indizien, dass wir uns dem Haltbarkeits-, besser: dem Verfalldatum des dualen Systems nähern" (ebd.). *Pisa* erreichte die Berufsbildung, als mit der 'Pisa-Risikogruppe' jene 10–15% der Jugendlichen eines Altersjahrgangs identifiziert wurden, die aus sozialen oder kognitiven Gründen den Anforderungen einer qualifizierten Berufsausbildung vermeintlich nicht gewachsen sind und daher mit dem Stigma der fehlenden Ausbildungsreife in einen Dschungel von Maßnahmen des sogenannten 'Übergangssystems' verbannt wurden. In dieses Übergangssystem mündeten zeitweise (2003 und 2004) mehr Schulabsolventen als in das duale System (AGBB 2006, S. 80). Und nunmehr steht auch *Bologna* vor der

Tür der Berufsausbildung. Durch die deutliche Zunahme von Schulabsolventen mit Hochschulzugangsberechtigung und der aufgrund gleichbleibender Übergangsquoten ebenfalls erhöhten Zahl an Studienanfängern geraten Berufsbildung und Hochschulbildung in eine neue Relation. So wird beispielsweise im Nationalen Bildungsbericht 2016 die Frage aufgeworfen, „ob und wie weit neue Segmentationslinien und soziale Disparitäten im Zusammenhang von beruflicher Bildung und Hochschulbildung entstehen. ... Zentral erscheint, wie eine neue Balance zwischen wissenschaftlichen und berufspraktischen Anforderungen gefunden werden kann." (AGBB 2016, S. 15). Wird sich eine solche neue Balance entwickeln, oder wird ein Wettbewerb zwischen beruflichen und akademischen Bildungsgängen die Berufsbildung in die Defensive drängen? Wird die Berufsausbildung insbesondere im oberen Leistungsbereich der Schulabsolventen an Attraktivität verlieren?

Dem Selbstverständnis des Bildungsberichts folgend, werden weder Erklärungen noch Empfehlungen angeboten, sondern Herausforderungen benannt, denen nachzugehen ist. Die skizzierten Herausforderungen werden in folgenden Schritten aufgenommen:

1. In Kapitel 2 wird die duale Berufsausbildung im Kontext vor- und nachgelagerter Bildungsbereiche eingeordnet.
2. Kapitel 3 skizziert die Herausforderungen im Übergang von der allgemeinbildenden Schule in eine Berufsausbildung („Fokus Pisa").
3. Kapitel 4 nimmt die Herausforderungen in der Binnenentwicklung der dualen Berufsausbildung auf („Fokus Venedig").
4. Kapitel 5 thematisiert das Verhältnis zwischen beruflicher und akademischer Bildung und diskutiert daraus resultierende Herausforderungen für die duale Berufsausbildung („Fokus Bologna").
5. Im abschließenden Kapitel 6 werden die Linien zusammengeführt.

2 Einordnungen

Die Berufsausbildung in Deutschland wird häufig mit dem dualen System der betrieblichen Berufsausbildung gleichgesetzt. Schaut man sich jedoch die Anschlusswege nach dem Besuch der allgemeinbildenden Schule an und unterlegt diese Wege mit quantitativen Größen, dann erweist sich die duale Berufsausbildung als ein zwar immer noch bedeutsamer, aber doch begrenzter Bildungsbereich. Dies gilt insbesondere dann, wenn man den Hochschulbereich in die Betrachtung einbezieht. Spätestens mit der Bologna-Reform sind Hochschule und Studium „ein der betrieblichen Bildung vergleichbar starkes Segment der beruflichen Qualifizierung in Deutschland geworden" (AGBB 2016, S. 123). Abbildung 1 fasst die quantitativen Dimensionen zusammen.

	Neuzugänge in das berufliche Ausbildungssystem (in Tsd.)			Studienanfänger an Hochschulen (in Tsd.)
	Übergangssystem	Schulberufssystem	Duales System	
1995	341	180	547	261
2000	460	175	582	315
2003	550	209	529	377
2005	418	216	517	356
2010	316	212	510	445
2011	282	210	524	519
2013	255	215	491	509
2015	271	205	481	506

Abb. 1 Entwicklung der Neuzugänge in das berufliche Ausbildungssystem und der Studienanfänger in Hochschulen (vgl. AGBB 2006, S. 80; AGBB 2014, S. 99 sowie Tabellen F2-1A und F2-3A; AGBB 2016, S. 102, 297)

Die Strukturen und Entwicklungsverläufe zeigen, dass sich im Hinblick auf die Gesamtheit beruflicher Ausbildungsaktivitäten bereits seit Langem ein deutliches Übergewicht zugunsten staatlich finanzierter, größtenteils schulischer Ausbildungsformen vollzogen hat. Innerhalb des beruflichen Ausbildungssystems mündet 2015 lediglich die Hälfte der Neuzugänge in eine duale Ausbildung, unter Einbeziehung der Studienanfänger ist es nur noch ein Drittel.

Während die Zahl der Neuzugänge in das duale System zwischen 2000 und 2015 um ca. 17 % abnahm, stieg die Zahl der Studienanfänger in diesem Zeitraum um 60 %. In 2013 erreichte sie die Zahl der Ausbildungsanfänger im dualen System, die in diesem Jahr unter eine halbe Million fiel. Die Quote der Studienberechtigten stieg von 36,4 % (1995) über 44,4 % (2007) auf nunmehr 52,8 % (2014). Die Quote liegt bei männlichen Schulabsolventen niedriger als bei den weiblichen (48,3 %/57,5 %) (vgl. AGBB 2016, S. 296). Die zunehmende Zahl an Hochschulzugangsberechtigten und Studienanfängern wird begleitet von einer demographisch bedingten Schrumpfung der Alterskohorte, die potenziell eine Berufsausbildung aufnehmen könnte (vgl. AGBB 2012, S. 16). Die Übersicht erlaubt eine Pointierung der potenziellen Herausforderungen, mit denen das duale System in Deutschland konfrontiert ist:

- Am unteren Rand gelingt einer großen Zahl von Schulabgängern nicht die Einmündung in das duale System. Trotz der demographisch bedingten Gefahr fehlender Fachkräfte ist die Zahl der Jugendlichen in den Maßnahmen des Übergangssektors jüngst wieder gestiegen (AGBB, 2016, S. 276). Dazu treten neue Herausforderungen wie beispielsweise die Integration von neu Zugewanderten sowie die Inklusion von Jugendlichen mit Behinderungen in das Ausbildungssystem.

- Am oberen Rand gerät das duale System unter Druck, weil aufgrund der zunehmenden Zahl an Schulabsolventen mit Hochschulzugangsberechtigung und dem Angebot von dreijährigen Bachelor-Studiengängen viele Jugendliche eine attraktive Alternative zu einer dualen Berufsausbildung besitzen.
- Innerhalb des dualen Systems weisen viele Befunde auf ein deutliches Qualitäts- und Attraktivitätsgefälle zwischen den Berufen hin (vgl. Tillmann u. a. 2013). So bestehen Ausbildungsberufe mit einer ungebrochenen Attraktivität neben solchen, in denen angebotene Ausbildungsstellen nicht besetzt werden können und die zugleich – gemessen an zentralen Indikatoren für die Ausbildungsqualität – deutliche Schwächen zeigen (vgl. Tillmann u. a. 2013, S. 34 ff.).

3 Übergang in eine Berufsausbildung – Fokus „Pisa"

'Übergangssektor' – ein Provisorium, das nicht verschwindet ... Der Übergang von der Schule in die Ausbildung ist für Jugendliche eine zentrale Phase, in der sich für sie die Möglichkeiten zur aktiven Teilhabe in Arbeit und Gesellschaft entscheiden. Dieser Übergang gelingt seit vielen Jahren einer großen Zahl von Jugendlichen gar nicht oder nur mit zeitlicher Verzögerung. Zwischen den allgemein bildenden Schulen und der Berufsausbildung hat sich ein Übergangssektor etabliert, in dem in 2015 ca. 271.000 Jugendliche (vgl. AGBB 2016, S. 102) in einer Vielzahl von Maßnahmen der Berufsausbildungsvorbereitung untergebracht waren. Der Übergangssektor dokumentiert durch seine Existenz seit nunmehr zwei Dekaden die begrenzte Fähigkeit der Berufsbildung, allen ausbildungswilligen Jugendlichen nach der Pflichtschulzeit ohne Zeitverlust den Weg zu einem qualifizierten Ausbildungsabschluss zu ermöglichen. Während viele Jugendliche erst mit einer zeitlichen Verzögerung den Weg zu einem Ausbildungsabschluss finden, bleibt eine große Gruppe im Status des Ungelernten zurück. So liegt in der Altersgruppe der 20–29-Jährigen die Ungelerntenquote bei 12,7 %, in absoluten Zahlen entspricht dies ca. 1,2 Mio. Personen (vgl. BIBB 2016, S. 287).

Ein genauer Blick auf die Binnenstruktur des Übergangssektors zeigt eine hohe Heterogenität. Hinsichtlich der schulischen Voraussetzungen besitzen 46,2 % einen Hauptschulabschluss, 22,9 % sind ohne einen Schulabschluss. 25,9 % besitzen einen mittleren Bildungsabschluss, 1,7 % gar eine Hochschulzugangsberechtigung (BIBB 2016, S. 246).

Der politischen Diskussion über den Übergangssektor sind seit einigen Jahren zwei miteinander verbundene Argumentationsfiguren unterlegt. So werden zum einen die Ursachen für die Entwicklung des Übergangssektors individualisiert, indem als Begründung für die fehlende Einmündung in eine Berufsausbildung die vermeintlich mangelnde 'Ausbildungsreife' der Schulabgänger angeführt wird. Zum anderen wird behauptet, der Übergangssektor sei ein vorübergehendes Phänomen, daher seien auch keine strukturellen Reformen im System der dualen Berufsausbildung erforderlich. Eine Variante dieser Argumentation findet sich in der These, die demografische Entwicklung werde Betriebe zukünftig verstärkt animieren, Ausbildungsplätze auch mit Jugendlichen mit niedrigeren Schulabschlüssen zu besetzen und so zu einem Verschwinden des Übergangssektors beizutragen. Der jüngste Anstieg der Zugänge in den Übergangssektor lässt jedoch befürchten, dass das Problem nicht verschwindet, sondern sich weiter zuspitzen wird.

Besondere Probleme an der Schwelle zur beruflichen Ausbildung haben drei in der Berufsausbildung unterrepräsentierte Gruppen (vgl. auch AGBB 2016, S. 101): Jugendliche mit niedrigen Schulabschlüssen, mit Migrationshintergrund, mit Behinderungen. Die Herausforderungen im Hinblick auf die beiden letztgenannten Gruppen haben sich durch zwei Entwicklungen vergrößert.

Jugendliche mit Behinderungen

Die Berufsausbildung von Jugendlichen mit Behinderung bildet eine Facette der aktuellen Inklusionsdebatte. Deutschland hat 2009 die UN-Behindertenrechtskonvention ratifiziert. Obwohl die Konvention explizit auch die berufliche Bildung mit einbezieht, wird Inklusion in diesem Bereich bisher nur unzureichend umgesetzt (Euler/Severing 2014). Eine volle und gleichberechtigte Teilhabe an der Gesellschaft heißt für die Berufsausbildung, dass jungen Menschen mit Behinderung prinzipiell die gleichen Ausbildungswege offen stehen, wie jenen ohne Behinderung. Für die Berufsbildung sind keine Studien bekannt, die ein detailliertes Bild über den Stand und die Ausprägung von Inklusion zeichnen könnten.

Jährlich verlassen etwa 50.000 Jugendliche mit sonderpädagogischem Förderbedarf die Regel- oder Förderschulen. Etwa ein Drittel dieser Schulabsolventen mündet in eine berufsvorbereitende Maßnahme. Entsprechende Maßnahmen werden von unterschiedlichen Trägern angeboten; neben dem Berufsvorbereitungsjahr in berufsbildenden Schulen sind hier insbesondere die berufsvorbereitenden Bildungsmaßnahmen (BvB) der Bundesagentur für Arbeit zu nennen. Ein beträchtlicher Teil der BvB-Teilnehmenden mit Behinderungen absolviert die Maßnahme in einem der 52 Berufsbildungswerke. Bezogen auf diesen Kreis liegen genauere sozialstatistische Daten vor (vgl. Seyd/Schulz 2012).

Nur eine geringe Zahl dieser Schulabsolventen nimmt eine Berufsausbildung in einem anerkannten Ausbildungsberuf auf. Die genaue Erfassung der Zahl von betrieblichen Ausbildungsverträgen mit behinderten Jugendlichen ist nicht möglich, da das Merkmal „Behinderung" keinen Bestandteil der Berufsbildungsstatistik bildet (BIBB 2012, S. 40, 137). Zudem existieren keine Zahlen über den Übergang von Jugendlichen aus einer Förderschule in eine betrieblich-duale Ausbildung.

Eine große Zahl dieser Jugendlichen nimmt eine Ausbildung in einem sogenannten Sonderberuf auf. Diese Berufe werden durch die zuständigen Stellen auf der Grundlage von § 66 BBiG (analog § 42m HwO) in besonderen Ausbildungsregelungen erlassen. 58 % der so genannten Sonderberufe sind im Vergleich zu den entsprechenden Regelberufen theoriegemindert. In 2012 befanden sich insgesamt 34.734 Auszubildende in einer dieser Sonderausbildungen, 9.916 Jugendliche mündeten neu in Sonderausbildungen ein (BA 2013, S. 47). Ein vertiefter Blick auf die Entwicklung und Struktur der Zahlen über Sonderausbildungen verdeutlicht, dass die Einmündung von Jugendlichen nicht nur von ihren Ausbildungsvoraussetzungen abhängt, sondern auch von den jeweiligen Bedingungen des Ausbildungsmarktes. So ist zum einen erkennbar, dass in Zeiten einer besseren Versorgungslage die Einmündungen in Sonderausbildungen abnehmen, in Zeiten des angespannten Ausbildungsmarktes wird die umgekehrte Tendenz deutlich. Es wird davon ausgegangen, dass „Verwaltungen bei einem massiven Mangel an betrieblichen Ausbildungsplätzen, wie er insbesondere Mitte der 2000er-Jahre herrschte, die Bestimmungen nach § 66 BBiG bzw. § 42m HwO offensiver auslegen, um auch über diesen Weg Ausbildungsmöglichkeiten zu eröffnen" (BIBB 2012, S. 40). Zudem fallen die – wiederum durch die Bedingungen des Ausbildungsmarktes erklärbaren – regionalen Disparitäten in der Zuweisung in Sonderausbildungen auf. Während der Anteil von Sonderausbildungen nach § 66 BBiG bzw. § 42m HwO an der Gesamtzahl aller Ausbildungsverträge in Westdeutschland im Jahr 2011 bei 1,6 % lag, betrug er in Ostdeutschland 4,2 % (vgl. BIBB 2012, S. 38). Daraus wird deutlich, dass ein individuell zugeschriebenes Merkmal je nach Marktbedingungen sehr unterschiedlich interpretiert wird und zu unterschiedlichen Zuweisungen der Jugendlichen führt.

Ein weiterer Teil der Jugendlichen mit Behinderungen mündet nach der Schulzeit in den Berufsbildungsbereich in einer der Werkstätten für behinderte Menschen. 2012 befanden sich dort insgesamt 19.752 Jugendliche, wobei die Zugangswege sehr vielfältig sind (BMBF 2013, S. 39).

Auch wenn nicht immer alle Einzelheiten präzise analytisch erfasst und beschrieben werden können, so zeigen die Ausführungen, dass zwischen dem aktuellen Status und dem Inklusionsziel in der Berufsausbildung von Menschen mit Behinderung noch eine deutliche Diskrepanz besteht. Daraus begründet sich die Herausforderung, den Übergang in eine inklusive Berufsausbildung für diese Gruppe durch kohärente Konzepte und mit langem Atem weiter zu gestalten.

Jugendliche mit Migrationshintergrund

Eine hinsichtlich Komplexität und Innovationsgrad ähnliche Herausforderung besteht in der Integration von Jugendlichen mit Migrationshintergrund in die Berufsausbildung. In Besonderem betrifft dies die Flüchtlinge bzw. neu Zugewanderten. Zahlreiche Untersuchungen belegen, dass die Integration von Jugendlichen mit Migrationshintergrund in Bildung und Ausbildung in den vergangenen Jahrzehnten je nach Migrationsgruppe unterschiedlich, insgesamt aber nicht sehr erfolgreich verlaufen ist (vgl. Euler / Severing 2016, S. 20 ff.). So zeigt sich, dass die Einmündung in eine vollqualifizierende berufliche Ausbildung bei Jugendlichen mit Migrationshintergrund deutlich schlechter gelingt als bei ihren Altersgenossen ohne Migrationshintergrund. 69 % der Migranten, die eine betriebliche Ausbildung angestrebt hatten, münden im Laufe von drei Jahren erfolgreich in diese Ausbildung ein, bei Nichtmigranten liegt der Wert bei 80%. Während Jugendliche mit einer osteuropäischen Herkunft mit 77% fast diesen Wert erreichen, liegt er bei Jugendlichen türkisch-arabischer Herkunft mit 60% nochmals tiefer. Die Werte verschieben sich insgesamt leicht nach oben, wenn neben der betrieblichen auch eine schulische Ausbildung einbezogen wird, die Abstände bleiben hingegen nahezu unverändert bestehen (Beicht/Walden 2014a, S. 210). Bei der Ausbildungsplatzsuche erfolglose Jugendliche mit Migrationshintergrund münden dann häufiger als ihre deutschen Counterparts in einen Job bzw. eine Erwerbstätigkeit (10 vs. 5%) oder werden arbeitslos (11 vs. 8%, vgl. Beicht/Gei 2015, S. 13).

Für die Interpretation dieser Zahlen ist es wesentlich, ob die dargestellten Unterschiede primär durch die soziale Herkunft bzw. den vergleichsweise schlechteren Schulabschluss oder aber durch weitergehende, migrationsbedingte Faktoren erklärt werden. In Untersuchungen, bei denen Schulabschlüsse und soziale Herkunft kontrolliert wurden, bleibt „ein eigenständiger Einfluss des Migrationshintergrunds bestehen. [...] Dies bedeutet, dass auch unter ansonsten gleichen Bedingungen die Chancen für Migranten und Migrantinnen, in eine duale Ausbildung einzumünden, geringer sind als für Jugendliche ohne Migrationshintergrund" (Beicht/Walden 2014b, S. 2). „Ihre Einmündungschancen sind dabei selbst unter insgesamt gleichen Bedingungen (gleiche soziale Herkunft, gleiche schulische Voraussetzungen, gleiches Suchverhalten und gleiche Ausbildungsmarktlage) niedriger als die von Jugendlichen ohne Migrationshintergrund" (Beicht/Walden 2014b, S. 14). Eine besondere Problemlage zeigt sich dabei insbesondere für Jugendliche mit einem türkischen oder einem türkisch-arabischen Hintergrund (Beicht/Walden 2014a, S. 193). Vergleichsweise unproblematisch gestaltet sich demgegenüber die Einmündung in eine Berufsausbildung für junge Migranten mit einer Studienberechtigung.

Die Forschungslage bietet momentan keine vollständige Aufklärung über die Faktoren jenseits von sozialer Herkunft und Schulleistung. Hinweise können u.a. verschiedenen theoretischen Ansätzen entnommen werden (vgl. im Überblick Beicht und Walden, 2014a), doch steht eine Überprüfung der darin enthaltenen Thesen zumeist noch aus. Einige Untersuchungen deuten darauf hin, dass ein Erklärungsfaktor in den Auswahlprozessen bei der Vergabe von Ausbildungsplätzen liegt (Granato 2011, S. 16; Beicht 2011, S. 23; Protsch/Solga 2012; Scherr/Janz/Müller 2015). Einen Erklärungsansatz stellt die sogenannte „statistische Diskriminierung" dar (vgl. Becker 2011). Demnach haben Personalverantwortliche in Betrieben Schwierigkeiten, die Lernmotivation und Leistungsfähigkeit der Bewerber sicher einzuschätzen. Sie orientieren sich daher verstärkt an den Schulabschlüssen und projizieren ihr Wissen über die im statistischen Durchschnitt schlechteren Schulnoten von Migranten auf die Einschätzung konkreter Bewerber.

Neu Zugewanderte

Die Herausforderungen wachsen nochmals beträchtlich bei der Integration der neu Zugewanderten. Der Berufsbildung kommt eine hohe Verantwortung zu, da mehr als die Hälfte der registrierten Asylbewerber (55,9 %) unter 25 Jahren sind, ca. 27 % sind unter 16 Jahren (BAMF 2016). Im Gegensatz zu der Generation der sogenannten 'Gastarbeiter', für die im Beschäftigungssystem in hohem Maße un- und angelernte Tätigkeiten zur Verfügung standen, erfordert die Integration in eine Wissensgesellschaft mit vielen hochqualifizierten und wenigen Einfacharbeitsplätzen eine qualifizierte Ausbildung. Ein Scheitern der beruflichen Integration von jungen Zuwanderern würde die Gefahr einer gesellschaftlichen Ausgrenzung vergrößern: unqualifizierte junge Flüchtlinge, prekär in Gelegenheitsjobs beschäftigt oder arbeitslos, in Armutsquartieren konzentriert, gesellschaftlich abgekoppelt.

Für die Gestaltung konkreter Konzepte und Maßnahmen ist bedeutsam, mit welchen Voraussetzungen die Zugewanderten nach Deutschland kommen. Eine aktuelle qualitative Untersuchung (Brücker et al. 2016) bietet erste Hinweise. Im Hinblick auf Bildungsvoraussetzungen, Erwerbs- und Bildungsorientierung und Einstellungen ist der Personenkreis sehr heterogen. Die Geflüchteten berichten über einschneidende Belastungen aus der Fluchtsituation – mit teilweise traumatischen Erfahrungen aufgrund von kenternden Schiffen, Erstickungsgefahren in LKW, Polizeiwillkür, Gefängnisaufenthalten, Konfrontation mit Kriminalität u. a. Durch Krieg, Verfolgung und Flucht wurden Bildungsbiografien unterbrochen. In Ländern wie Afghanistan, Pakistan und Somalia konnten stringente Bildungswege teilweise erst gar nicht aufgebaut werden. Bei den Werten und Einstellungen besteht bei den Zugewanderten eine hohe Zustimmung zu vielen der in Deutschland geltenden Normen, aber in einzelnen Themen (z. B. Geschlechterrolle) sind bei einem Teil von ihnen auch markante Unterschiede im Wertverständnis erkennbar. Gemeinsam ist den Geflüchteten wiederum eine hohe Bildungsorientierung, Arbeitsmotivation und Integrationsbereitschaft. Nicht alle räumen dem Erwerb von Bildungsabschlüssen die höchste Priorität ein, häufig möchten sie zunächst arbeiten und Geld verdienen. Viele Befragte zeigen sich überrascht, dass ihre Abschlüsse bzw. Arbeitserfahrungen aus dem Herkunftsland in Deutschland zunächst anerkannt werden müssen oder eine Nachqualifizierung notwendig ist, bevor bestimmte Berufe ausgeübt werden können. Insofern können die Bildungsorientierung und eine schnelle Erwerbstätigkeit in ein Spannungsfeld geraten. Ungünstig für eine Integration in Bildung, Beruf und Gesellschaft sind für viele Geflüchtete zudem die Unsicherheit durch ein langwieriges Asylverfahren sowie die Lebensumstände in Gemeinschaftsunterkünften.

Aus diesen Rahmenbedingungen wird deutlich, dass es erheblicher Anstrengungen bedarf, um das bestehende Potenzial der Geflüchteten auszuschöpfen. Insbesondere an der Schwelle von der Schule in die Beschäftigung kommt der Berufsbildung eine zentrale Integrationsaufgabe zu.

Die Berufsbildung wird sich mit neuen, systematischen und nachhaltigen Konzepten darauf einstellen müssen, viele Migranten mit ganz unterschiedlichen Voraussetzungen und kulturellen Hintergründen aufzunehmen und zu integrieren. Entsprechende Konzepte (vgl. Bertelsmann Stiftung 2016) setzen dabei in drei Handlungsfeldern an: Spracherwerb, Ausbildungsvorbereitung und Übergang in eine anerkannte Berufsausbildung. Für jeden dieser drei Bereiche lassen sich zum Teil bestehende Unterstützungsangebote nutzen, zum Teil müssen neue entwickelt werden. Eine Zuspitzung und Dringlichkeit erhalten diese Herausforderungen durch die quantitativen Dimensionen. So wird davon ausgegangen, dass nach Phasen der Sprachförderung, die häufig mit ausbildungsvorbereitenden Komponenten verbunden sind, hinreichend Ausbildungsplätze verfügbar gemacht werden, damit die Zugewanderten eine vollqualifizierende Ausbildung aufnehmen können. Erste Modellrechnungen gehen davon aus, dass ca. 320.000 junge Menschen im Alter von 16–25 Jahren betroffen sind und kurz- bis mittelfristig zwischen 72.000 und 96.000 zusätzliche Ausbildungsplätze erforderlich sind (AGBB 2016, 201f.). „Es wird neuer politischer Überlegungen zu Formen über- und außerbetrieblicher Ausbildung bedürfen" (AGBB 2016, S. 202), um diese Herausforderungen zu bewältigen.

4 Herausforderungen innerhalb des dualen Systems – Fokus „Venedig"

Erfasst der von *Karlheinz Geißler* eingangs zitierte Vergleich mit Venedig die aktuelle Binnenentwicklung der dualen Berufsausbildung? Das Bild ist eindrücklich, aber es hat trotz oder gerade wegen seiner Einfachheit den Makel, dass es zu sehr schwarzweiß zeichnet. Die heutige Wirklichkeit der dualen Berufsausbildung ist da wohl bunter und komplizierter.

Die Vielfalt führt dazu, dass für Gelungenes und Vorzeigenswertes ebenso leicht Beispiele zu finden sind wie für Problematisches und Verbesserungsbedürftiges. Insofern wäre das Bild zu modifizieren, das duale System ließe sich dann mit einer Großstadt vergleichen: Je nachdem, welchen Stadtteil man aufsucht, sieht man Glanz oder Elend, staunt über Gelungenes oder verzweifelt über Verfehltes. Da sind die Villenviertel, in denen die Blicke der Menschen in erster Linie nach vorne oder nach oben gerichtet sind. Zukunft wird im Plural gedacht, dort werden die Träume nicht im Schlaf, sondern in der Wirklichkeit gesucht. Übertragen auf die Berufsbildung: Im Villenviertel sind die Flaggschiffe des dualen Systems zuhause, die Ausbildungsaristokratie aus den kaufmännischen-, IT- oder Kreativberufen. – Etwas anders, aber immer noch komfortabel, ist die Situation in den Eigenheimsiedlungen der Stadt. Wieder übertragen auf die Berufsbildung: Hier wohnen die Ausbildungsberufe vom Automobilkaufmann bis zum Zweiradmechaniker, die nicht nur ein Einkommen, sondern auch berufliches Fortkommen versprechen. Dann die mehr oder weniger uniformen Hochhäuser sowie die sanierungsbedürftigen Viertel, deren Bewohner nicht das Faible für den Stadtteil verbindet, sondern die mangelnde Alternative. Dort besitzt man keine Pferde, sondern wettet allenfalls auf sie. Übertragen: Es geht um die Ausbildungsstellen, die aus verschiedenen Gründen lange und manchmal ganz unbesetzt bleiben. Häufig befinden sie sich in Ausbildungsbetrieben, in denen weniger die Qualität, sondern die kurzfristige Rentabilität zählt. Schließlich die Hütten, die im positiven Sinne als Wartesäle, im negativen als Abstellgleise bezeichnet werden. Die Region wird als Übergangssystem bezeichnet, ohne die diesem Begriff immanente Vorstellung einer Vorwärtsbewegung mitzudenken. Für viele Jugendliche führt der Übergang nicht in eine Ausbildung, sondern die Bewegung verläuft kreisförmig zwischen immer neuen Maßnahmen. Manche sind in dieser Übung schon zum Dauerläufer geworden.

Das Bild ließe sich weiterzeichnen, aber es soll nicht überstrapaziert werden. Daher zurück zum Ausgangspunkt: Berufsausbildung vollzieht sich heute nicht in einer untergehenden, sondern in einer pulsierenden, dabei widersprüchlichen Stadt mit vielen Licht- und Schattenseiten. Einige Daten mögen diese Perspektive unterlegen.

Der nationale Bildungsbericht strukturiert die berufliche Ausbildung nach Berufssegmenten und schulischem Vorbildungsniveau (AGBB 2016, 110 ff., 286):

- Das obere Segment („Villenviertel") mit kaufmännisch-verwaltenden sowie IT- und Medienberufen umfasst ca. 20% der Ausbildungsverträge; mehr als 60% der Auszubildenden haben eine Hochschulzugangsberechtigung.
- Das Segment der „oberen Mitte" („Eigenheimsiedlung") mit je zur Hälfte kaufmännischen und gewerblich-technischen Berufen wird besetzt durch Auszubildende mit mittlerem Bildungsabschluss (57,7%) und zu einem kleineren Teil mit einer Hochschulzugangsberechtigung (26,6%).
- Im Segment der „unteren Mitte" („Hochhaus") finden sich Ausbildungsberufe sowohl im kaufmännischen als auch gewerblich-technischen Bereich (z.B. Einzelhandelskaufleute, Elektroniker), die größtenteils von Auszubildenden mit mittlerem Bildungsabschluss (49,6%) oder Hauptschulabsolventen (32,8%) gewählt werden.
- Im „unteren Segment" („sanierungsbedürftige Häuser") schließlich die Ausbildungsberufe, in denen mehr als 60% maximal einen Hauptschulabschluss besitzen. Es dominieren handwerkliche und kaufmännische Berufe des Nahrungsmittelhandwerks, des Baugewerbes und der Körperpflege.

Diese weitgehend stabile Segmentierung wird zudem auch für das Schulberufssystem konstatiert. Auch dort haben in den oberen Segmenten (insb. Heilhilfsberufe, pädagogische und naturwissenschaftlich-technische Assistenzberufe) Jugendlichen mit einem Hauptschulabschluss praktisch keine Chance.

Die Berufssegmente können auch als eine grobe Grundlage verwendet werden, um zwei kritische Entwicklungen zu beschreiben. So lässt zum einen sich feststellen, dass die Vertragslösungsquote in den Berufen des oberen Segments bzw. bei den

Auszubildenden mit einer höheren schulischen Vorbildung deutlich niedriger ausgeprägt ist als in den unteren Segmenten (BIBB 2016, S. 183, 186; AGBB 2016, S. 289). Zum anderen treten die Passungsprobleme zwischen Ausbildungsangebot und -nachfrage in unterschiedlicher Ausprägung berufssegmentspezifisch auf. Während in den oberen Segmenten die Nachfrage nach Ausbildungsstellen das Angebot in vielen Berufen deutlich übertrifft, ist es in vielen Berufen der unteren Segmente umgekehrt. So können beispielsweise in den Ernährungs-, Hotel- und Gaststättenberufen sowie in den Installations- und Bauberufen viele der angebotenen Ausbildungsstellen nicht besetzt werden (AGBB 2016, S. 108, 281).

Aus den skizzierten Strukturen und Entwicklungen lassen sich die folgenden Herausforderungen ableiten:

- Für die oberen Berufssegmente stellt sich die Frage nach der zukünftigen Attraktivität im Vergleich zu einem akademischen Studium. Unabhängig davon ist einzuschätzen, ob eine stärkere Öffnung dieser Segmente für Jugendliche mit schlechteren schulischen Voraussetzungen nicht nur unter sozialen und gesamtwirtschaftlichen Gründen für wünschenswert, sondern unter den Prämissen des aktuellen Rekrutierungsverhaltens der Betriebe für realistisch gilt.
- Insbesondere für die Ausbildungsberufe im unteren Segment entsteht ebenfalls die Frage nach ihrer Attraktivität, zudem aber auch die nach der Ausbildungsqualität.

Die Frage der Attraktivität einer dualen Ausbildung im Vergleich zu einem Studium wird in Kapitel 5 diskutiert. Die Öffnung der Ausbildungssegmente für Jugendliche mit schlechteren Schulabschlüssen erscheint angesichts der sinkenden Ausbildungsbetriebs- sowie der Ausbildungsquote (vgl. BIBB, 2016, S. 219 ff.) zunächst unrealistisch. Eine Öffnung bedeutet für viele Betriebe, die Kompetenzen der Jugendlichen nicht vor einer Ausbildung vorauszusetzen, sondern während der Ausbildung durch verstärkte Formen der Unterstützung noch zu entwickeln. „Dies allerdings setzt voraus, dass sich die Betriebe auch verstärkt zu einem allgemeinen Bildungsauftrag in der Berufsbildung bekennen" (AGBB 2016, S. 122).

Für Schulabsolventen ohne Hochschulzugangsberechtigung wird die Attraktivität einer dualen Ausbildung wesentlich über das Berufsimage sowie die Ausbildungsqualität in dem jeweiligen Beruf bzw. Ausbildungsbetrieb beeinflusst. Das Image eines Ausbildungsberufs stellt ein wesentliches Berufswahlkriterium dar (vgl. Eberhard u. a. 2009), wobei neben der Berufsbezeichnung und geschlechtsabhängigen Präferenzen die wahrgenommene Ausbildungsqualität das Image beeinflusst. In diesem Sinne ist zu unterscheiden zwischen dem generellen Image der dualen Berufsausbildung, das insgesamt positiv beurteilt wird (vgl. Ebbinghaus u. a. 2013, S. 15), und dem Image spezifischer Ausbildungsberufe. Die Einschätzung von Berufsimage und Ausbildungsqualität erfolgt zumeist über eine Vielzahl von Faktoren, so u. a. der Qualität der fachlichen und persönlichen Beziehungen zu dem Ausbildungspersonal, dem Herausforderungsgrad der Ausbildungsaufgaben, den

Ausbildungszeiten, der Höhe der Ausbildungsvergütung und der Übernahme in eine Beschäftigung (vgl. Tillmann u. a. 2013, 37 ff.).

5 Akademisierung zulasten der dualen Berufsausbildung – Fokus „Bologna"

Stellt man die Zahl der Studien- und Ausbildungsanfänger in einer Zeitreihe seit den 1950er Jahren dar, so zeichnet sich nahezu über den gesamten Zeitraum eine Annäherung der beiden Entwicklungen ab. Der Anteil der Jugendlichen an den Geburtsjahrgängen, die ein Studium aufnehmen (Studienanfängerquote) ist von ca. 5 % zu Beginn der 1950er Jahre auf 58 % im Jahr 2015 gestiegen (AGBB 2016, S. 297). 2015 begannen 506.000 junge Menschen erstmals ihr Studium. Von der Quote der Studienanfänger zu unterscheiden ist die der Studienberechtigten (2014: 52,8 %) und der Studienabsolventen (2014: 31,7 %) (AGBB 2016, S. 296, 302).

Die Entwicklung der Ausbildungsanfänger weist demgegenüber in die andere Richtung. Die Zahl der Ausbildungsverhältnisse nahm insbesondere in den beiden vergangenen Dekaden stetig ab (vgl. Kapitel 2). Zudem sank die Ausbildungsbetriebsquote auf einen historischen Tiefststand und liegt nunmehr noch bei 20,3 % (BIBB 2016, S. 209). Die Zahlen deuten zunächst darauf hin, dass sich das duale System in einem Erosionsprozess befindet und Schritt für Schritt seine Basis verliert. Dem widerspricht, dass gut ein Viertel der Ausbildungsanfänger (26,2 %) anstelle der Berufsausbildung auch ein Studium aufnehmen können, da sie eine Hochschulzugangsberechtigung besitzen (BIBB 2016, S. 162). Dies deutet darauf hin, dass die duale Ausbildung für eine beträchtliche Zahl von Studienberechtigten momentan weiterhin attraktiv ist. Zukunftsbezogen stellt sich die Frage, ob diese Attraktivität anhält, oder ob der Trend zur Akademisierung zunehmend auch die heute noch stark durch Studienberechtigte nachgefragten Ausbildungsbereiche erfassen wird.

Im Wettbewerb mit der Studieroption besitzt die duale Berufsausbildung zunächst keine gute Ausgangsposition. Unter Kriterien der Verdienst- und Entwicklungsmöglichkeiten, der Arbeitsbedingungen und der beruflichen Sicherheit erscheint die Präferenz für ein Studium eindeutig. „Bei allen geprüften Indikatoren (Einkommen, berufliche Position, Ausbildungsadäquanz der Berufstätigkeit) bleiben die Effekte einer Berufsausbildung hinter denen eines Hoch- oder Fachhochschulstudiums deutlich zurück" (Baethge u. a. 2014, S. 50 sowie S. 23 ff.; AGBB 2016, S. 116 ff.). Da diese Aussage auch bereits in früheren Jahren zutraf und trotzdem der Anteil an Auszubildenden mit einer Hochschulreife in den vergangenen Jahren kontinuierlich gestiegen ist, stellt sich die Frage, welche weiteren Faktoren zu einer Verschiebung von der Ausbildung hin zu einem Studium beitragen können. Es sollen drei Faktoren untersucht werden:

- Bildungsverhalten der Schulabsolventen mit einer Studienberechtigung;
- Rekrutierungsverhalten der Betriebe;
- Neue Optionen und Alternativen an akademischen Bildungsangeboten.

Die Berufsausbildung zwischen altem Glanz und neuen Herausforderungen

Bildungsverhalten der Schulabsolventen

Der hohe Anteil der studienberechtigten Auszubildenden steht in Kontrast zu Befunden, die eine Entwicklung in Richtung Akademisierung stützen.

- Ein verbreiteter Indikator ist in diesem Zusammenhang die sogenannte Brutto-Berufsbildungsquote als „Anteil derjenigen mit Hochschulzugangsberechtigung, die eine berufliche Ausbildung aufgenommen haben bzw. eine solche Aufnahme sicher planen" (AGBB 2014, S. 109). Die Quote zeigt zwischen 1999–2002 einen starken Rückgang auf ein Niveau, das in den Folgejahren weitgehend unverändert geblieben ist. Der stärkste Rückgang in den Ausbildungsbereichen erfolgte dabei in der betrieblich-dualen Berufsausbildung (von 21 auf 13 %) (AGBB 2014, S. 107). Die Entwicklungen nach Art der Hochschulreife und Geschlecht verliefen dabei unterschiedlich. Bei den Studienberechtigten mit allgemeiner Hochschulreife zeigt sich ein kontinuierlicher Rückgang über den gesamten Zeitraum, während bei den Studienberechtigten mit Fachhochschulreife nach einem zwischenzeitlichen Einbruch in 2012 das Ausgangsniveau von 1990 sogar wieder leicht übertroffen wurde (33 % vs. 31 %) (AGBB 2014: S. 285). Frauen nutzen ihre Studienberechtigung häufiger zum Eintritt in eine Berufsausbildung als Männer, wenn auch mit abnehmender Tendenz (1990: 44 vs. 26 %; 2012: 27 vs. 20 %).

- Berufsausbildung und Studium werden von einem beträchtlichen Teil der Schulabsolventen nicht als Gegensatz, sondern komplementär gesehen. Auf der Grundlage der BIBB/BA-Erwerbstätigenbefragung 2012 (Befragung der 30–49jährigen mit dualer Berufsausbildung) zeigt sich, dass ausgebildete Fachkräfte mit HZB etwa zu einem Drittel noch ein Studium und zu einem Viertel noch eine Aufstiegsweiterbildung (z. B. zum Meister, Techniker, Fachwirt) absolvieren (Baethge u. a. 2014: S. 31 f.).

- Eine steigende Zahl an Schulabsolventen mit Hochschulzugangsberechtigung strebt nach einer Verbindung von beruflicher und akademischer Ausbildung. Eine Realisationsform zur Umsetzung dieses Ziels bietet das duale Studium. Dabei handelt es sich um Angebote, die ein Studium mit einer Ausbildung in einem anerkannten Ausbildungsberuf verbinden (ausbildungsintegrierende Variante, 2011 mit 50,9 % Anteil) oder die ein Studium mit längeren Praxisphasen in einem Unternehmen verbinden (praxisintegrierende Variante, 2011 mit einem Anteil von 44,9 %) (BIBB 2015, S. 6). Durchschnittlich kommen 50 Bewerber auf einen dualen Studienplatz, bei Großunternehmen sogar bis zu 1.000 (Busse 2008, S. 7). In den vergangenen Jahren vollzieht sich eine Verschiebung von der ausbildungs- zur praxisintegrierenden Form (Wissenschaftsrat 2013, S. 10).

- Das Studienberechtigtenpanel des DZHW gibt Aufschluss über die Entscheidungssituation bei Schulabsolventen mit HZB. Sechs Monate vor Schulabschluss planen 19 % der (nach Absolvierung der Schulzeit) studienberechtigten Jugendlichen die Aufnahme einer Berufsausbildung, 69 % wollen ein Studium (inkl.

Berufsakademie) aufnehmen, 11% sind noch unentschieden (BIBB 2015, S. 106). Das Interesse an einer Berufsausbildung liegt
- bei studienberechtigten Frauen höher als bei Männern (22 vs. 15%);
- bei Studienberechtigten aus einem Haushalt ohne Akademikereltern höher als bei solchen aus einem Akademikerhaushalt (24 vs. 13%);
- bei Studienberechtigten ohne Migrationshintergrund höher als bei solchen mit diesem Hintergrund (19 vs. 17%) (BIBB 2015, S. 106 f.).

Das Interesse der studienberechtigten Schulabsolventen an einer Berufsausbildung ist zwischen 2008–2012 rückläufig (von 21 auf 19%), insbesondere auch bei Frauen (von 26 auf 22%), bei Studienberechtigten aus einem Akademikerhaushalt (von 15 auf 13%) sowie bei solchen mit Migrationshintergrund (von 22 auf 17%). In diesen Bereichen bestehen spezifische Potenziale, die zu einer Verschiebung von der Berufsausbildung hin zu einem akademischen Studium führen können. Bei den Schulabsolventen aus Nicht-Akademikerfamilien erfolgt dies mittelfristig dadurch, dass durch die zunehmende Akademisierung ihr Anteil an der Gesamtpopulation abnimmt. Bei Schulabsolventinnen könnte sich das Bildungswahlverhalten verändern, wenn (etwa bedingt durch einen demographisch bedingten Fachkräftebedarf) die Optionen zur besseren Verbindung von Karriere und Familie zunehmen.

Rekrutierungsverhalten der Betriebe

Verschiebungen hin zu einer verstärkten Akademisierung können auch forciert werden, wenn Betriebe in ihrer Rekrutierungspraxis zukünftig verstärkt Ausbildungs- durch Studienabsolventen ersetzen. Insgesamt lässt sich eine solche Verdrängungsthese derzeit nicht bestätigen (vgl. Baethge u.a. 2014, S. 16). Sowohl eine Befragung des Instituts der deutschen Wirtschaft (vgl. Konegen-Grenier / Placke / Stangl 2011) als auch eine international vergleichende Studie aus dem BIBB (vgl. Hippach-Schneider / Weigel 2013) kommen zu dem Ergebnis, dass Unternehmen Bachelorabsolventen überwiegend auf Positionen einsetzen, die zuvor bereits durch andere Hochschulabsolventen besetzt wurden. Demgegenüber „findet sich in einigen Studienfächern ein hoher Anteil an Bachelorabsolventen, der einen Hochschulabschluss für die ausgeübte Beschäftigungsposition gar nicht für erforderlich" (AGBB 2016, S. 142). So äußern beispielsweise 30% der Absolventen eines wirtschaftswissenschaftlichen und 24% eines ingenieurwissenschaftlichen Studiums, dass sie nach dem Studienabschluss in Tätigkeiten beschäftigt werden, für die kein Hochschulstudium erforderlich sei (AGBB 2016, Tab. F4-15web).

Neue akademische Bildungsangebote

Eine Akademisierung könnte sich ferner beschleunigen, wenn über die Entwicklung neuer Studienangebote für Hochschulzugangsberechtigte attraktive Alternativen zu einer Berufsausbildung entstehen. Eine solche Alternative stellen prinzipiell praxisorientierte Studienangebote dar, wie beispielsweise ein duales Studium. In den vergangenen Jahren sind zahlreiche Studiengänge entstanden, die gezielt auf die Erwartungen von Schulabsolventen nach einem praxisnahen, berufsqualifizierenden Studium abheben. Das gilt insbesondere für Fachhochschulen mit starken Bezügen zur regionalen Wirtschaft und für private Hochschulen, deren Erträge wesentlich von ihrer Attraktivität für zahlende Studierende abhängen, die auf berufliche Karrieren fokussiert sind. „Innerhalb des gesamten Studienangebots zeichnet sich eine stärkere Differenzierung zwischen primär auf berufspraktische Qualifizierung und primär auf Wissenschaftsorientierung abzielenden Angeboten und Hochschulprofilen ab ... Damit ist die Frage verbunden, ob der Grundsatz der Wissenschaftsbasierung langfristig noch die gemeinsame Basis des Hochschulwesens bleibt." (AGBB 2016, S. 141). Insbesondere bei privaten Hochschulen kann angenommen werden, dass sie mit besonderer Intensität versuchen, solche Studiengänge zu konzipieren, die eine schnelle berufliche Verwertbarkeit versprechen – Studiengänge mithin, die deutliche Überschneidungen zu Berufsausbildungen aufweisen werden, die denselben Maximen folgen. Die Zahl der Studierenden an privaten Hochschulen ist von 2010 bis 2014 überproportional zu den staatlichen Hochschulen angestiegen: von 26.500 auf 43.800 Studierende (Destatis 2016, S. 15). An privaten Hochschulen studieren etwa 7 % aller in Deutschland Studierenden, bzw. in privaten Fachhochschulen 17 % aller an Fachhochschulen Studierenden (AGBB 2016, S. 124). „Die Grenze zwischen beruflicher und akademischer Bildung wird fließend, der Druck, neue Ausbildungsstrukturen jenseits herkömmlicher institutioneller Trennungslinien zu etablieren, wird zunehmen." (AGBB 2016, S. 123).

Die im Nationalen Bildungsbericht angemahnte Neubestimmung des Verhältnisses von Berufs- und Hochschulbildung lässt sich schwerlich über plakative Formeln bestimmen, sondern erfordert differenzierte Analysen und auf konkrete Zielgruppen ausgerichtete Gestaltungsvorschläge. Während das Hochschulsystem (zumindest im staatlichen Bereich) derzeit wenig Druck verspürt, sich neuen Zielgruppen zu öffnen, wächst für das Berufsbildungssystem der Handlungsdruck. Wie kann die Berufsbildung insbesondere für jene Schulabsolventen attraktiv bleiben, die auch die Option eines Studiums besitzen? Sie ist dabei in einer schwierigen Situation, da die Entscheidungen über die weitere Entwicklung – wie oben skizziert – in drei Bereichen fallen, auf die sie nur indirekt Einfluss nehmen kann: das Bildungsverhalten der Schulabsolventen, das Personalrekrutierungsverhalten der Betriebe und das Angebotsverhalten der unterschiedlichen Hochschulen.

6 Abschluss

In der Gesamtschau entsteht ein widersprüchliches Bild. Viele studienberechtigte Auszubildende und ein großes Rekrutierungspotenzial durch den Übergangssektor auf der einen Seite, rückläufige Zahlen an Ausbildungsstellen und Ausbildungsbetrieben sowie nicht besetzbare Ausbildungsplätze auf der anderen Seite. Sowohl für die Erosions- als auch die Behauptungsthese des dualen Systems finden sich Beispiele – vornehmlich wohl deshalb, weil dieses Ausbildungssystem in seiner Binnenstruktur vielfältig und heterogen ist und daher erst auf der Ebene der Ausbildungsteilmärkte sinnvoll analysiert werden kann. So finden sich die nicht besetzten Ausbildungsplätze zumeist in Berufen des Hotel- und Gaststättengewerbes sowie des Nahrungsmittelhandwerks, während die studienberechtigten Auszubildenden auf wenige Berufe in den Bereichen Finanzdienstleistung, Industrie, Handel und Medien, Information und Kommunikation konzentriert sind. Erst der Blick auf die Ausbildungssektoren und -berufe mit dem je spezifischen Profil von Ausbildungsqualität, Beschäftigungs- und Karriereaussichten sowie Potenzial für eine attraktive, sinnstiftende Tätigkeit ermöglicht eine Bewertung.

Die Kernherausforderungen der Berufsausbildung können zusammenfassend in die folgenden Fragen gefasst werden:

- Wie gelingt es, die hohe und wieder steigende Zahl von derzeit ca. 271.000 Jugendlichen im Übergangssektor in eine Berufsausbildung zu integrieren? Wie können die Anforderungen einer inklusiven Berufsbildung sowie der Integration der neu Zugewanderten von der Berufsbildung bewältigt werden?
- Wie können in Ausbildungsbereichen, in denen nach einschlägigen Indikatoren (z. B. Zahl der Vertragslösungen, Beschwerdehäufigkeit, nicht besetzte Ausbildungsstellen) die Ausbildungsqualität deutlich gesteigert werden kann, entsprechende Verbesserungen ausgelöst werden?
- Wie kann die Berufsausbildung für hochschulberechtigte Schulabsolventen attraktiv gehalten werden? Welche Modelle der Verzahnung entstehen an der Schnittstelle zwischen der beruflichen und der akademischen Bildung?

Literatur

AGBB – Autorengruppe Bildungsberichterstattung (2006): Bildung in Deutschland 2006. Bielefeld: W. Bertelsmann

AGBB – Autorengruppe Bildungsberichterstattung (2012): Bildung in Deutschland 2012. Bielefeld: W. Bertelsmann

AGBB – Autorengruppe Bildungsberichterstattung (2014): Bildung in Deutschland 2014. Bielefeld: W. Bertelsmann

AGBB – Autorengruppe Bildungsberichterstattung (2016): Bildung in Deutschland 2016. Bielefeld: W. Bertelsmann

BA – Bundesagentur für Arbeit (2013): Der Arbeitsmarkt in Deutschland – Der Arbeitsmarkt für schwerbehinderte Menschen. Veröffentlichung der Arbeitsmarktberichterstattung. Nürnberg: Bundesagentur für Arbeit

Baethge, Martin; Kerst, Christian; Leszczensky, Michael; Wieck, Markus (2014): Zur neuen Konstellation zwischen Hochschulbildung und Berufsausbildung. Forum Hochschule 3.2014. Hannover: DZHW

BAMF – Bundesamt für Migration und Flüchtlinge (2016): Aktuelle Zahlen zu Asyl. Stand: Dezember 2015

Becker, Rolf (2011): Integration von Migranten durch Bildung und Ausbildung – theoretische Erklärungen und empirische Befunde. In: Becker, Rolf (Hrsg.): Integration durch Bildung: Bildungserwerb von jungen Migranten in Deutschland. Wiesbaden: Springer VS, S. 11–36

Beicht, Ursula (2011): Junge Menschen mit Migrationshintergrund: Trotz intensiver Ausbildungsstellensuche geringere Erfolgsaussichten. (BIBB-Report, H. 16) Bonn: Bundesinstitut für Berufsbildung

Beicht, Ursula; Gei, Julia (2015): Ausbildungschancen junger Migranten und Migrantinnen unterschiedlicher Herkunftsregionen. Ergebnisse der BA/BIBB-Bewerberbefragungen. (BIBB Report H. 3) Bonn: Bundesinstitut für Berufsbildung

Beicht, Ursula; Walden, Günter (2014a): Chancennachteile von Jugendlichen aus Migrationsfamilien beim Übergang in die berufliche Ausbildung. Welche Rolle spielt die soziale Herkunft? Zeitschrift für Berufs- und Wirtschaftspädagogik. 110 (2014), S. 188–215

Beicht, Ursula; Walden, Günter (2014b): Einmündungschancen in duale Berufsausbildung und Ausbildungserfolg junger Migranten und Migrantinnen. Ergebnisse der BIBB-Übergangsstudie 2011. (BIBB Report H. 5). Bonn: Bundesinstitut für Berufsbildung

Bertelsmann-Stiftung (Hrsg.) (2016): Berufsbildung in einer Einwanderungsgesellschaft. Positionen beziehen. Gütersloh

BIBB – Bundesinstitut für Berufsbildung (2012): Datenreport zum Berufsbildungsbericht 2012. Bonn: Bundesinstitut für Berufsbildung

BIBB – Bundesinstitut für Berufsbildung (2015): Duales Studium in Zahlen 2014. Trends und Analysen [URL: http://www.ausbildungplus.de/files/Duales-Studium_in_Zahlen_2014.pdf]

BIBB – Bundesinstitut für Berufsbildung (2016): Datenreport zum Berufsbildungsbericht 2016. Vorversion. Bonn: Bundesinstitut für Berufsbildung

BMBF – Bundesministerium für Bildung und Forschung (Hrsg.) (2013): Berufsbildungsbericht 2013. Berlin

BMBF – Bundesministerium für Bildung und Forschung (Hrsg.) (2015): Berufsbildungsbericht 2015. Berlin

Brücker, Herbert; Fendel, Tanja; Kunert, Astrod; Mangold, Ulrike; Siegert, Manuel & Schupp, Jürgen (2016): Warum sie kommen, was sie mitbringen und welche Erfahrungen sie machen. (IAB-Kurzbericht 15/2016, 21.6.2016). Nürnberg: IAB

Busse, Gerd (2008): Überblick: Duale Studiengänge. Düsseldorf: Hans-Böckler-Stiftung

Destatis (2016): Statistischen Bundesamts, Fachserie 11 Bildung und Kultur, Reihe 4.1: Studierende an Hochschulen. Wiesbaden

Ebbinghaus, Margit; Gei, Julia; Hucker, Tobias; Ulrich, Joachim Gerd (2013): Image der dualen Berufsausbildung in Deutschland. Ergebnisse aus dem BIBB-Expertenmonitor 2012. Bonn: Bundesinstitut für Berufsbildung

Eberhard, Verena; Scholz, Selina; Ulrich, Joachim Gerd (2009): Image der dualen Berufsausbildung in Deutschland. Berufsbildung in Wissenschaft und Praxis. 3 (2009), S. 9–13

Euler, Dieter (2016): Inklusion in der Berufsausbildung. Bekenntnisse – Erkenntnisse – Herausforderungen – Konsequenzen. In: Zoyke, Andrea; Vollmer, Kirsten (Hrsg.): Inklusion in der Berufsbildung: Befunde – Konzepte – Diskussionen. W. Bertelsmann: Bielefeld, S. 27–42

Euler, Dieter; Severing, Eckart (2014): Inklusion in der beruflichen Bildung. Gütersloh: Bertelsmann Stiftung

Euler, Dieter; Severing, Eckart (2015): Durchlässigkeit zwischen beruflicher und akademischer Bildung. Gütersloh: Bertelsmann Stiftung

Euler, Dieter; Severing, Eckart (2016): Berufsbildung in einer Einwanderungsgesellschaft. Gütersloh: Bertelsmann Stiftung

Geißler, Karlheinz (1991): Perspektiven der Weiterentwicklung des Systems der dualen Berufsausbildung in der Bundesrepublik. In: Bundesinstitut für Berufsbildung (Hrsg.): Die Rolle der beruflichen Bildung und Berufsbildungsforschung im internationalen Vergleich. Berlin und Bonn: Bundesinstitut für Berufsbildung, S. 101–110

Granato, Mona u. a. (2011): Ausbildungschancen von Jugendlichen mit Migrationshintergrund. Bonn: Bundesinstitut für Berufsbildung

Hippach-Schneider, Ute; Weigel, Tanja (2013): Gründe und Motive für die Rekrutierung von qualifizierten Fachkräften – Fallstudien aus Deutschland, England und der Schweiz. In: Severing, Eckart; Teichler, Ulrich (Hrsg.): Akademisierung der Berufswelt? Bielefeld: W. Bertelsmann, S. 167–187

Konegen-Grenier, Christiane; Placke, Beate; Stangl, Theresa (2011): Unternehmen im Fokus. In: Briedis, Kolja; Heine, Christoph; Konegen-Grenier, Christiane; Schröder, Ann-Kathrin (Hrsg.): Mit dem Bachelor in den Beruf. Arbeitsmarktbefähigung und -akzeptanz von Bachelorstudierenden und -absolventen. Essen: Stifterverband für die Deutsche Wissenschaft, S. 83–113

Protsch, Paula; Solga, Heike (2012): Wie Betriebe auswählen. Warum Jugendliche mit Hauptschulabschluss bei der Lehrstellensuche scheitern. WZB Mitteilungen. 138, 45–47

Scherr, Albert; Janz, Caroline; Müller, Stefan (2015): Diskriminierung in der beruflichen Bildung. Wie migrantische Jugendliche bei der Lehrstellenvergabe benachteiligt werden. Wiesbaden: VS Springer

Seyd, Wolfgang; Schulz, Katrin (2012): Teilnehmer-Eingangsvoraussetzungen bei BvB-Maßnahmen und Ausbildungen in Berufsbildungswerken. Hamburg: Institut für Berufs- und Wirtschaftspädagogik

Tillmann, Frank, Schaub, Günther, Lex, Tilly, Kuhnke, Ralf; Gaupp, Nobert (2013): Attraktivität des dualen Ausbildungssystems aus Sicht von Jugendlichen und jungen Erwachsenen unterschiedlicher Leistungsstärke. Endbericht zur Studie. Halle: Deutsches Jugendinstitut

Wissenschaftsrat (2013): Empfehlungen zur Entwicklung des dualen Studiums – Positionspapier. Darmstadt

Manfred Eckert

Die Problematik des beruflichen Übergangssystems

1 Das „Übergangssystem" – einleitende Überlegungen zur Problematik des Übergangs von der Schule in die Berufsausbildung
2 Die Vorläufer des Übergangssystems: Angebote für Jugendliche ohne Ausbildungsvertrag in der Berufsschule und die Entwicklung der Benachteiligtenförderung
3 Pädagogik, Didaktik und Organisation in den Konzepten der Benachteiligtenförderung
4 Das Übergangssystem
5 Berufsbildungspolitische Entwicklungen im Bereich der Übergangsförderung
5.1 Qualifizierung von Zielgruppen mit besonderem Förderbedarf
5.2 Programme zur Berufsorientierung und zur Unterstützung der betrieblichen Ausbildung: Übergangsmanagement und Assistierte Ausbildung
6 Abschließende Überlegungen

1 Das „Übergangssystem" – einleitende Überlegungen zur Problematik des Übergangs von der Schule in die Berufsausbildung

Mit dem Ende der ständischen Gesellschaft, in der die Berufseinmündung junger Menschen weitgehend vorgegeben war, sind die Chance und die Anforderung entstanden, einen Beruf zu wählen und einen Ausbildungs- oder Arbeitsplatz zu suchen. Das erfordert Berufswahlfähigkeiten und setzt die Möglichkeit voraus, Berufswünsche realisieren zu können. In Zeiten großer Arbeitskräftenachfrage und einem guten Angebot an Ausbildungsstellen ist das relativ leicht möglich. Wenn jedoch eine große Nachfrage nach Ausbildungsstellen besteht und das Angebot gering ist, wird die Lage für die schwächeren ausbildungsstellensuchenden Jugendlichen schwierig. Deshalb ist die Angebots-Nachfrage-Relation für die Lage am Ausbildungsstellenmarkt und für die berufliche Integration junger Menschen ein wichtiger Indikator. Die jährlichen Berufsbildungsberichte des Bundesministeriums für Bildung und Forschung und des Bundesinstituts für Berufsbildung stellen das gut dar. Wenn nicht alle nachfragenden Jugendlichen einen Ausbildungsplatz finden können, entsteht das Problem der Ausbildungsplatzversorgung, was in Deutschland nach dem zweiten Weltkrieg und später, ab den 1970er Jahren, in unterschiedlicher Intensität der Fall gewesen ist. Demographische Entwicklungen haben zeitweilig diese Problemlage noch verschärft. Erst in den letzten Jahren hat sich die Lage geändert. Bedingt durch den Rückgang der Zahl der Ausbildungsnachfragenden und durch eine wachsende Studienorientierung junger Menschen scheinen sich die Probleme zurzeit zu entspannen. Zu vermuten ist jedoch, dass die Hürden des Übergangs in Ausbildung auch auf Dauer für eine nennenswerte Zahl von Jugendlichen nicht verschwinden. Der aktuelle Berufsbildungsbericht (BMBF 2016, S. 5 ff.) beschreibt, dass sich die Zahl der Jugendlichen im Übergangsbereich von 417.600 im Jahr 2005 auf 270.700 im Jahr 2015 verringert hat. Bei einer Zahl von 522.100 insgesamt neu abgeschlossenen Ausbildungsverträgen ist das immer noch eine beachtlich große Zahl. Davon sind 18.900 Verträge mit außerbetrieblichen Einrichtungen (BaE) abgeschlossen worden. Unbesetzt blieben 41.000 Stellen, unversorgt blieben 20.700 Jugendliche, die Zahl der Altnachfrager wird mit 185.000 beziffert. Errechnet wird eine Angebots-Nachfrage-Relation von 103,7. Bemerkenswert ist auch die Zahl der vorzeigen Vertragslösungen (24,6%) und die geringe Ausbildungsanfängerquote ausländischer Jugendlicher von 31,1% gegenüber deutschen Jugendlichen von 56,3%. Auch wenn der Berufsbildungsbericht an vielen Stellen eine Entspannung der Probleme melden kann, bleiben die grundlegenden Defizite doch deutlich sichtbar. Das ist nicht zuletzt die schlechte Einmündungsquote der ausbildungsinteressierten Jugendlichen (A. a. O., S. 23), die bei etwa 65% liegt. Sie lässt den Schluss zu, dass es hier viele Probleme gibt. Ganz besonders trifft das junge Menschen ohne oder mit schwachem Schulabschluss. Viele münden zunächst in ein Berufsvorbereitungsjahr (BVJ) oder in die berufsvorbereitenden Bildungsmaßnahmen (BvB) ein. Letztere werden von der Bundesagentur für Arbeit in Auftrag gegeben und finanziert (BMBF 2016, S. 58 ff.) und von Bildungsträgern durchgeführt.

Der genauere Blick auf die Zahlen von 2015 zeigt, dass es insgesamt ca. 270.700 jugendliche Anfängerinnen und Anfängern im gesamten Übergangssystem gibt. An den berufsbildenden Schulen befinden sich 44.500 in allgemeinbildenden und schulabschlussbezogenen Programmen, 68.500 in einer berufliche Grundbildung in beruflichen Vollzeitschulen, 6.000 in einem Berufsgrundbildungsjahr (BGJ). 71.000 besuchen ein Berufsvorbereitungsjahr (BVJ) und 15.600 besondere Angebote für Jugendliche ohne Ausbildungsvertrag. In den berufsvorbereitenden Bildungsmaßnahmen (BvB) der Bundesagentur für Arbeit sind 46.500 Teilnehmende, in der betrieblichen Einstiegsqualifizierung (EQ) 12.000 Jugendliche (BMBF 2016, S. 58. Zahlen gerundet).

Insgesamt handelt es sich hier um eine Problematik und eine Größenordnung, die schon in der Bildungsberichterstattung 2006 (Konsortium Bildungsberichterstattung 2006) sehr deutlich hervorgehoben worden ist. In den vorbereitenden Forschungsarbeiten (Baethge/Solga/Wieck 2007) ist der Begriff des „Übergangssystems" geprägt worden. Es steht als dritte Säule des Berufsbildungssystems neben der vollzeitschulischen Berufsausbildung im „Schulberufssystem" und der traditionellen Ausbildung im Dualen System. Der Bildungsbericht 2006 beschreibt, worum es sich beim Übergangssystem handelt: Es geht um „(Aus-)Bildungsangebote, die unterhalb einer qualifizierten Berufsausbildung liegen bzw. zu keinem anerkannten Ausbildungsabschluss führen, sondern auf eine Verbesserung der individuellen Kompetenzen von Jugendlichen zur Aufnahme einer Ausbildung oder Beschäftigung zielen und zum Teil das Nachholen eines allgemein bildenden Schulabschlusses ermöglichen" (Konsortium Bildungsberichterstattung 2006, S. 79). Auch sogenannte „teilqualifizierende Angebote", die eine berufliche Grundbildung vermitteln und die als erstes Ausbildungsjahr anrechenbar sein können, werden ebenso wie die Vermittlung von Qualifizierungsbausteinen in betrieblichen Einstiegs-Qualifizierungsmaßnahmen (EQ) zu diesem „Übergangssystem" gerechnet.

Nach wie vor ungeklärt ist aber die Frage nach der Funktion dieses insgesamt sehr zersplitterten Systems. Das hängt mit den am Ende unaufklärbaren Zuschreibungen von Gründen für das individuelle Scheitern auf dem Ausbildungsstellenmarkt zusammen. Auf der einen Seite stehen individuelle Leistungsdefizite, die in der Zuschreibung „mangelnder Ausbildungsreife" kulminieren, auf der anderen Seite steht das Defizit an Ausbildungsplätzen (Dobischat/Kühnlein/Schurgatz 2012).

Hinter solchen Attribuierungen stehen verschiedene Denkweisen: Einerseits sind es individuell zugeschriebene Leistungs- oder Verhaltensdefizite, andererseits bildungspolitisch markante Argumentationen, die dem allgemeinbildenden Schulsystem mangelnde Leistungsfähigkeit, vielleicht sogar Versagen vorwerfen. Diese letztere Position hat wiederum zwei unterschiedliche Linien: die eine geht implizit davon aus, dass die Verbindung zwischen den Teilsystemen des Bildungssystems am besten funktioniert, wenn jede Schulform ihre originären Aufgaben gut erfüllt. Sie fordert gute schulische Leistungen in den wichtigen allgemeinbildenden Fächern, vielleicht verbunden mit einer guten sozialen Kompetenz. Die andere Position richtet sich mehr auf die frühe Entwicklung subjektbezogener beruflicher Zukunftsvorstellungen – das ist das Programm der Arbeitslehre. Letztere erfordert eine Vernetzung von allgemeinbildender Schule und Arbeitswelt, und zwar durch Berufsorientierungs- und Berufswahlangebote.

Für beide Wege gibt es prominente Konzepte. Für den ersten Weg stehen die internationalen Schulleistungsstudien (PISA, TIMSS) die ausnahmslos auf eine Verbesserung der schulischen Leistungsniveaus zielen und mit Kompetenzmodellen auf die Anwendbarkeit von Wissen und Problemlösen ausgerichtet sind. Sie wollen Schulleistungen international vergleichbar machen und auch eine Verbesserung der schulischen Lernprozesse auslösen. Der andere Weg sind die Modelle zur Berufsorientierung und zur Übergangsbetreuung in den allgemeinbildenden Schulen. Sehr pointiert ist dieser Ansatz bereits in den 1960 und 70er Jahren mit dem Konzept der Arbeitslehre und der Hauptschul-Empfehlung des Deutschen Ausschusses für das Erziehungs- und Bildungswesen (1964) entwickelt worden. Der grundlegende Gedanke der Arbeitslehre richtete sich darauf, die Arbeitswelt zu einem didaktischen Zentrum der oberen Klassen der Hauptschule werden zu lassen, einschließlich einer beruflichen Grundbildung in einer zehnten Klasse. Die mit diesem Modell verbundene Arbeitsweltorientierung, insbesondere aber die Vermittlung der Berufswahlreife, wird zurzeit unter dem Begriff der Berufsorientierung (Brüggemann/Rahn 2013) in vielen Bundesländern wieder sehr forciert. Grundsätzlich geht es darum, die individuellen Voraussetzungen für den Eintritt in die betriebliche Berufsausbildung zu verbessern. Eine weitere, diesen beiden Argumentationslinien entgegengesetzte Position sieht die Probleme des Übergangs nicht in individuellen oder institutionellen Leistungsdefiziten, sondern in den strukturellen Problemen des Ausbildungssystems – insbesondere die Abhängigkeit von konjunkturellen und demographischen Entwicklungen. Das reale Defizit an Ausbildungsstellen erscheint hier als entscheidende Ursache aller Übergangsprobleme. Aus dieser Sicht betrachtet können individuelle Defizitzuschreibungen von den ursächlichen Problemen nur ablenken, und die Maßnahmen des Übergangssystems werden dann als „Warteschleifen" abgewertet.

Für alle hier angesprochenen Positionen lassen sich Belege finden. Sicher zutreffend ist die Klage, dass manche junge Menschen die Schule ohne Abschluss oder mit schwachen Leistungen verlassen und besonderer Förderung bedürfen. Ebenso zutreffend ist die Forderung, dass die Berufsorientierung in den allgemeinbildenden Schulen weiter auszubauen ist, um die Berufsentscheidung besser abzusichern, auch um Fehlentscheidungen und Ausbildungsabbrüche zu verringern. Nicht weniger richtig ist die Analyse, dass ein Defizit an Ausbildungsstellen den Übergang für Jugendliche mit ungünstigen Voraussetzungen erheblich erschwert, und sicher richtig ist auch, dass genau diese Problemlage mit „Maßnahmen" gleich welcher Art nicht behoben werden kann.

Angesichts dieser Befunde ist die Frage nach den Funktionen des Übergangssystems erneut zu stellen. Welche Problemlagen sind zu befürchten, wenn die Schnittstelle zwischen Schule und Beruf für viele Jugendliche nicht passierbar ist? Hier sind mehrere politische Aspekte anzusprechen: Misslingt die Integration in Beruf und Arbeitswelt, hat das sozial- und arbeitsmarktpolitische Folgen. Arbeitslosigkeit erfordert umfangreiche Unterstützungsleistungen, ungenutzte Fachkräftepotenziale sind nachteilig für Wirtschaft und Arbeitsmarkt, hohe Beschäftigungsrisiken erschweren soziale Integrationsprozesse, und Biographien drohen darüber zu scheitern. Auch aus bildungspolitischer Sicht sind solche Entwicklungen nicht akzeptabel. Deshalb gibt es viele politische Aktivitäten, um durch berufliche Bildungsprozesse soziale Integration und persönliche Entwicklung zu fördern, aktuell auch bei jungen Migranten und Geflüchteten.

2 Die Vorläufer des Übergangssystems: Angebote für Jugendliche ohne Ausbildungsvertrag in der Berufsschule und die Entwicklung der Benachteiligtenförderung

In der berufspädagogischen Historiographie steht außer Frage, dass die Entstehung der Fortbildungsschulen und ihre Entwicklung zu Berufsschulen in den letzten Jahrzehnten des 19. Jahrhunderts mit einem sozialpolitischen und -integrativen Interesse verbunden waren. Um Arbeiterjugendliche mit ihrem damals uneindeutigen

Status zwischen Jungarbeiter und Lehrling sozial und politisch zu integrieren, sind die regionalen Fortbildungsschulen eingerichtet und mit einer Schulpflicht versehen worden. Dabei war anfangs durchaus nicht geklärt, welche Inhalte hier zu vermitteln sind. Geht es um eine Fortsetzung des Lehrkanons der Volksschule oder um berufliche Bildungsinhalte? Letzteres hat sich mit der Umgestaltung dieser Schulen zu Berufsschulen durchgesetzt. Unverändert blieb dabei die Berufsschulpflicht, wie sie bis heute in den Schulgesetzen der Bundesländer verankert ist. Mit der Orientierung an den Inhalten des Berufes, den der einzelne Jugendliche gewählt hat und der seine neue Erfahrungswelt geworden ist, konnte zugleich eine deutliche Motivationssteigerung und ein inhaltliches Interesse erwartet werden. Die Berufsschulen habe so ihr institutionelles und bildungstheoretisches Profil gewonnen.

Im Rückblick zeigt sich, dass diese berufliche Orientierung ein Problem hervorgebracht hat: Wie sind Jugendliche zu beschulen, die keinen Beruf gewählt haben und die arbeitslos oder als Jungarbeiter tätig sind? Anders formuliert: Welchen Berufsschulunterricht und welche Lehrinhalte bietet man jungen Menschen an, die den Übergang von der allgemeinbildenden Schule in die Berufsausbildung nicht realisieren konnten? Letzteres galt traditionell auch für die berufliche Ausbildung der Mädchen und jungen Frauen. Daraus ist die sogenannte „Jungarbeiterfrage" (Stratmann 1992) entstanden. Schon in den 1970er Jahren ist als Alternative zu den Jungarbeiterklassen das Berufsvorbereitungsjahr (BVJ) als einjähriges Vollzeitschuljahr entwickelt worden. Durch den Unterricht und die Werkstattpraxis in mehreren Berufsfeldern sollte die Berufswahlreife verbessert, durch den nachträglichen Erwerb eines Schulabschlusses die Bewerbungschancen erhöht werden. Zeitlich parallel dazu sind von der Bundesanstalt für Arbeit schon in den 1970er Jahren Lehrgänge eingerichtet worden, die als einjährige Förder- oder Grundausbildungslehrgänge sowohl in Betrieben als auch bei Bildungsträgern durchgeführt werden konnten (BMBF 2005, S. 38; Schierholz 2001, S. 124 ff.). Sie wurden als „Maßnahmen" gegen Jugendarbeitslosigkeit ausgewiesen, teils waren sie als „Förderlehrgänge" für Jugendliche mit besonderem Förderbedarf, häufig auch mit Lernbehinderungen konzipiert. Die Grundausbildungslehrgänge waren für Jugendliche mit unterschiedlichen Problemlagen gedacht, für Jugendliche ohne Schulabschluss oder mit anderen persönlichen oder sozialen Schwierigkeiten. Auch viele Jugendliche ausländischer Herkunft waren in diesen Gruppen zu finden. Insgesamt hat man hier zusammenfassend von „benachteiligten Jugendlichen" gesprochen, und die Programme der Berufsvorbereitenden Bildungsmaßnahmen (BvB) wurden in den folgenden Jahrzehnten als „Benachteiligtenförderung" bezeichnet. Zugleich wurde schon hier deutlich, dass es in der damals stark wachsenden und sehr heterogenen Gruppe der „benachteiligten" Jugendlichen (Enggruber 2011) auch solche gibt, die eigentlich für eine Ausbildung durchaus geeignet sind, die aber aufgrund der defizitären Ausbildungsstellensituation keinen Ausbildungsplatz finden konnten. Für diese Gruppe ist der Begriff der „marktbenachteiligten Jugendlichen" geprägt worden. Was ihnen fehlt ist nicht die Berufswahl- oder Ausbildungsreife, sondern eine Ausbildungsstelle (Ulrich 2011).

Dieses grundlegende Dilemma, die Aussichtslosigkeit aller berufsvorbereitenden Maßnahmen, wenn im Anschluss daran keine erreichbaren Ausbildungsstellen zur Verfügung stehen, hat eine weitere Entwicklung in der beruflichen Benachteiligtenförderung in Gang gesetzt, die sog. „Berufsausbildung in außerbetrieblichen Einrichtungen" (BaE). Angesichts des unbestreitbaren Defizits an Ausbildungsplätzen und einer dementsprechend ungünstigen Angebots-Nachfrage-Relation ist 1980 ein Modellprogramm gestartet worden, mit dem damals ca. 500 außerbetriebliche Ausbildungsplätze bereitgestellt worden sind. Neu daran war, dass Berufsausbildung in anerkannten Ausbildungsberufen und unter Aufsicht der Kammern nun auch von Bildungsträgern durchgeführt werden konnte, was rückblickend quasi einen Einbruch in die strenge Domäne der Betriebe und ihres Ausbildungsmonopols bedeutete. Das wiederum ist von den Arbeitgeberverbänden und von den Gewerkschaften nicht begrüßt worden. Zahlenmäßig hat sich dieses Programm jedoch rasant entwickelt, ganz besonders nach der Wende in den Neuen Bundesländern. Dort sind bis vor wenigen Jahren etwa ein Viertel aller beruflichen Ausbildungsplätze von Bildungsträgern angeboten und von der Bundesagentur für Arbeit finanziert worden. Ein weiterer wichtiger Baustein sind die „Ausbildungsbegleitenden Hilfen" (AbH), in denen Auszubildende mit Lernschwierigkeiten im berufstheoretischen Bereich zusätzlich intensiv gefördert werden. Dieses Angebot richtet sich auch an Jugendliche in der betrieblichen Ausbildung, und es ist ein wichtiges Instrument der Arbeitsagenturen, um Ausbildungsabbrüche aufgrund von Leistungsdefiziten zu verhindern und den Ausbildungserfolg zu sichern.

3 Pädagogik, Didaktik und Organisation in den Konzepten der Benachteiligtenförderung

Bedingt durch die enorme Expansion dieses Bereiches hat sich sehr schnell eine außerordentlich umfangreiche Pädagogik und Didaktik der beruflichen Benachteiligtenförderung entwickelt, die berufs- und sozialpädagogische Elemente miteinander verbunden hat. Daraus ist der Begriff der „sozialpädagogisch orientierte Berufsausbildung" entstanden.

Ein grundlegender Baustein ist der sogenannte „Kompetenz- statt Defizitansatz", nach dem die pädagogische Arbeit nicht zuerst Defizite herausstellen und beheben, sondern mit dem anfangen soll, was junge Menschen bereits können. Das ist ein für gute Lernprozesse grundlegender Gedanke. Er fordert eine zielgruppenorientierte Didaktik und Methodik. Neben dem Kompetenzansatz steht eine handlungs- und prozessbezogene Didaktik mit einer Verbindung von berufspraktischen, berufstheoretischen und schulabschlussbezogenen Lernprozessen. Einflüsse der Projektmethode und der Erlebnispädagogik sind deutlich erkennbar. Im Ansatz der Produktionsschulen ist dieses Modell besonders ausgebaut worden. Kooperationen mit Betrieben im Rahmen von Praktika sind schrittweise entwickelt worden, sie runden dieses Konzept der Benachteiligtenförderung ab (BMBF 2005). Weitere Bausteine sind integrative Sprachförderung, Angebote zum sozialen Lernen, sozialpädagogische Betreuung mit Einzelfallhilfen, individuelle Bildungs- und Übergangsberatung. Freizeit- und Kulturangebote ergänzen das Spektrum. Zielgruppenorientierung, Gendersensibilität und interkulturelle Orientierung haben sich schrittweise klarer profiliert. Gleiches gilt für die Beachtung sozialer Herkunftsmilieus mit ihren spezifischen Problemlagen. Die entsprechenden pädagogischen Angebote sind zum Teil bereits in den älteren Runderlassen der Bundesanstalt für Arbeit verankert worden. In diesen Zusammenhängen haben später auch die Kompetenzfeststellungsverfahren ihre Bedeutung und ihren pädagogischen Sinn bekommen.

Zu den pädagogischen Konzepten gehört eine gute Verbindung von berufs- und sozialpädagogischen Ansätzen (Eckert/Nitschke/Heisler 2007; Grimm/Vock 2007; Dick 2016), die sich in der personellen Besetzung der Maßnahmen zeigt: hier sind Ausbilder, Sozialpädagogen und Stützlehrkräfte gleichermaßen intensiv engagiert. Genau in diesem Zusammenhang steht auch die sehr umfangreiche sozialpädagogische Betreuung der Teilnehmerinnen und Teilnehmer und die entsprechende Bearbeitung der Jugend- und Lebensprobleme dieses Alters. Das schließt gruppendynamische Prozesse, Interaktionskompetenz und persönliche Entwicklung ein.

Beginnend in den 1980er Jahren sind zu diesem pädagogischen Profil viele Modellprojekte, fundierte Fortbildungen und eine umfangreiche Literatur entstanden. Vieles davon ist in den Schriftenreihen des BMBF (z.B. BMBF 1985; BMBW 2005), des Heidelberger Instituts Beruf und Arbeit (hiba) und des Instituts für berufliche Bildung, Arbeitsmarkt- und Sozialpolitik (INBAS) veröffentlicht worden. (Auswahlbibliographie siehe: Linten/Prüstel 2015; siehe auch: BMBF 2005; Bonifer-Dörr/Vock 2003; Bojanowski 2005; Bojanowski/Eckert 2008; Diezemann 2014/2015, Friese 2012; Münk/Rützel/Schmidt 2008; Schierholz 2001). Auch auf den Hochschultagen Berufliche Bildung ist die Benachteiligtenförderung oder auch die „berufliche Förderpädagogik" immer wieder mit einschlägigen Fachtagungen vertreten.

In der ab 2001 entwickelten „neuen Förderstruktur", die in der Bundesagentur für Arbeit 2004 zu einem neuen „(Neuen) Fachkonzept für Berufsvorbereitende Bildungsmaßnahmen (BvB)" geführt hat, sind viele dieser Instrumente erneut verankert und in eine streng zielorientierte Angebotsstruktur übersetzt (BMBF 2005, S. 39). Über eine Eignungsanalyse, eine Grund- und eine Förderstufe und eine Übergangsqualifizierung sollen systematisch, durch Qualifizierungsbausteine vermittelt, die Übergänge in Ausbildung oder Beschäftigung erleichtert werden. Im Regelfall ist eine Dauer von zehn Monaten vorgesehen. Sozialpädagogische Förderung und Bildungsbegleitung gehören ebenso verbindlich zum Programm wie die Kooperation mit Betrieben.

4 Das Übergangssystem

Mit der viel beachteten Studie von Baethge, Solga und Wieck (2007), die in den ersten deutschen Bildungsbericht (Konsortium Bildungsberichterstattung 2006) eingeflossen ist, wurde der Begriff des „Übergangssystems" in die Diskussion eingeführt. Er ist umfassender als der Begriff und das System der Benachteiligtenförderung. Er umfasst neben den außerbetrieblichen Angeboten zur Berufsvorbereitung auch die oben bereits angesprochenen berufsvorbereitenden und berufsgrundbildenden Angebote der berufsbildenden Schulen. Daraus ergeben sich jetzt drei Säulen des beruflichen Bildungswesens: das Duale System als das Grundmodell der beruflichen Bildung in Deutschland, das Schulberufssystem der vollzeitschulischen, zu einem Berufsabschluss führenden Berufsbildungsangebote und das angesprochene Übergangssystem (einschließlich der ein- und zweijährigen Berufsfachschulen, die nicht zu einem berufsqualifizierenden Abschluss führen). Inwieweit hier von einem „System" gesprochen werden kann, ist höchst fraglich. Was die Studie von Baethge u. a. aber besonders hervorgehoben hat ist der Befund, dass die Neuzugänge in dieses Übergangssystem fast ebenso hoch waren wie die in das Duale Ausbildungssystem. Für das Jahr 2004 halten die Autoren 535.322 (43,3 %) Neuzugänge in das Duale System, 488.073 (17,1 %) für das Übergangssystem und 211.531 (39,5 %) für das Schulberufssystem fest. Verglichen mit 1995 verzeichnet das Duale System einen Rückgang von ca. 8 Prozentpunkten, das Übergangssystem dagegen ein Wachstum von ca. 7,5 Prozentpunkten (Baethge/Solga/Wieck 2007, S. 22, 36). Gerade der letzte Punkt ist für die Autoren besonders problematisch, weil er zeigt, dass die Integrationskraft des Dualen Systems stetig geringer wird, und weil das Alternativangebot im Übergangssystem nur Warteschleifen und darüber hinaus „Maßnahmekarrieren" erzeugt (a. a. O., S. 7).

5 Berufsbildungspolitische Entwicklungen im Bereich der Übergangsförderung

5.1 Qualifizierung von Zielgruppen mit besonderem Förderbedarf

Rückblickend könnte das erste Jahrzehnt dieses Jahrhunderts – nicht zuletzt auch aufgrund der umfangreichen Reformen am Arbeitsmarkt – auch als ein Einschnitt in die Praxis der Benachteiligtenförderung betrachtet werden, der bis heute nachwirkt. Einerseits wird das Fördersystem als unverzichtbarer Baustein des Bildungssystems anerkannt, andererseits werden Reformen angestrebt. Aufgrund der absehbaren demographischen Entwicklung wächst von betrieblicher Seite die Bereitschaft, auch schwächere Jugendliche für eine Ausbildung zu gewinnen und sich bei der Berufsvorbereitung und den Übergangsangeboten zu engagieren. Im politischen Raum wird die Forderung nach einer „passgenauen" und effizienteren Übergangsförderung entwickelt, die gezielt Ausbildungs- oder Beschäftigungsfähigkeit erreichen soll und die den Übergang in einen Betrieb vorbereitet. Systematische Eignungsanalysen und klare Berufsentscheidungen bilden die Grundlage erster beruflicher Qualifizierungsprozesse durch sogenannte Qualifizierungsbausteine. Die sozialpädagogische Begleitung wird integriert. Diese „Neue Förderstruktur" wird im Fachkonzept für berufsvorbereitende Bildungsmaßnahmen nach SGB III der Bundesagentur für Arbeit verankert.

Neben diesen Konsolidierungsprozessen in der Benachteiligtenförderung hat es allerdings auch Entwicklungen gegeben, die sehr einschneidend waren. Die von der Bundesagentur für Arbeit finanzierten Angebote werden nicht mehr in Kooperation mit den regionalen Trägern konzipiert, sondern in öffentlichen Ausschreibungsverfahren vergeben. Diese Ausschreibungspraxis hat zu einer starken Trägerkonkurrenz geführt und einen Anbietermarkt erzeugt, der zu erheblichen Umwälzungen geführt hat. Trägervertreter beklagen den hohen formalen Aufwand bei teilweise sehr kleinen Teilnehmerzahlen. Zudem ist die außerbetriebliche Ausbildung in den letzten Jahren zahlenmäßig deutlich zurückgegangen.

Parallel zu dieser Entwicklung zeichnen sich Tendenzen ab, die auf eine Reintegration der Förderung von Benachteiligten in die betrieblichen Ausbildungsstrukturen zielen (Gericke 2003). Dieser Weg einer „Redualisierung" findet einen klaren Niederschlag im novellierten Berufsbildungsgesetz, das in § 1 und §§ 68–70 die Berufsausbildungsvorbereitung als ein Teil der (betrieblichen) Berufsbildung ausweist. Durch ausbildungsbezogene Qualifizierungsbausteine kann für „lernbeeinträchtigte oder sozial benachteiligte Personen, deren Entwicklungsstand eine erfolgreiche Ausbildung in einem anerkannten Ausbildungsberuf noch nicht erwarten lässt", ein betriebliches Angebot gemacht werden. Es hat sich in der „Einstiegsqualifizierung Jugendlicher" (EQJ, später EQ) konkretisiert.

Hinter dieser Entwicklung können verschiedene Problem- und Interessenlagen vermutet werden. Zunächst hatte sich in den Jahren bis 2005 die Lage am Ausbildungsstellenmarkt wieder deutlich zugespitzt (BMBF 2005, S. 10). Mit dem 2004 eingerichteten „Nationalen Pakt für Ausbildung und Fachkräftenachwuchs" sollte die Wirtschaft stärker in die Pflicht genommen und Betriebe stärker eingebunden werden, auch um langfristig die Nachwuchs- und Fachkräftesicherung zu gewährleisten. Selten ausgesprochen, aber im Hintergrund bedeutsam, war sicher auch der Kostenfaktor für die außerbetrieblichen beruflichen Bildungsmaßnahmen, die teilweise von den Arbeitsagenturen, teilweise durch andere öffentliche Mittel finanziert werden (Kupka/Wolters 2010, S. 8).

Welche Handlungsfelder, welche besonderen Gruppen und welche Konzepte hier möglich sind, hat das von 2001 bis 2006 durchgeführte, umfangreiche BMBF-Programm „Kompetenzen fördern – Berufliche Qualifizierung für Zielgruppen mit besonderem Förderbedarf" (BQF-Programm) sehr deutlich gezeigt. Die konzeptionellen Entwicklungen sind in Projekten erprobt und gut dokumentiert worden (BMBF 2006). Die Schwerpunkte richteten sich auf die Gewinnung des Lernortes

Betrieb, auf Kompetenzentwicklung zur Übergangsbewältigung und auf individuelle Förderung, auch auf Netzwerkbildung und auf Migrantenintegration. In diesem Zusammenhang ist beim Bundesinstitut für Berufsbildung das „Good-Practice-Center" eingerichtet worden, das bis heute diese Entwicklungen gut dokumentiert und konzeptionelle Ansätze im Netz öffentlich zugänglich macht.

5.2 Programme zur Berufsorientierung und zur Unterstützung der betrieblichen Ausbildung: Übergangsmanagement und Assistierte Ausbildung

In den letzten Jahren ist die Diskussion um das Übergangssystem ruhiger geworden. Mehr in den Vordergrund sind die Programme getreten, die den Übergang von der Schule in die Arbeitswelt unterstützen. Das gilt sowohl für das Bundesprogramm zur „Förderung der Berufsorientierung in überbetrieblichen und vergleichbaren Berufsbildungsstätten" als auch für die vielfältigen Programme der Bundesländer, der Regionen und der Kommunen (Lippegaus-Grünau/Mahle/Stolz 2010).

In den Bundesländern und ihren Programmen zur Berufsorientierung an den allgemeinbildenden Schulen ist mittlerweile ein umfangreiches Förderangebot entwickelt worden, das die Berufsorientierung über mehrere Schuljahre verbindlich einführt. Es beginnt mit Formen der Kompetenzfeststellung oder Potenzialanalyse, oft verbunden mit dem Instrument des Berufswahlpasses. Dann folgen ersten Erfahrungen in Ausbildungswerkstätten von Betrieben oder Bildungsträgern, an die sich betriebliche Exkursionen und Betriebspraktika anschließen. Bewerbungstrainings und die Nutzung der Angebote der Berufsberatung/der Berufsinformationszentren gehören ebenso zum Programm wie die schulische Reflexion der ersten betrieblichen Erfahrungen. Wichtige Bausteine sind die unterschiedlichen Selbsterfahrungsprozesse, die Exploration betrieblicher und beruflicher Anforderungen, die Herausbildung eines fundierten Berufswunsches und erfolgreicher Bewerbungsstrategien. Zu diesen Programmen sind umfangreiche Handreichungen entwickelt worden, die im Netz abrufbar sind (www.berufsorientierungsprogramm.de). Erste evaluierende Untersuchungen kommen zu positiven Ergebnissen (Kupka/Wolters 2010). Die Bundesinitiative „Abschluss und Anschluss – Bildungsketten bis zum Ausbildungsabschluss" und ähnliche Landesprogramme setzen diesen Grundgedanken fort.

Ein weiterer Baustein in der Entwicklung, die betriebliche Berufsausbildung besonders zu fördern, ist das Konzept der „Assistierten Ausbildung", bei der Ausbildungsbetriebe durch einen Bildungsträger und dessen Dienstleistungspotenziale unterstützt werden. Das können sowohl individuelle Hilfen – oft mit sozialpädagogischen Akzenten – als auch ausbildungsorganisatorische Unterstützung für die Betriebe sein. Solche Angebote sind ebenso wie die Hilfen bei der Berufsorientierung im Sozialgesetzbuch III verankert. Relativ offen wird diskutiert, dass dieses Programm darauf zielt, die Ausbildung mehr in die betriebliche „Normalform" zu bringen, statt sie in Maßnahmen eines „Parallelsystems" durchzuführen (Korten, Nuglisch 2013). Soweit aber eine mehrere Monate dauernde ausbildungsvorbereitende Phase beim Bildungsträger zu absolvieren ist, fließen hier die Modelle der Berufsvorbereitung und der Ausbildungsbegleitenden Hilfen in dieses Konzept ein. Auch das Modell der Berufseinstiegsbegleitung steht in diesem Kontext und nimmt die Idee der Bildungsketten auf (BMBF/BMAJ/BA 2015).

Schließlich gehören auch die neueren Aktivitäten und Modellversuchsprogramme des BiBB zur Sicherung der Qualität und zur Bewältigung von Heterogenität zu dem großen Programm der Unterstützung der betrieblichen Ausbildung. Dabei geht es um die berufspädagogische Weiterqualifizierung der Ausbilderinnen und Ausbilder sowie um die Entwicklung neuer didaktischer Formen der betrieblichen Ausbildung. Das betrifft die Gewinnung von neuen Auszubildenden ebenso wie die Betreuung in den Übergangsphasen, die motivierende Gestaltung von Ausbildungserfahrungen an entsprechenden Aufgabenstellungen, das Erleben von Selbstwirksamkeit und sozialer Integration in betriebliche Strukturen, und es schließt auch sozialpädagogische Betreuung mit ein. Auch die Berücksichtigung (inter-)kultureller Milieus ist hier angesprochen.

6 Abschließende Überlegungen

Auf den ersten Blick scheint es, dass das Übergangssystem starken Veränderungen unterworfen ist (Bojanowski, Eckert, Rützel 2008; Friese 2012). Gleichwohl gibt es sehr kontinuierliche Entwicklungslinien. Bemerkenswert ist zunächst, dass die vielen Bausteine der Pädagogik, der Didaktik und der Organisation der Benachteiligtenförderung, wie sie in der Zeit von etwa 1980 bis 2000 entwickelt worden sind, zwar aktualisiert, aber sehr prägend geblieben sind. Das gilt auch für die schulsozialpädagogische Arbeit an den Berufsschulen, die hier nicht berücksichtigt worden ist. Weder neu noch originell ist der Ansatz, die Betriebe der Wirtschaft für die Ausbildung benachteiligter junger Menschen zu gewinnen. Er ist zwar deutlich mehr in den Vordergrund getreten, aber er kann doch nur dort gelten, wo genügend ausbildende und zur Ausbildung fähige Betriebe zur Verfügung stehen. Und dort, wo junge Menschen den Übergang nicht schaffen, sind auch weiterhin überbrückende, berufsvorbereitende und -qualifizierende Angebote erforderlich. Insofern ist es nicht hilfreich, eines der hier dargestellten Konzepte gegen ein anderes auszuspielen. Die Gemeinsamkeiten sind viel zu groß.

Literatur

Baethge, Martin; Solga, Heike; Wieck, Markus (2007): Berufsbildung im Umbruch. Signale eines überfälligen Aufbruchs. Berlin: Friedrich-Ebert-Stiftung.
www.library.fes.de/pdf-files/stabsabteilung/04258/studie.pdf

Bertelsmann Stiftung (2012): Übergänge mit System. Fünf Forderungen für die Neuordnung des Übergangs von der Schule in den Beruf. Gütersloh. www.bertelsmann-stiftung.de/fileadmin/ files/Bst/Publikationen/Graue Publikationen/GP_Uebergaenge_mit_System.pdf

BMBF – Bundesministerium für Bildung und Wissenschaft (Hrsg.)(1985): Sozialpädagogisch orientierte Berufsausbildung. Handreichungen für die Ausbildungspraxis im Benachteiligtenprogramm des BMBW, Bonn (3. Aufl.)

BMBF – Bundesministerium für Bildung und Forschung (Hrsg.)(2005): Berufliche Qualifizierung Jugendlicher mit besonderem Förderbedarf – Benachteiligtenförderung –. Bonn/Berlin www.kompetenzen-foerdern.de/Handbuch_BNF_opt.pdf

BMBF – Bundesministerium für Bildung und Forschung (Hrsg.)(2006): Schriftenreihe zum Programm „Kompetenzen fördern – Berufliche Qualifizierung für Zielgruppen mit besonderem Förderbedarf (BQF-Programm), Bd. I, IIa-IId, III, Bonn. www.Kompetenzen-foerdern.de/1403.php

BMBF – Bundesministerium für Bildung und Forschung (2016): Berufsbildungsbericht 2016. www.bmbf.de/pub/Berufsbildungsbericht_2016.pdf

BMBF/BMAS/BA – Bundesministerium für Bildung und Forschung/Bundesministerium für Arbeit und Soziales/Bundesagentur für Arbeit (2015): Berufseinstiegsbegleitung – die Möglichmacher. Information für Eltern, Lehrerinnen und Lehrer, Bonn (5. Aufl.)
www.bmbf.de/pub/Berufseinstiegsbegleitung_die_Moeglichmacher.pdf

Bojanowski, Arnulf (2005): Diesseits vom Abseits. Studien zur beruflichen Benachteiligtenförderung. Bielefeld: Bertelsmann

Bojanowski, Arnulf; Eckert, Manfred (Hrsg.) (2012): Black Box Übergangssystem. München u. a.: Waxmann

Bojanowski, Arnulf; Eckert, Manfred; Rützel, Josef (2008): Aktuelle Debatten, Analysen und Herausforderungen zur beruflichen Benachteiligtenförderung. Hochschultage Berufliche Bildung 2008, Fachtagung 11: Berufliche Förderpädagogik. Bwp@Spezial 4, Sept. 2008.
http://www.bwpat.de/ht2008/ft11/ bojanowski_etal_ft11-ht2008_spezial4.shtml

Bonifer-Dörr, Gerhard; Vock, Rainer (Hrsg.) (2003): Berufliche Integration junger Menschen mit besonderem Förderbedarf. Entwicklung – Stand – Perspektiven. Festschrift für Jürgen Thiel. Darmstadt: Hiba-Verlag

Brüggemann, Tim; Rahn, Sylvia (Hrsg.) (2013): Berufsorientierung. Ein Lehr- und Arbeitsbuch. Münster u. a.: Waxmann

Bundesagentur für Arbeit (Hrsg.)(2006): Nationaler Pakt für Ausbildung und Fachkräftenachwuchs in Deutschland: Kriterienkatalog zur Ausbildungsreife. www.bibb.de/dokumente/pdf/a21_PaktfAusb-Kriterienkatalog-AusbReife.pdf

Deutscher Ausschuss für das Erziehungs- und Bildungswesen (1964): Empfehlungen und Gutachten, Folge 7/8, Gutachten über den Aufbau der Hauptschule. Stuttgart: Klett

Dick, Oliver (2016): Sozialpädagogik im „Übergangssystem". Implizite Wissens- und Handlungsstrukturen von sozialpädagogischen Fachkräften in einem arbeitsmarktpolitisch dominierten Arbeitsfeld. Weinheim/Basel: Beltz/Juventa

Diezemann, Eckard (2014/2015): Benachteiligte Jugendliche. Zum Verhältnis von erziehungswissenschaftlicher Forschung, Begriff und gesellschaftlichen Voraussetzungen (Bd. 1). Zu ihrer Vergesellschaftung durch Verrechtlichung, Institutionalisierung und Wissenschaft (Bd. 2). Frankfurt a. M.: GFAB-Verlag

Dobischat, Rolf; Kühnlein, Gertrud; Schurgatz, Robert (2012): Ausbildungsreife – Ein umstrittener Begriff beim Übergang Jugendlicher in eine Berufsausbildung (Arbeitspapier 189). Düsseldorf: Hans-Böckler-Stiftung. www.boeckler.de/pdf/p_arbp_189-pdf

Eckert, Manfred; Heisler, Dietmar; Nitschke, Karen (2007): Sozialpädagogik in der beruflichen Integrationsförderung. Handlungsansätze und aktuelle Entwicklungen. Münster u. a.: Waxmann

Enggruber, Ruht (2011): Versuch einer Typologie von „Risikogruppen" im Übergangssystem – und damit verbundene Risiken. In: bwp@Spezial 5 – Hochschultage Berufliche Bildung 2011, Workshop 15, hrsg. v. Münk, Dieter/Schmidt, Christian.
http://www.bwpat.de/ht2011/ws15/enggruber_ws15-ht2011.pd

Friese, Marianne (2012): Wandel der berufspädagogischen Integrationsförderung. Strukturelle Problemlagen, Förderansätze und Professionalisierung des pädagogischen Personals. In: Niedermair, Gerhard (Hrsg.): Evaluation in der Berufsbildung und Personalentwicklung. Linz: Trauner Verlag, S. 475–494

Gericke, Thomas (2003): Duale Ausbildung für Benachteiligte. Eine Untersuchung zur Kooperation von Jugendsozialarbeit und Betrieben. München: DJI-Verlag

Good Practice Center. Förderung von Benachteiligten in der Berufsbildung. Bundesinstitut für Berufsbildung. http://www.good-practice.de/3372.php

Grimm, Katja; Vock, Rainer (2007): Sozialpädagogik in der beruflichen Integrationsförderung. Anforderungen, Zielgruppenwahrnehmung, Rollendefinitionen. Münster u. a.: Waxmann

Konsortium Bildungsberichterstattung (Hrsg.) (2006): Bildung in Deutschland 2006. Ein indikatorengestützter Bericht mit einer Analyse zu Perspektiven des Bildungswesens im demografischen Wandel. Bielefeld: Bertelsmann.

Korten, Berndt; Nuglisch, Ralf (2013): „Was soll aus mir werden?" Assistierte Ausbildung in Baden-Württemberg – Das Projekt carpo – Ideen, Erfahrungen, Chancen. In bwp@Spezial 6 – Hochschultage Berufliche Bildung 2013, Workshop 12, hrsg. v. Pingel, A.; Hestermann, U. S. 1–17. Online: http://www.bwat.de/ht2013/ws12/korten_nuglisch_ws12-ht2013.pdf

Kupka, Peter; Wolters, Melanie (2010): Erweiterte vertiefte Berufsorientierung. Überblick, Praxiserfahrungen und Evaluationsperspektiven. IAB Forschungsbericht 10/2010.
http://doku.iab.de/forschungsbericht/2010/fb1010.pdf

Lindacher, Tanja (2015): Der Übergang von der Schule in die duale Berufsausbildung. Eine qualitativ-empirische Studie zu betrieblichen Personalentscheidungsprozessen in ausgewählten Berufsbildern. Bad Heilbrunn: Klinkhardt

Linten; Markus; Prüstel, Sabine (2015): Übergänge: Jugendliche an der ersten und zweiten Schwelle. Zusammenstellung aus: Literaturdatenbank Berufliche Bildung, Version 5.0, Juni 2015.
www.bibb.de/dokumente/pdf/a1ud_auswahlbibliographie-uebergaenge-erste-zweite-schwelle.pdf

Lippegaus-Grünau, Petra; Mahl, Franciska; Stolz, Iris (2010): Berufsorientierung – Programme und Projekte von Bund und Ländern, Kommunen und Stiftungen im Überblick (DJI/INBAS). München: Deutsches Jugendinstitut

Münk, Dieter; Rützel, Josef; Schmidt, Christian (Hrsg.)(2008): Labyrinth Übergangssystem. Forschungserträge und Entwicklungsperspektiven der Benachteiligtenförderung zwischen Schule, Ausbildung, Arbeit und Beruf. Bonn: Pahl-Rugenstein

Rützel, Josef (1995): Randgruppen in der beruflichen Bildung. In: Arnold, Rolf/Lipsmeier, Antonius (Hrsg.): Handbuch der Berufsbildung. Opladen, S. 109–120

Schierholz, Henning (2001): Strategien gegen Jugendarbeitslosigkeit. Zur Ausbildungs- und Berufsintegration von Jugendlichen mit schlechten Startchancen. Hannover: edition.jab (2. Aufl.)

Stratmann, Karlwilhelm (1992): Zeit der Gährung und Zersetzung. Weinheim: Dt. Studienverlag

Ulrich, Joachim Gerd (2011): Übergangsverläufe aus Risikogruppen. Aktuelle Ergebnisse aus der BA/BIBB-Bewerberbefragung 2010. In: bwp@Spezial 5 – Hochschultage Berufliche Bildung 2011, Workshop 15, hrsg. v. MÜNK, Dieter/Schmidt, Christian.
www.bwpat.de/ht2011/ws15/ulrich_ws15-ht2011.pdf

Heinrich Schanz

Schulische Berufsausbildung – Begrenzung und Ausweitung

1 Vielfalt beruflicher Schulen
2 Der Beitrag der Berufsschule zur Berufsausbildung
3 Der Beitrag der Berufsfachschulen zur Berufsausbildung
4 Betriebliche und überbetriebliche schulische Berufsausbildung
5 Begrenzungen und Ausweitungen schulischer Berufsausbildung

1 Vielfalt beruflicher Schulen

Es besteht eine *Vielfalt beruflicher Schulen*, die jeweils unterschiedliche Bezüge zur beruflichen Bildung haben.[1] So kann z.B. die *Berufsvorbereitung, berufliche Teil- und Vollausbildung* oder *berufliche Weiterbildung* für einen Typ beruflicher Schulen prägend sein. Tabelle 1 zeigt die beruflichen Schularten und die Entwicklung der Schülerzahlen von 1992 bis 2016. Die *Berufsbezüge* der beruflichen Schularten müssen im Zusammenhang mit den *Anforderungen des Arbeitsmarktes bzw. des*

Tab. 1 Schüler in beruflichen Schulen in Deutschland 1992 bis 2016

Schulart	Jahr				
	1992	2008	2012	2015	2016
insgesamt	2.473.329	2.805.940	2.557.398	2.496.954	2.498.059
davon					
Teilzeit-Berufsschulen	1.676.688	1.726.703	1.519.244	1.423.898	1.416.012
Berufsvorbereitungsjahr	39.242	55.302	48.810	80.796	103.694
Berufsgrundbildungsjahr	80.522	44.358	28.217	6.984	6.753
Berufsaufbauschulen	6.564	493	427	236	147
Berufsfachschulen	266.084	510.855	436.948	431.689	424.329
Fachoberschulen	75.461	134.303	134.151	139.579	139.434
Fachgymnasien	78.726	154.074	172.879	194.716	193.643
Berufsoberschulen/ Technische Oberschulen	5.256	20.385	23.196	19.166	16.945
Fachschulen	162.428	152.268	185.202	191.039	187.768
Fachakademien/ Berufsakademien	9.265	7.199	8.324	8.851	9.333
Schulen des Gesundheitswesens	104.116	124.260	148.558	153.036	154.135

Quelle: Statistisches Bundesamt (2017): Schnellmeldungsergebnisse zu Schülerinnen und Schülern der allgemeinbildenden und beruflichen Schulen – vorläufige Ergebnisse – Schuljahr 2016/2017. Wiesbaden, S. 34

---

[1] vgl. hierzu Schanz, Heinrich (2015): Institutionen der Berufsbildung – Vielfalt in Gestaltungsformen und Entwicklung. (Studientexte Basiscurriculum Berufs- und Wirtschaftspädagogik Bd. 2/3. Aufl.) Baltmannsweiler: Schneider.

Beschäftigungssystems gesehen werden, da berufliche Bildung in unterschiedlichem Umfang zur *Entwicklung, Förderung und Erhaltung der Beschäftigungsfähigkeit der Schüler* beitragen soll. In quantitativer Hinsicht haben die Berufsschulen und Berufsfachschulen mit ihren Beiträgen zur Berufsausbildung die größte Bedeutung.

2 Der Beitrag der Berufsschule zur Berufsausbildung

2.1 Berufsfachliche und allgemeine Bildung

Im Rahmen der dualen Berufsausbildung auf der mittleren Qualifikationsebene wirken die ausbildenden Betriebe und die Berufsschule zusammen. Bei der dualen Berufsausbildung ist die Berufsschule „unmittelbar mit dem Beschäftigungssystem durch die vom Schulgesetz und dem Berufsbildungsgesetz gesetzten Rahmenbedingungen sowohl in der Lernortkooperation als auch in der Ordnungsmittelentwicklung verbunden" (Doose 2005, S. 164).

Die Berufsschule ist eine Teilzeitschule, d. h. es werden nach einer Vereinbarung der KMK 12 Wochenstunden Unterricht erteilt, wobei 8 Stunden berufsbezogener und 4 Stunden allgemeinbildender Unterricht erteilt werden. Der Unterricht findet an einem oder zwei Wochentagen oder geblockt an mehreren Wochen statt. „Die Berufsschule vermittelt eine berufliche Grund- und Fachbildung und erweitert die vorher erworbene allgemeine Bildung. Damit will sie zur Erfüllung der Aufgaben im Beruf sowie zur Mitgestaltung der Arbeitswelt und Gesellschaft in sozialer und ökologischer Verantwortung befähigen" (KMK 1991, S. 2). Die berufsfachlichen Inhalte der Berufsschule sind abgestimmt auf die einzelnen Ausbildungsberufe. Wenn auch in der Berufsschule die berufsfachlichen Beiträge für die Berufsausbildung im Vordergrund stehen, so sind die allgemeinbildenden Fächer Deutsch bzw. Kommunikation sowie die Wirtschafts- und Sozialkunde für die Berufsausbildung auch von Bedeutung (vgl. Kochendörfer 2009, S. 177). Insbesondere bei gewerblich-technischen Berufen werden hinsichtlich der Kundenorientierung sprachlich-kommunikative Fähigkeiten und wirtschaftliche Kenntnisse immer wichtiger. Nicht zuletzt haben allgemeinbildende Fächer auch eine Nachholfunktion für Schüler mit Migrationshintergrund und für Schüler mit eingeschränkter schulischer Vorbildung bzw. mangelnder Ausbildungsreife (vgl. hierzu BA 2009, S. 17f.; Dobischat u.a. 2012; Pätzold/Reinisch/Wahle 2015, S. 116ff.; Schanz 2008, S. 71ff.).

Im Rahmen des berufsfachlichen und allgemeinbildenden Unterrichts an der Berufsschule besteht auch eine letzte Möglichkeit mit Jugendlichen und Heranwachsenden *ethisch-moralische Fragen* anzusprechen (vgl. hierzu Beck 2006, S. 375ff.; Horlebein 2001, S. 75ff.; Schanz 2009, S. 88ff.). Auch Berufsanforderungen haben eine moralische Dimension, denn Orte beruflichen Handelns sind keine „*moralfreien*" oder „*amoralischen*" Zonen. Auch die sich häufenden Finanz-, Korruptions- und Lebensmittelskandale verlangen nach stärkerer Berücksichtigung der Moralerziehung im Rahmen der *wirtschaftlichen Bildung* (vgl. Horlebein 2001, S. 75 ff.). Im Zusammenhang mit der *technischen beruflichen Bildung* haben ethisch-moralische Fragen ebenfalls wachsende Bedeutung aufgrund der technischen Folgewirkungen und Technikbewertungen (vgl. Ropohl 2003, S. 157 f.). Fachbezogene „*Wertklärungen*" ermöglichen die „*Mitwahrnehmung*" der moralischen Dimension auch für überfachliche Wertfragen (vgl. Köhnlein 1991, S. 72; Horlebein 1998, S. 295; Schanz 2003, S. 178 ff.).

Im Zusammenhang mit der verstärkten Einwanderung und den Bevölkerungsverschiebungen von Menschen mit unterschiedlichem kulturellen Hintergrund und Bildungsstand kommt der Berufsausbildung und damit der Berufsschule auch eine Integrationsaufgabe zu. Die Vorgeprägtheit der Jugendlichen und Heranwachsenden durch die bisherigen Sozialisationsfelder und mögliche starke Beeinflussung durch gleichaltrige oder ältere Vorbilder macht das Aufgreifen von Wertklärungen und damit ethisch-moralische Fragen besonders schwierig und dringlich (vgl. Horlebein 1998, S. 248; Beck 2006, S. 375 f.).

2.2 Die Berufsschule ist eine Pflichtschule

Nach der Vollzeitschulpflicht, die durch die Absolvierung der Primarstufe und der Sekundarstufe I in allgemeinbildenden Schulen erfüllt wird und in den Ländern neun oder zehn Jahre dauert, schließt sich die Berufsschulpflicht an, die drei oder dreieinhalb Jahre dauern kann. Jugendliche, die die Vollzeitschulpflicht erfüllt haben und danach freiwillig eine allgemeinbildende Schule oder eine berufliche Schule mit Vollzeitunterricht besuchen und kein Berufsausbildungsverhältnis eingehen, sind von der Berufsschulpflicht befreit. Jugendliche, die nach Erfüllung der Vollzeitschulpflicht weder eine allgemeine oder berufliche Vollzeitschule besuchen noch ein Berufsausbildungsverhältnis eingehen, sind berufsschulpflichtig. Wenn ein Absolvent einer schulischen oder beruflichen Vollzeitausbildung ein Berufsausbildungsverhältnis eingeht, lebt die Berufsschulpflicht unter Beachtung von Altersgrenzen wieder auf. Die Altersgrenzen und Dauer für den Pflichtbesuch der Berufsschule sind unterschiedlich landesrechtlich geregelt. Bei den meisten Bundesländern besteht für die Dauer einer dualen Berufsausbildung ohne eine Altersgrenze Berufsschulpflicht (vgl. KMK 2015, Länderschulgesetze).

Obwohl die Berufsschulpflicht gesetzlich vorgeschrieben ist, werden die festgesetzten 12 Wochenstunden teilweise unterschritten. Im Schuljahr 2011/2012 hatten von den 1.555.964 Berufsschülern in Deutschland nur 306.866 Schüler 12 und mehr Wochenstunden in der Woche Unterricht. Für 34.110 Schüler standen nur sieben und weniger Wochenstunden zur Verfügung (vgl. Stat. Bundesamt 2012, S. 155)! Die nach Ländern aufgegliederten Wochenstundenzahlen der Berufsschule werden nach Auskunft des Statistischen Bundesamtes nicht mehr erfasst. Eine Statistik der KMK weist die erteilten Wochenstunden an Teilzeit-Berufsschulen je Klasse länderweise als Durchschnittswerte aus. Tabelle 2 zeigt die Entwicklung von 2005 bis 2014 auf. Im Jahr 2014 wurden in sieben Ländern 12 Wochenstunden nicht erreicht!

Tab. 2 An der Teilzeit-Berufsschule erteilte Unterrichtsstunden je Klasse 2005–2014

Land	2005	2007	2009	2011	2013	2014
BW	12,7	12,6	12,6	12,8	13,2	13,1
BY	12,6	12,3	12,5	12,4	12,6	12,7
BE	14,4	14,1	14,6	14,7	14,6	14,9
BB	12,3	12,3	12,4	12,4	12,5	12,6
HB	12,2	11,3	11,6	12,3	11,8	12,0
HH	13,4	12,5	14,1	12,6	12,6	12,8
HE	11,6	11,5	11,0	11,3	11,8	11,8
MV	12,0	11,8	12,2	12,3	12,2	11,4
NI	10,2	10,4	10,2	10,3	10,9	10,0
NW	10,8	10,7	10,7	10,8	10,9	10,9
RP	10,5	10,5	10,4	10,4	10,6	10,5
SL	12,0	11,8	9,9	12,0	12,3	12,7
SN	14,6	13,8	15,1	14,3	16,3	16,4
ST	10,5	10,5	10,7	11,3	11,4	11,1
SH	11,2	11,1	10,9	11,3	11,5	11,5
TH	11,3	12,1	12,7	12,6	12,8	13,1
BG	11,8	11,6	11,7	11,8	11,9	11,9

Quelle: KMK (2015): Dokumentation 209: Schüler. Klassen, Lehrer und Absolventen der Schuljahre 2005–2014. Berlin, S. 235

Nachdem die vorgeschriebene Wochenstundenzahl je Klasse der Berufsschule in sieben Ländern nicht eingehalten wird und nach einer DIHK-Befragung 2015 verbreitet Unterrichtsausfall erfolgt, kann man von einer Begrenzung des Berufsschulunterrichts ausgehen (vgl. DIHK 2015a, S. 10 ff.).

Da der Berufsschulunterricht gesetzlich vorgeschrieben ist, muss bei den Lehrlingen die Unterrichtszeit auf die Arbeitszeit angerechnet werden. Im DGB-Ausbildungsreport 2015 mit 18.627 befragten Auszubildenden geben 5,6 Prozent der Befragten an, „die Zeiten des Berufsschulunterrichts 'immer' oder 'häufig' im Betrieb nacharbeiten zu müssen, bei weiteren 11,4 Prozent ist dies immerhin 'manchmal' oder 'selten' der Fall" (DBG 2015, S. 4 und S. 30).

2.3 Kritik der Ausbildungsbetriebe an der Berufsschule

Nach einer DIHK-Umfrage sind 33 Prozent der befragten Ausbildungsbetriebe mit der Berufsschulsituation in ihrer Region „zufrieden" und 42 Prozent „eher zufrieden" (DIHK 2015a, S. 7). Neben der bereits angeführten Kritik bezüglich des Unterrichtsausfalls beanstanden 30 Prozent der Ausbildungsbetriebe „Die Sachausstattung der Berufsschule ist veraltet oder unzweckmäßig" (DIHK 2015a, S. 8). Für den Beitrag der Berufsschule zur Ausbildung in den einzelnen Ausbildungsberufen ist die Minimierung der Modernitätsrückstände der Sachausstattung unerlässlich.

Aus der Sicht von 30 Großunternehmen, die sich an der Ausbildung beteiligen, wird die ungenügende Verzahnung der Inhalte des Berufsschulunterrichts mit den veränderten betrieblichen Anforderungen beanstandet (vgl. BMBF 2015, S. 88). „Die

Bedeutung der Berufsschulen im deutschen Bildungssystem wird, gemessen an dem finanziellen Aufwand der Länder, im Vergleich zu Hochschulen mitunter als nicht angemessen wahrgenommen" (BMBF 2015, S. 88). Unternehmen nutzen daher mit hohem finanziellem Aufwand zusätzlich externe Partner, um für sie relevante Inhalte umfassend zu vermitteln. In der Branche „Verarbeitendes Gewerbe" wird die Leistung der Berufsschule eher mangelhaft eingestuft (vgl. BMBF 2015, S. 44 und S. 88). „Wenn die Leistung der Berufsschulen besser wäre, wäre das duale System optimal. Mit der derzeitigen Situation müssen wir viel Engagement in den Ausgleich dieser Defizite stecken (Zusatzkurse)" (Branche Verarbeitendes Gewerbe) (BMBF 2015, S. 44). Die Vermittlung zusätzlicher überfachlicher Qualifikationen halten 18 Unternehmen für erforderlich, da die Berufsschulen Sprachkompetenzen und interkulturelle Kompetenzen nicht im erforderlichen Maße vermitteln (vgl. BMBF 2015, S. 60). „Bei einigen Unternehmen nehmen externe Partner bei der Ausbildung einen so wichtigen Stellenwert ein, dass sie neben dem Betrieb und der Berufsschule zum dritten Lernort werden" (BMBF 2015, S. 84). Im kaufmännischen und IT-Sektor[2] wird von den Unternehmen teilweise eine duale Ausbildung als nicht mehr ausreichend angesehen. Um den gestiegenen Qualifikationsanforderungen zu entsprechen, wird daher zum dualen Studium übergegangen (vgl. BMBF 2015, S. 85). Wenn die ausbildenden Unternehmen bei der Vermittlung der Ausbildungsinhalte weitere externe Partner (Akademien) benötigen, zeigt dies an der Schnittstelle zur Berufsschule weitergehenden Handlungsbedarf (vgl. BMBF 2015, S. 14).

3 Der Beitrag der Berufsfachschulen zur Berufsausbildung

3.1 Berufsfachschulen mit unterschiedlichen Zielsetzungen

„Berufsfachschulen sind Schulen mit Vollzeitunterricht von mindestens einjähriger Dauer. An einigen Schulen wird auch Teilzeitunterricht erteilt" (Stat. Bundesamt 2015, S. 6). Bei den Berufsfachschulen handelt es sich um freiwillig nach Erfüllung der Vollzeitschulpflicht besuchte Schulen, die weder eine Berufsausbildung noch Berufstätigkeiten voraussetzen. Die geforderte schulische Vorbildung für den Eintritt in eine Berufsfachschule ist unterschiedlich. Es lassen sich folgende Typen von Berufsfachschulen unterscheiden:

– Berufsfachschulen, die eine vollständige Berufsausbildung in einem anerkannten Ausbildungsberuf gemäß Berufsbildungsgesetz bzw. Handwerksordnung vermitteln,
– Berufsfachschulen, die eine vollständige Berufsausbildung vermitteln, die nur schulisch erreichbar ist und bundes- oder landesrechtlich geregelt ist,

---

[2] vgl. hierzu Hall, Anja u. a. (2016): IT-Berufe und IT-Kompetenzen in der Industrie 4.0 (BIBB Fachbeiträge im Internet). Bonn.

– Berufsfachschulen, die eine berufliche Grundausbildung bzw. eine berufliche Teilqualifikation vermitteln[3],

Bei den Berufsfachschulen sind zahlreiche berufliche Fachrichtungen vertreten. In den einzelnen Fachrichtungen bestehen teilweise unterschiedliche Schultypen mit großen Unterschieden in den Bundesländern.

„Berufsfachschulen haben eine allgemeine Orientierungs- und Qualifizierungsfunktion. Es werden im Anschluss mehr Optionen eröffnet als durch eine Ausbildung im dualen System" (Pätzold 2000, S. 110). Teilweise kann an Berufsfachschulen eine dem Realschulabschluss vergleichbare Berechtigung oder die Fachschulreife erworben werden.

3.2 Berufsfachschulen, die eine vollständige Berufsausbildung in einem Ausbildungsberuf gemäß Berufsbildungsgesetz bzw. Handwerksordnung vermitteln

Berufsfachschulen, die eine vollständige Berufsausbildung in einem anerkannten Ausbildungsberuf vermitteln, sind meistens dreijährig und setzen den Hauptschulabschluss voraus. Die schulische Berufsausbildung umfasst einen hohen Anteil berufspraktischer Ausbildung in Werkstätten. Labors und Lernbüros, um das Qualifikationsniveau gegenüber der dualen Ausbildung zu sichern. Teilweise sind Betriebspraktika in die Ausbildung einbezogen.

Im Schuljahr 2008/2009 haben 35.788, im Schuljahr 2011/2012 24.131 und im Schuljahr 2015/2016 19.000 Schüler Berufsfachschulen besucht, die einen Ausbildungsberuf gemäß BBiG/HwO vermitteln. Angesichts des Angebots an Ausbildungsstellen wird die Teilnehmerzahl bei diesem Bildungsgang weiter zurückgehen (vgl. Stat. Bundesamt 2010, S. 220; 2012, S. 209; 2015, S. 238 ff.; 2017, S. 6).

3.3 Berufsfachschulen, die eine vollständige Berufsausbildung vermitteln, die nur schulisch erreichbar ist

„Primäres Ziel der vollqualifizierenden Berufsfachschule ist ein Berufsabschluss. Darüber hinaus können Berechtigungen angestrebt werden, wie sie von den Allgemeinbildenden Schulen vergeben werden" (Pahl 2009, S. 353). Prototyp der Berufsfachschulen, die einen Berufsabschluss in einem Beruf vermitteln, der kein Ausbildungsberuf gemäß BBiG/HwO ist, sind die Bildungsgänge für Assistentenberufe. Assistentenberufe, auch als Schulberufe bezeichnet, stehen für die Ausübung einer beruflichen Funktion, die in besonderem Maße eine systematisierte, spezialisierte und theoriebetonte Ausbildung voraussetzt (vgl. Georg 1984, S. 105). Neben Assistenten werden an Berufsfachschulen noch weitere Berufe außerhalb des BBiG und

---

[3] vgl. hierzu Feller, Gisela (Hrsg.) (2001): Auf dem Schulweg zum Beruf. (Berichte zur beruflichen Bildung, Heft 243) Bielefeld: Bertelsmann; Zöller, Maria; Kroll, Stefan (2013): Bildungsgänge an beruflichen Vollzeitschulen (Schriftenreihe des BIBB, Heft 139). Bonn.

HwO ausgebildet. Tabelle 3 zeigt die Gesamtzahl der Schüler, die eine vollschulische Berufsausbildung im Schuljahr 2015/2016 absolvierten und die Zahlen der fünf stärksten Berufsgruppen.

Tab. 3 Die fünf am stärksten besetzten Berufsgruppen an Berufsfachschulen, die einen beruflichen Abschluss in einem Beruf vermitteln, der kein Ausbildungsberuf ist (außerhalb BBiG/HwO) Schuljahr 2015/2016

Berufsgruppe	insgesamt	davon weiblich
Erziehung, soziale und hauswirtschaftliche Berufe, Theologie	75.979	62.425
Nichtmedizinische Gesundheits-, Körperpflege- und Wellnessberufe, Medizintechnik	33.992	26.246
Medizinische Gesundheitsberufe	25.736	20.508
Berufe in Unternehmensführung, -organisation	23.711	13.968
Informatik-, Informations- und Kommunikations-technologieberufe	17.401	2.856
insgesamt	213.728	144.319

Quelle: Statistisches Bundesamt (2017): Berufliche Schulen. (Fachserie 11 Reihe 2 Schuljahr 2015/2016) Wiesbaden, S. 270 ff.

Auf 21 Seiten dokumentiert der *Unterausschuss für Berufliche Bildung der KMK* die *landesrechtlich geregelten Berufsabschlüsse* an Berufsfachschulen. Länderweise werden jeweils die Berufsbezeichnung, z. B. Staatlich geprüfter Designer, Staatlich geprüfter Fremdsprachenkorrespondent, Schwerpunkte nach Landesrecht, z. B. beim Designer Grafik oder Mode, *Eingangsvoraussetzungen* vom Hauptschulabschluss bis zur Allgemeinen Hochschulreife und Ausbildungsdauer von 12 bis 36 Monaten aufgelistet (vgl. KMK 2016, S. 2–21). Die Ländervielfalt bei der Gestaltung der Bildungsgänge an Berufsfachschulen soll am Beispiel des „Staatlich geprüften biologisch-technischen Assistenten" aufgezeigt werden: Bei „Mittlerem Schulabschluss" als Eingangsvoraussetzung dauert die Ausbildung in 12 Ländern 24 Monate, in zwei Ländern 36 Monate, mit Fachhochschulreife in einem Land 24 Monate, mit Allgemeiner Hochschulreife ohne naturwissenschaftliche Leistungsfächer in einem Land 24 Monate und mit Allgemeiner Hochschulreife mit naturwissenschaftlichen Leistungsfächern in einem Land 12 Monate (vgl. KMK 2016, S. 11).

Vollschulische Berufsausbildung leisten auch die Schulen des Gesundheitswesens, welche die nichtakademischen Gesundheits-, Erziehungs- und Sozialberufe (GES-Berufe) ausbilden. Bundesrechtlich sind 17 und landesrechtlich 45 GES-Berufe geregelt. Die beiden stärksten Gruppen nach Bundesregelung sind Gesundheits- und Krankenpfleger/in (81.302) sowie Altenpfleger/in (82.102). Die beiden stärksten Gruppen nach Landesregelung sind Erzieher/in (83.112) und Sozialhelfer/in/-assistent/in (83.142) (vgl. Stat. Bundesamt 2015, S. 83 ff.; BiBB 2016, S. 230 ff.).

„Die Gesamtheit der vollqualifizierenden schulischen Berufsbildungsangebote unterhalb der Hochschulebene können als schulisches Berufsausbildungssystem – auch Schulberufssystem – bezeichnet werden" (Pahl 2009, S. 117). Allerdings stellt das *Schulberufssystem* aufgrund seiner verschiedenen Organisationsformen kein einheitliches System dar (vgl. Pahl 2009, S. 117).

3.4 Berufsfachschulen, die eine berufliche Grundbildung bzw. eine berufliche Teilqualifikation vermitteln

Die teilqualifizierenden Berufsfachschulen sind berufsvorbereitende Einrichtungen, die berufsfachliche und allgemeine Bildungsinhalte vermitteln und auch den Erwerb eines allgemeinen höheren Schulabschlusses ermöglichen. Die erfolgreichen Absolventen teilqualifizierender Berufsfachschulen verfügen über eine optimale Ausbildungsreife, sind in der Berufswahl noch offen und können mit ihrer beruflichen Vorbildung in eine Berufsausbildung einmünden (vgl. Pahl 2009, S. 119 und S. 151 ff.).

Berufsfachschulen, die eine berufliche Grundbildung bzw. eine berufliche Teilqualifikation vermitteln, sind mindestens einjährig und setzten den Hauptschulabschluss voraus. Verschiedene zweijährige Berufsfachschulen vermitteln neben der beruflichen Grundbildung eine gehobene Allgemeinbildung, die mit dem Realschulabschluss bzw. einer gleichwertigen Berechtigung abgeschlossen werden kann. Es bestehen auch Berufsfachschulen, die eine berufliche Grundbildung vermitteln und zum Einstieg den Realschulabschluss oder eine gleichwertige Berechtigung voraussetzen. Die Absolventen der Bildungsgänge münden entweder in eine duale Ausbildung ein oder besuchen weiterführende Schulen.

Tabelle 4 zeigt die Verteilung der Schüler an Berufsfachschulen, die eine berufliche Grundbildung vermitteln, auf die fünf am stärksten besetzten Berufsgruppen. Die Gesamtzahl der Schüler betrug im Schuljahr 2012/2013 197.668, im Schuljahr 2013/2014 195.226 und im Schuljahr 2015/2016 198.961 (vgl. Stat. Bundesamt 2014, S. 352; 2014, S. 304; 2015, S. 372). Man kann davon ausgehen, dass aufgrund der demografischen Entwicklung und dem Angebot von Ausbildungsstellen die Gesamtzahl zurückgeht.

Tab. 4 Die fünf am stärksten besetzten Berufsgruppen an Berufsfachschulen, die eine berufliche Grundbildung bzw. berufliche Teilqualifikation vermitteln Schuljahr 2015/2016

Berufsgruppe	insgesamt	davon weiblich
Berufe in Unternehmensführung, -organisation	89.074	41.101
Erziehung, soziale und hauswirtschaftliche Berufe, Theologie	25.328	19.485
Nichtmedizinische Gesundheits-, Körperpflege-/Wellnessberufe, Medizintechnik	20.812	16.405
Metallerzeugung, -bearbeitung, Metallbauberufe	9.986	639
Mechatronik-, Energie- und Elektroberufe	10.190	467
insgesamt	198.961	88.869

Quelle: Statistisches Bundesamt (2017): Berufliche Schulen. (Fachserie 11 Reihe 2 Schuljahr 2015/2016) Wiesbaden, S. 387f.

3.5 Möglichkeiten und Grenzen vollschulischer Berufsausbildung

„Die schulische Berufsausbildung hat den Vorteil, dass sie die Arbeitskräfte weniger durch soziale Definitionen auf enge berufliche Aufgabengebiete festlegt und damit die spätere berufliche Flexibilität und Mobilität der Arbeitskräfte erhöht. Sie konfrontiert junge Auszubildende aber oftmals nur unzureichend mit realistischen Arbeitsmarktanforderungen und stattet sie nur bedingt mit praktischen Problemlösekompetenzen aus" (vbw 2015, S. 121). Vollschulische Berufsausbildung kann theoretische und fachpraktische Ausbildungsinhalte miteinander verknüpfen und sich verstärkt mit theoretischen Grundfragen auseinandersetzen (vgl. Nickolaus 2008, S. 45). Übersicht 1 zeigt die Möglichkeiten und Grenzen bzw. Vor- und Nachteile vollschulischer Berufsausbildung auf.

Übersicht 1 Möglichkeiten und Grenzen vollschulischer Berufsausbildung

Möglichkeiten	Grenzen
– systematisches Lernen	– Ernstcharakter der Arbeitswelt fehlt
– breite berufliche Grundbildung	– evtl. Modernitätsrückstände
– nicht betriebs- oder produktionsgebunden	– mangelnde Praxisnähe
– fachübergreifende Orientierung	– Überforderung der Schüler
– Projektmethode	– Selbststeuerung der vollständigen Handlung
– praxis- und realitätsnahe Simulationen	– Verbindung Theorie und Praxis
– fachpraktische Ausbildung	– mangelnde Ausstattung
– Vertiefung allgemeiner Bildung	– Vorbildung der Schüler
– individuelle Rückmeldungen zu Lernergebnissen	– Unterrichtszeiten und Klassengröße
– Schüler unter Schülern	– Minderstatus als Auszubildender und Arbeitnehmer
– noch andere Berufswahl möglich	– Eignung und Ansprüche der Schüler
– höheres Eintrittsalter ins Beschäftigungssystem	– evtl. Schulmüdigkeit der Schüler

Haupteinwand gegen die schulische Berufsausbildung ist die fehlende Praxisnähe und der fehlende Ernstcharakter. Hierbei wird übersehen, dass sich die Praxis sehr schnell verändern kann und durch Simulation und praktische Arbeit in Werkstätten, Labors und Lernbüros bzw. Übungsfirmen eine gewisse Praxisnähe erreicht werden kann. Die Fehlersuche und Fehlerbehebung kann an einem Kraftfahrzeug in der Schule genauso erledigt werden wie in einem Betrieb. Die Arbeit in einer Übungsfirma ermöglicht sowohl komplexe Aufgaben als auch Routinetätigkeiten und bietet Lernhandlungen, die an einem regulären Arbeitsplatz nicht möglich sind. Es können Entscheidungen getroffen und deren Auswirkungen reflektiert werden (vgl. Deißinger/Ruf 2006, S. 46 ff. und S. 168). Im Hinblick auf Praxisnähe und Realbezüge kommt der Simulation wachsende Bedeutung zu. „Durch Simulation werden komplexe Situationen, Strukturen und Prozesse wirklichkeitsnah abgebildet oder transformiert, um Handeln wie in der Wirklichkeit zu ermöglichen" (Bonz 2009, S. 118). Ein Simulator ist die Nachbildung bzw. Abbildung eines realen bzw. fiktiven Systems, das für Ausbildungs-, Trainings-, Prüfungs-, Test- und Forschungszwecke verwendet werden kann (vgl. Faber 2006, S. 443). „Die Erfolge, die mit Simulationen in der Luftfahrt erreicht wurden, führten zu Einsatz der Simulatoren in zahlreichen anderen Gebieten" (Faber 2010, S. 13). Weitere Simulator-Beispiele sind:

- Leitwarten von Kernkraftwerken,
- Fahrsimulation (LKW-Ausbildung),
- Prozesssimulation (CNC-Maschinen),
- Medizinische Simulation (Anästhesie-, Notfallmedizin, Medizindidaktik),
- Forschungssimulation (Naturwissenschaften) (Faber 2010, S. 13).

Eine weitere Möglichkeit im Rahmen einer vollschulischen Berufsausbildung Praxisnähe und auch Realsituationen mit Ernstcharakter über produktive Arbeiten herzustellen, könnte die „Produktionsschule" bieten (vgl. Kell 2013, S. 15 ff.).

4 Betriebliche und überbetriebliche schulische Berufsausbildung

4.1 Verschulung als Ausgliederung

„Verschulung ist die Ausgliederung von Lehr- und Lernvorgängen aus dem tätigen Lebenszusammenhang und die Konstituierung einer eigenständigen, pädagogischen Realität" (Bruchhäuser 2005, S. 12). War Verschulung zunächst ein Krisensymptom für die Mängel des Lernens im Rahmen des Lebenszusammenhangs, so verbindet sich mit der Verschulung auch die Erwartung, dass eine höhere Effizienz durch die schulisch organisierte Vermittlungsleistung erreicht wird (vgl. Bruchhäuser 2005, S. 12).

Wenn von der Schule gesprochen wird, dann sind die öffentlich-staatlich regulierten Schulen im Blick, die sich durch charakteristische Merkmale von anderen Lehr-Angebote bietenden Institutionen, z. B. Bildungsträger, unterscheiden. In den öffentlichen Schulen handeln Lehrer im Rahmen des Unterrichts im Bildungs- und Erziehungsauftrag des Staates (vgl. Zlatkin-Troitschanskaia 2006, S. 195 und S. 252). Die zahlreichen Einrichtungen, die neben den öffentlichen Schulen *Unterricht* – organisierte Lehr-Lern-Prozesse – anbieten, verstehen und bezeichnen sich nicht als *Schulen*, obwohl sie eigentlich Schulung – schulische Ausbildung – betreiben. „Im didaktischen Sinne bedeutet Verschulung nicht, dass die Lehre in einer Schule stattfindet, sondern dass das Prinzip des schulischen Unterrichts, abgehoben vom unmittelbaren Lebensvollzug aufgrund 'künstlicher' Planung und Gestaltung Kenntnisse und Fertigkeiten zu vermitteln, in einem Lehrprozess realisiert wird" (Zabeck 1974, S. 330).

Im Zusammenhang mit der Berufsausbildung lässt sich ein historisch durchgängiger Trend der zunehmenden Ausgliederung des betrieblich-praktischen Lernens auf schulischen Qualifikationserwerb feststellen. Dies zeigt sich in gestiegenen innerbetrieblichen Schulungsanteilen und überbetrieblicher Ausbildung (vgl. Dauenhauer 1997, S. 53 f. und S. 202 ff.). Bereits im 19. Jahrhundert wurden nach Angaben von Scheven für das Handwerk Ergänzungslehrwerkstätten im Textil-, Maler- und Friseurgewerbe errichtet (vgl. Scheven 1894). „Der betriebliche Arbeitsplatz repräsentiert den höchsten Grad an Realitätsnähe, zugleich begründet der Ernstcharakter der Aufträge die Gefahr, dass die immanenten zeitlichen und ökonomischen Zwänge die Ausschöpfung der Lernpotentiale beeinträchtigen" (Euler 2015, S. 7). Eine teilweise Ausgliederung von Ausbildungsaufgaben in arbeitsplatzisolierte schulische Ausbildungsmaßnahmen ist unerlässlich, wenn die Vollständigkeit einer Berufsausbildung gesichert werden soll.

4.2 Betriebliche schulische Ausbildung

Wenn deutsche Großunternehmen die duale Berufsausbildung durchführen und z. B. ihren Auszubildenden durch betriebliche Bildungsmaßnahmen Zusatzqualifikationen vermitteln, die über die Mindestanforderungen von Ausbildungsordnungen hinausgehen, betreiben sie schulische Berufsausbildung. Erfolgt die Ausbildung im Unternehmen mit Unterstützung „Dritter Experten" oder anderer externer Partner wie Akademien oder überbetriebliche Ausbildung, handelt es sich ebenfalls um schulische Berufsausbildung (vgl. BMBF 2015, S. 14 und S. 59 ff.). Es zeigt sich, dass unter dem Einfluss der neuen Informations- und Kommunikationstechniken und neuer Formen einer integrierten Aufgabenbearbeitung immer mehr „Lernorte ohne Ernstcharakter" in den Betrieben eingerichtet werden (vgl. Achtenhagen/ Bendorf/Weber 2004, S. 78). Widl spricht von betriebsschulischem Lernen und sieht dies eingebettet in das Lernen durch und bei der Arbeit sowie die Instruktion am Arbeitsplatz (vgl. Widl 1979, S. 133).

4.3 Überbetriebliche schulische Ausbildung

„Für kleine und mittlere Unternehmen ist es zum Teil schwierig, alle notwendigen Ausbildungsinhalte einer dualen Ausbildung zu vermitteln (Gründe: Spezialisierung, Maschinen nicht auf neuestem Stand, betriebliche Abläufe würden gestört usw.). Daher wurden in vielen Berufszweigen überbetriebliche Berufsbildungsstätten (ÜBS) eingerichtet" (BMBF 2016a, S. 102).

„Die überbetriebliche Ausbildung erfüllt drei Funktionen:

1. Systematisierungsfunktion: Förderung der Systematisierung und Vereinheitlichung der betrieblichen Ausbildung.
2. Ergänzungsfunktion: Ergänzung der betrieblichen Ausbildung bei einer hochspezialisierten Produktions- und Dienstleistungsstruktur.
3. Transferfunktion: Transfer neuer Technologien in die kleinen und mittleren Unternehmen" (BA 2009).

Die in den Betrieben und in der Berufsschule stattfindenden Ausbildungen werden durch praxisnahe Lehrgänge und Kurse ergänzt. Die an unterschiedlichen betrieblichen Lernorten gewonnenen fragmentarischen Lernerfahrungen sollen unter entsprechenden pädagogischen Bedingungen in der überbetrieblichen Ausbildung zu einem Lernergebnis zusammengeführt werden (vgl. Esser 2004, S. 234). ÜBS sollen nicht nur die Ausbildungsfähigkeit von kleinen und mittleren Unternehmen (KMU) sichern, sondern auch Wegbereiter und Vorreiter neuer Lehr-Lernkonzepte sein und technologische Weiterentwicklungen vermitteln (vgl. BIBB 2016, S. 449 ff.). Mit Bundesförderung werden geeignete ÜBS zu Kompetenzzentren weiterentwickelt, um als Bildungsdienstleister für Beratung, Informations- und Technologietransfer wirken zu können. Die Kompetenzzentren können neben Ausbildung auch berufliche Weiterbildung anbieten (vgl. BMBF 2016a, S. 113 f.). Im Rahmen der ÜBS-Förderung hat im Jahr 2015 das BIBB 42 Mio. € und das „Bundesamt für Wirtschaft und Ausfuhrkontrolle" 29,01 Mio. € zur Verfügung gestellt (vgl. BIBB 2016, S. 450).

4.4 Überbetriebliche Ausbildung im Handwerk

Die Berufsausbildung im Handwerk wird traditionell durch überbetriebliche Kurse als „Überbetriebliche Lehrlingsunterweisung" (ÜLU) unterstützt. Es werden folgende Ziele unterschieden:

– Systematische Vertiefung der betrieblichen Grund- und Fachbildung in produktionsunabhängigen Werkstätten;
– Anpassung der Berufsausbildung an technologische und wirtschaftliche Entwicklungen;
– Sicherung eines einheitlichen Ausbildungsniveaus unabhängig von der Ausbildungsfähigkeit oder Spezialisierung des einzelnen Handwerksbetriebes (Franke / Sachse 2015, S. 9).

Die in den Betrieben und in der Berufsschule stattfindenden Ausbildungen werden durch praxisnahe Lehrgänge ergänzt. Die Lehrgänge vermitteln berufsmotorische Fertigkeiten, wobei die Unterweisungs- und Übungsabschnitte nach steigendem Schwierigkeitsgrad geordnet werden (vgl. Bonz 2009, S. 84). Es geht bei der ÜLU nicht nur um die Vermittlung von Fertigkeiten, sondern auch um Kenntnisse, die durch Unterricht vermittelt werden müssen, z. B. Sicherheit und Gesundheitsschutz bei der Arbeit, betriebliche, technische und kundenorientierte Kommunikation, dabei auch englische Fachausdrücke (vgl. HWK 2010, S. 4 ff.).

Die ÜLU unterscheidet die *Grundstufe* (1. Ausbildungsjahr) und die *Fachstufe* (2. bis 4. Ausbildungsjahr). Die Ausbildung erfolgt nach bundeseinheitlichen Unterweisungsplänen. Im Jahr 2015 standen 92 Unterweisungspläne für die Grundstufe und 373 für die Fachstufe zur Verfügung. Als Maß für die durchschnittliche Verweildauer in der Fachstufe wird die *„Unterweisungsintensität"* angeführt (in Wo/Fst). Die Unterweisungsintensität in der Fachstufe betrug 2015 durchschnittlich 4,7 Wochen (2013 4,4 Wochen). Nachdem für die *Berufe der Bauwirtschaft* 14 bis 17 Wochen überbetriebliche Unterweisung in der Fachstufe vorgeschrieben sind und damit die Höhe der Unterweisungsintensität beeinflussen, ergibt eine entsprechend berichtigte Unterweisungsintensität in der Fachstufe bundesweit pro Jahr 3,9 Wochen (2013 3,7 Wochen) (vgl. Franke/Sachse 2015, S. 134 f.). Im Jahr 2015 haben 355.107 Auszubildende vom 1. bis 4. Ausbildungsjahr an überbetrieblichen Ausbildungsveranstaltungen teilgenommen (vgl. Franke 2016, S.1 14 ff.).

Die ÜLU wurde als Teil der betrieblichen Ausbildung verstanden, obwohl es sich eigentlich um einen *3. Lernort der dualen Ausbildung* handelt. Während die Grundstufe von den Ländern finanziell anteilig gefördert wird, erfolgt die Finanzierung der Fachstufe gemeinsam durch Bund, Länder und Handwerkswirtschaft.

Man kann bei der ÜLU, obwohl die Zahl der Auszubildenden zurückgegangen ist, von einer kontinuierlichen Ausweitung ausgehen, da die Unterweisungsintensität von 3,9 Wochen 2004 auf 4,7 Wochen 2015 angestiegen ist. Während 2007 468.014 Handwerkslehrlingen 442.934 Teilnahmen in der Fachstufe gegenüberstanden, wurden 2015 bei 355.107 Lehrlingen 422.924 Teilnahmen in der Fachstufe registriert (vgl. Franke/Sachse 2015, S. 11 und S. 24 ff.; Franke 2016, S. 24).

Viele *kleine Handwerksbetriebe* sind erst aufgrund der Förderung durch die ÜLU in der Lage, gemäß Ausbildungsordnung adäquat auszubilden. Sie tragen über Gebühren und Umlagen zu der Finanzierung der überbetrieblichen Ausbildungsmaßnahmen bei (vgl. Franke/Sachse 2015, S. 11 f.). „Darüber hinaus nehmen sie einen Leistungsverzicht in Kauf, da die Auszubildenden während der Teilnahme an Unterweisungsmaßnahmen nicht produktiv zur Verfügung stehen" (Franke/Sachse 2015, S. 11).

5 Begrenzungen und Ausweitungen schulischer Berufsausbildung

5.1 Begrenzung des Berufsschulunterrichts

Es wurde bereits angeführt (vgl. 2.3), dass 2014 in 7 Bundesländern die festgelegten 12 Wochenstunden Berufsschulunterricht nicht erreicht wurden. Nach der DIHK-Onlineumfrage 2015 zur Situation der Berufsschule, an der sich 11.541 Ausbildungsbetriebe beteiligt haben, beanstanden 9% der Betriebe, dass der Berufsschulunterricht oft längere Zeit ausfällt. Auch fachfremder Lehrereinsatz wird beklagt. Der besonders häufige Ausfall der allgemeinbildenden Fächer wird von 76% (N=5.400) der befragten Ausbildungsbetriebe angeführt (vgl. DIHK 2015a, S. 2 und S. 10ff.).

Wenn man davon ausgeht, dass die Bundesländer sich bemühen werden, den Berufsschulunterricht entsprechend den KMK-Vorgaben anzubieten, so ergeben sich aufgrund der starken Zuwanderung neue Beschulungsprobleme, deren Auswirkungen noch nicht zu übersehen sind. Man kann daher davon ausgehen, dass der Berufsschulunterricht auch in Zukunft Begrenzungen erfährt.

5.2 Ausweitungen und Begrenzungen vollzeitschulischer Berufsausbildung an Berufsfachschulen

Die Abbildung 1 zeigt die Entwicklung der Schüler/-innenzahlen in vollzeitschulischen Ausbildungsgängen. Während die Ausbildung in Gesundheitsfachberufen und Gesundheits- und Sozialberufen eine Ausweitung erfährt, verringert sich die vollzeitschulische Berufsausbildung gemäß BBiG/HwO bzw. außerhalb BBiG/HwO. Der Rückgang vollzeitschulischer Berufsausbildung hängt mit der demografischen Entwicklung und vermehrtem Angebot von dualen Berufsausbildungsplätzen zusammen.

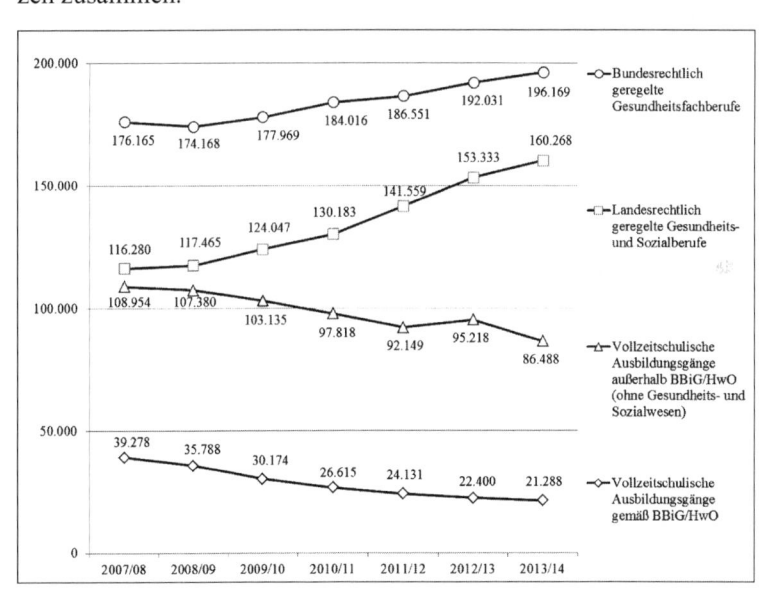

Abb. 1 Entwicklung der Schüler/-innenzahlen in vollzeitschulischen Ausbildungsgängen im Überblick
Quelle: Zöller, Maria (2015): (Vollzeit-)Schulische Ausbildungsgänge mit einem beruflichen Abschluss gemäß und außerhalb BBiG/HwO. Vertiefende Analysen der Entwicklungen in Deutschland. (Wissenschaftliche Diskussionspapiere des BIBB H. 159) Bonn, S. 10

Es gab und gibt Bestrebungen, vollzeitschulische Berufsausbildungen zu Gunsten der dualen Berufsausbildung zu reduzieren, da zunehmend betriebliche Ausbildungsstellen nicht mehr besetzt werden können. Sachsen und Mecklenburg-Vorpommern haben bereits vollschulische Berufsausbildungsgänge eingestellt und weitere Länder wollen folgen (vgl. hierzu BIBB-Datenreport 2013, S. 243 f.). Die Wirtschaftsministerkonferenz (WMK) hat bei ihrer Tagung am 4./5.6.2012 die KMK gebeten darauf hinzuwirken, dass „vollzeitschulische Ausbildungsgänge, für die es ausreichend Angebote an betrieblichen Ausbildungsplätzen gibt, eingestellt werden". In der Begründung hierzu heißt es u. a.: „Die Arbeitsmarktchancen dieser schulisch erworbenen Abschlüsse sind deutlich schlechter als die Abschlüsse der dualen Ausbildung. Folglich ist einer dualen Ausbildung zur Fachkräftesicherung immer Vorrang einzuräumen, da diese arbeitsmarktorientiert und ressourcenschonend ist" (WMKa 2012, S. 39 f.). Außerdem hält es die WMK „für wichtig, dass geprüft wird inwiefern für vollzeitschulische Ausbildungsgänge, die landesrechtlich geregelt sind und kein Äquivalent im dualen System haben, bei entsprechendem Bedarf duale Angebote geschaffen werden können" (WMKb 2012, S. 28).

In der *DIHT-Onlineumfrage zur Berufsschulsituation* wird vorgeschlagen, vollzeitschulische Ausbildungsgänge zurückzufahren, um Lehrerkapazität für die duale Berufsausbildung freizumachen (vgl. DIHK 2015a, S. 16). Das *DIHK-Diskussionspapier* 2013 *„Vorfahrt für die Praxis"* fordert: „Es muss in den einzelnen Bundesländern künftig alles daran gesetzt werden, schulische Maßnahmen zugunsten betrieblicher Qualifizierung zurückzufahren", denn „Die Betriebe können ihrer Verantwortung allerdings nur dann gerecht werden, wenn sie angemessene Unterstützung erhalten und ineffiziente schulische Maßnahmen in den einzelnen Bundesländern konsequent abgebaut werden" (DIHK 2013, S. 7 und S. 9). In der *DIHK-Vollversammlung 2015* wurde bezüglich der Bildungspolitik erwartet, dass für die duale Ausbildung stärkende Strategien entwickelt werden. „So müssen vollzeitschulische Ausbildungen, die in Konkurrenz zur betrieblichen Ausbildung stehen, eingestellt werden und neue grundsätzlich vermieden werden" (DIHK 2015b, S. 13).

5.3 Ausweitung schulischer Berufsausbildung in Betrieben

Im Abschnitt 4.2 wurde bereits auf die wachsende Zunahme von betrieblichen Schulungsmaßnahmen vor allem in Großbetrieben hingewiesen. Hinzu kommt, dass einer anspruchsvollen Berufsausbildung an regulären Arbeitsplätzen immer mehr Grenzen gesetzt sind. Nach *Dehnbostel* ist das Lernen am zweckbestimmten Arbeitsplatz in hohem Maße zufällig, beliebig, unterliegt einzelbetrieblichen Betriebs- bzw. Renditezielen und wird häufig durch Arbeitsverdichtungen erschwert (vgl. Dehnbostel 2015, S. 58). Da die Arbeitsplätze an der Erfüllung bestimmter Arbeitsaufgaben orientiert sind, und damit Anforderungen an ausgebildete Fachkräfte gestellt werden, kommt die Arbeitslogik in Widerspruch zur Lehr-Lernlogik, wenn ein Arbeitsplatz zum Lernort, und damit auch zum Lehrort werden soll (vgl. Schanz 2015, S. 47 ff.). Arbeitsplatzisolierte Schulungen, nicht nur Unterweisungen, sind in Ausbildungsbetrieben unerlässlich. Auch Auszubildende mit Lernproblemen – mit und ohne Migrationshintergrund – fordern vielfach betriebliche Schulungsmaßnahmen. Ausbildungsbetriebe, vor allem mittlerer und kleinerer Betriebsgröße, die im Betrieb keine Schulungsmaßnahmen bieten können, nutzen überbetriebliche Ausbildung.

5.4 Ausweitung schulischer Ausbildung in überbetrieblichen Berufsbildungsstätten (ÜBS)

„Die Förderung der überbetrieblichen Berufsbildungsstätten (ÜBS) ist wesentlicher Teil einer Infrastrukturförderung im Bereich der Aus-, Fort- und Weiterbildung" (BMBF/BMWi 2015, S. 1). Inzwischen gibt es bundesweit über 1000 ÜBS-Standorte (2011 800). Die ÜBS haben eine starke Ausweitung erfahren und bieten damit vielseitige Aus- und Weiterbildungsmöglichkeiten. Da viele Ausbildungsberufe zunehmend IT-basiert sind, hat das BMBF ein Sonderprogramm zur Digitalisierung der ÜBS veröffentlicht. Das Programm soll von 2016 bis 2019 74 Mio. € zur Verfügung stellen und u. a. die Anschaffung von Drohnen, 3-D-Druckern oder Assistenzrobotern zum Schweißen, Bohren und Drehen ermöglichen (vgl. BMBF 2016b).[4]

Mit diesem Sonderprogramm zur Digitalisierung erfahren die ÜBS eine qualitative Ausweitung und Modernisierung. Es wird deutlich, dass schulische Berufsausbildung in den ÜBS und auch in den Betrieben eine große und wachsende Bedeutung hat sowie staatlich gefördert wird, denn „heute muss der Lehrling weiter sein als der Meister".[5] Die Feststellung von Gustav Grüner, dass ein „dritter Lernort" als zweiter schulischer Lernort neben und nicht in der Berufsschule entstanden ist, zeigt, öffentlich-rechtliche Schulen sind nicht gewünscht (vgl. Grüner 1975, S. 72). Vollzeitschulische Ausbildungen gelten aus der Sicht der Betriebe zumeist als zweite Wahl. Auf Verbandsebene besteht eine unverkennbare Ablehnung gegenüber vollzeitschulischen Ausbildungsformen (vgl. Euler 2000, S. 83). Möglicherweise ist es Kreisen der Wirtschaft zu viel Pädagogik, die in öffentlich-rechtlichen Schulen praktiziert wird, mit der die Ablehnung vollschulischer Ausbildung zu erklären ist. Schlaffke, ein Vertreter der Wirtschaft, formuliert hierzu: „Je mehr Pädagogik das Streben nach dem Wünschbaren, nach dem Idealen entwickelt, desto mehr muß sich das Individuum an den engen Grenzen des Möglichen stoßen" (Schlaffke 1982, S. 51).

Literatur

Achtenhagen, Frank; Bendorf, Michael; Weber, Susanne (2004): Lernortkooperation zwischen Wirklichkeit und „Vision". In: Euler, Dieter (Hrsg.): Handbuch der Lernortkooperation Band 1: Theoretische Fundierungen. Bielefeld: Bertelsmann, S. 77–101

---

[4] vgl. hierzu Hammermann, Andrea; Stettes, Oliver (2016): Qualifikationsbedarf und Qualifizierung. Anforderungen im Zeichen der Digitalisierung. IW policypaper 3/2006. Aktuelle politische Debatten aus dem Institut der deutschen Wirtschaft Köln.
[5] *Johanna Wanka* in einem Interview in der *Wirtschaftswoche* vom 6. Januar 2017.

BA (2009): Überbetriebliche Ausbildung. Internetinformation

BA (Hrsg.) (2009): Nationaler Pakt für Ausbildung und Fachkräftenachwuchs – Kriterienkatalog zur Ausbildungsreife. Berlin

Beck, Klaus (2006): Moralische Entwicklung und Berufserziehung. In: Kaiser, Franz-Josef; Pätzold, Günter (Hrsg.): Wörterbuch Berufs- und Wirtschaftspädagogik 2. Aufl. Bad Heilbrunn: Klinkhardt, S. 375–376.

BIBB (Hrsg.) (2013): Datenreport zum Berufsbildungsbericht 2013. Bonn

BIBB (Hrsg.) (2016): Datenreport zum Berufsbildungsbericht 2016. Bonn

BMBF (Hrsg.) (2016a): Berufsbildungsbericht. Bonn

BMBF (2016b): Pressemitteilung 012/2016 – Dachdecker, die Drohnen fliegen. Berlin

BMBF (Hrsg.) (2015): Stellenwert der dualen Ausbildung im Großunternehmen. Band 16 der Reihe Berufsbildungsforschung. Bonn

BMBF/BMWi (2015): Bekanntmachung des Bundesministeriums für Bildung und Forschung und des Bundesministeriums für Wirtschaft und Energie zur Änderung der Gemeinsamen Richtlinien für die Förderung überbetrieblicher Berufsausbildungsstätten (ÜBS) und ihrer Weiterentwicklung zu Kompetenzzentren. Berlin

Bonz, Bernhard (2009): Methodik – Lern-Arrangements in der Berufsbildung. (Studientexte Basiscurriculum Berufs- und Wirtschaftspädagogik Bd. 4/2. Aufl.) Baltmannsweiler: Schneider

Bruchhäuser, Hanns-Peter (2005): Realitätsbezogenheit und konstruktive Rationalität kaufmännischer Curricula. In: Horlebein, Manfred; Schanz, Heinrich (Hrsg.): Wirtschaftsdidaktik für berufliche Schulen. (Berufsbildung konkret Bd. 8) Baltmannsweiler: Schneider, S. 12–42

Dauenhauer, Erich (1997): Berufsbildungspolitik. 3. Aufl. Münchweiler: Walthari, S. 53 f. und S. 202 ff.

Dehnbostel, Peter (2015): Betriebliche Bildungsarbeit – Kompetenzorientierte Aus- und Weiterbildung im Betrieb. (Studientexte Basiscurriculum Berufs- und Wirtschaftspädagogik Bd. 9) Baltmannsweiler: Schneider

Deißinger, Thomas; Ruf, Michael (2006): Übungsfirmen am Kaufmännischen Berufskolleg in Baden-Württemberg. Paderborn: Eusl

DGB (Hrsg.) (2015): Ausbildungsreport 2015. Berlin

DIHK (Hrsg.) (2015a): Licht und Schatten – DIHK-Onlineumfrage zur Berufsschulsituation in den IHK-Regionen. Berlin

DIHK (Hrsg.) (2015b): Berufliche Bildung 2015 – Strategische Leitlinien und Handlungsfelder der IHK-Organisation. (Beschluss der DIHK-Vollversammlung vom 26. November 2015) Berlin

DIHK Diskussionspapier (2013): Vorfahrt für die Praxis! Übergänge von der Schule in die betriebliche Ausbildung verbessern. Berlin

Dobischat, Rolf; Kühnlein, Gertrud; Schurgatz, Robert (2012): Ausbildungsreife – Ein umstrittener Begriff beim Übergang Jugendlicher in eine Berufsausbildung. (Arbeitspapier 189 Hans-Böckler-Stiftung) Düsseldorf

Doose, Carl-Heinz (2005): Berufliche Schule innovativer, selbständiger und verantwortlicher: In: Illerhaus, Klaus (Hrsg.): Die Koordinierung der Berufsausbildung in der Kultusministerkonferenz. Festschrift anlässlich der 250. Sitzung des Unterausschusses für Berufliche Bildung der Ständigen Konferenz der Kultusminister der Länder in der Bundesrepublik Deutschland (UABBi) am 16./17. Juni 2005 in Potsdam. Bonn, S. 164–178

Esser, Friedrich H. (2004): Über den Stellenwert von Lernortkooperationen in einer Berufsbildungskonzeption des Handwerks – Möglichkeiten und Grenzen aus handwerksbetrieblicher Sicht. In: Euler, Dieter (Hrsg.): Handbuch der Lernortkooperation Band 1: Theoretische Fundierungen. Bielefeld: Bertelsmann, S. 226–241

Euler, Dieter (2015): Lernorte in der Berufsausbildung zwischen Potenzial und Realität. BWP 44(2015) 1, S. 6–9

Euler, Dieter (2000): Bekannt, aber nicht anerkannt – Zur Weiterentwicklung der Berufsausbildung in schulischer Trägerschaft. In: Zimmer, Gerhard (Hrsg.): Zukunft der Berufsausbildung. Zweite Modernisierung unter Beteiligung der beruflichen Vollzeitschulen. Bielefeld, S. 71–87

Faber, Gerhard (2006): Simulator. In: Kaiser, Franz-Josef; Pätzold, Günter (Hrsg.): Wörterbuch Berufs- und Wirtschaftspädagogik 2. Aufl. Bad Heilbrunn: Klinkhardt, S. 443

Faber, Gerhard (2010): Simulationen in der Luftfahrt – Virtualität und Realität. Einführung in die Thematik. In: Faber, Gerhard (Hrsg.): Virtuelle Welten – Flugsimulatoren in der Aus-, Fort- und Weiterbildung von Verkehrspiloten. (Forschungszentrum für Verkehrspilotenausbildung (FHP) Darmstadt, S. 4–13

Franke, Daniela (2016): Überbetriebliche Unterweisung im Handwerk 2015. Zahlen – Fakten – Analysen. (Heinz-Piest-Institut für Handwerkstechnik an der Leibniz Universität Hannover) Hannover

Franke, Daniela; Sachse, Henrike (2015): Überbetriebliche Unterweisung im Handwerk im Jahr 2014 – Zahlen – Fakten – Analysen. (Heinz-Piest-Institut für Handwerkstechnik an der Leibniz Universität Hannover) Hannover

Georg, Walter (1984): Schulberufe und berufliche Schulen. Zum Funktionswandel beruflicher Vollzeitschulen. In: Georg, Walter (Hrsg.): Schule und Berufsausbildung – Gustav Grüner zum 60. Geburtstag. Bielefeld: Bertelsmann, S. 103–126

Grüner, Gustav (1975): Überbetriebliche Lehrwerkstätten. Die berufsbildende Schule 27 (1975) S. 71–73

Horlebein, Manfred (1998): Didaktik der Moralerziehung – eine Fundierung durch Pädagogische Anthropologie und Praktische Philosophie. (Wirtschaftspädagogisches Forum Bd. 6) Markt Schwaben: Eusl

Horlebein, Manfred (2001): Die ethische Dimension der Wirtschaftsdidaktik. In: Schanz, Heinrich (Hrsg.): Berufs- und wirtschaftspädagogische Grundprobleme. (Berufsbildung konkret Bd. 1) Baltmannsweiler: Schneider, S. 75–89

(HWK) Handwerkskammer (2010): Ausbildungsmaßnahmen außerhalb der Ausbildungsstätte – Lehrgang der überbetrieblichen beruflichen Bildung in der Grundstufe. Deutsche Handwerkszeitung. Ausgabe Handwerkskammer Mannheim Rhein-Neckar-Odenwald Nr. 24/2010

Kell, Adolf (2013): Produktionsschule – Übergangssystem – Lern-Arbeits-System: Berufsbildungswissenschaftliche Perspektiven. In: bwp@Spezial 6 – Hochschultage Berufliche Bildung 2013, Workshop 09, hrsgg. v. Gentner, C./Meier, J., 1–34

KMK (Hrsg.) (1991): Rahmenvereinbarung über die Berufsschule. Beschluß der Kultusministerkonferenz vom 15.03.1991

KMK (Hrsg.) (2015): Schulgesetze der Länder in der Bundesrepublik Deutschland. Stand: Juni 2015

KMK (Hrsg.) (2016): Dokumentation der Kultusministerkonferenz über landesrechtlich geregelte Berufsabschlüsse an Berufsfachschulen. (Beschluss des Unterausschusses für Berufliche Bildung vom 29.01.2016)

Kochendörfer, Jürgen (2009): Zur Diskussion der Integration allgemeinbildender Aspekte im lernfeldorientierten Unterricht. In: Bonz, Bernhard; Kochendörfer, Jürgen; Schanz, Heinrich (Hrsg.): Lernfeldorientierter Unterricht und allgemeinbildende Fächer. (Berufsbildung konkret Bd. 9) Baltmannsweiler: Schneider, S. 172–179

Köhnlein, Walter (1991): Werterziehung im Sachunterricht. In: Rekus, Jürgen (Hrsg.): Schulfach Ethik. Hildesheim: Georg Olms, S. 69–87

Nickolaus, Reinhold (2008): Vollzeitschulische Ausbildung – Notmaßnahme oder ebenbürtige Alternative zur dualen Ausbildungsform? In: Bonz, Bernhard; Gideon, Gerd (Hrsg.): Institutionen der beruflichen Bildung. (Diskussion Berufsbildung Bd. 7) Baltmannsweiler: Schneider, S. 33–53

Pahl, Jörg-Peter (2009): Berufsfachschule – Ausformungen und Entwicklungsmöglichkeiten. Bielefeld: Bertelsmann

Pätzold, Günter (2000): Berufliche Vollzeitschulen im Berufskolleg – Wege zur Öffnung von Qualifizierungschancen. In: Zimmer, Gerhard (Hrsg.): Zukunft der Berufsausbildung. Zweite Modernisierung unter Beteiligung der beruflichen Vollzeitschulen. Bielefeld: Bertelsmann, S. 99 – 113

Pätzold, Günter; Reinisch, Holger; Wahle, Manfred (Hrsg.) (2015): Ideen- und Sozialgeschichte der beruflichen Bildung. 2. Aufl. Baltmannsweiler: Schneider

Ropohl, Günter (2003): Allgemeine Technologie: Wissenschaft in didaktischer Absicht. In: Bonz, Bernhard; Ott, Bernd (Hrsg.): Allgemeine Technikdidaktik – Theorieansätze und Praxisbezüge. (Berufsbildung konkret Bd. 6) Baltmannsweiler: Schneider, S. 148 – 161

Schanz, Heinrich (2003): Ethische Aspekte der Technikdidaktik. In: Bonz, Bernhard; Ott, Bernd (Hrsg.): Allgemeine Technikdidaktik – Theorieansätze und Praxisbezüge. (Berufsbildung konkret Bd. 6) Baltmannsweiler: Schneider, S. 178 – 195

Schanz, Heinrich (2008): Die Problematik der Berufsreife bzw. Ausbildungsreife. In: Bonz, Bernhard; Gideon, Gerd (Hrsg.): Institutionen der beruflichen Bildung. (Diskussion Berufsbildung Bd. 7) Baltmannsweiler: Schneider, S. 71 – 86

Schanz, Heinrich (2009): Lernfelder und ethisch-moralische Aspekte. In: Bonz, Bernhard; Kochendörfer, Jürgen; Schanz, Heinrich (Hrsg.): Lernfeldorientierter Unterricht und allgemeinbildende Fächer. (Berufsbildung konkret Bd. 9) Baltmannsweiler: Schneider, S. 88 – 98

Schanz, Heinrich (2015): Institutionen der Berufsbildung – Vielfalt in Gestaltungsformen und Entwicklung. (Studientexte Basiscurriculum Berufs- und Wirtschaftspädagogik Bd. 2/3. Aufl.). Baltmannsweiler: Schneider

Scheven, Paul (1894): Die Lehrwerkstätte. Tübingen

Schlaffke, Winfried (1982): Sozialisation durch den heimlichen Lehrplan des Betriebs. ZBW-Beiheft 3, S. 51 – 57

Statistisches Bundesamt (2010): Berufliche Schulen. (Fachserie 11 Reihe 2 Schuljahr 2009/2010) Wiesbaden

Statistisches Bundesamt (2012): Berufliche Schulen. (Fachserie 11 Reihe 2 Schuljahr 2011/2012) Wiesbaden

Statistisches Bundesamt (2014): Berufliche Schulen. (Fachserie 11 Reihe 2 Schuljahr 2013/2014) Wiesbaden

Statistisches Bundesamt (2015): Berufliche Schulen. (Fachserie 11 Reihe 2 Schuljahr 2014/2015) Wiesbaden

Statistisches Bundesamt (2017): Berufliche Schulen. (Fachserie 11 Reihe 2 Schuljahr 2015/2016) Wiesbaden

Statistisches Bundesamt (2016): Schnellmeldungsergebnisse zu Schülerinnen und Schülern der allgemeinbildenden und beruflichen Schulen – vorläufige Ergebnisse – Schuljahr 2015/2016. Wiesbaden

Statistisches Bundesamt (2017): Schnellmeldungsergebnisse zu Schülerinnen und Schülern der allgemeinbildenden und beruflichen Schulen – vorläufige Ergebnisse – Schuljahr 2016/2017. Wiesbaden

vbw – Vereinigung der Bayerischen Wirtschaft e. V. (2015): Bildung. Mehr als Fachlichkeit. (Gutachten) Münster: Waxmann

Widl, Leander (1979): Grundfragen und Perspektiven der betrieblichen Ausbildung. Graz: Böhlaus Nachfolger

WMKa (2012): Beschluss-Sammlung der Wirtschaftsministerkonferenz am 4./5. Juni 2012 auf Schloss Krickenbeck

WMKb (2012): Beschluss-Sammlung der Wirtschaftsministerkonferenz am 3./4. Dezember 2012 in Kiel

Zabeck, Jürgen (1974): Die kritische Phase der Berufsbildungsreform in ihrer Bedeutung für die Revision des pädagogischen Selbstverständnisses von Betrieb und Schule. Wirtschaft und Erziehung 26 (1974). S. 331–340

Zlatkin-Troitschanskaia, Olga (2006): Steuerbarkeit von Bildungssystemen mittels politischer Reformstrategien. Frankfurt a. M.: Lang

Dieter Münk / Gero Scheiermann

Die europäische Berufsbildungspolitik und ihre Folgen für die deutsche Berufsbildung

1 Die Römischen Verträge und der ‚europäische Geist'
2 Die Entstehungsgeschichte der europäischen Berufsbildungspolitik
3 Berufliche Bildung als eigenständiges Politikfeld in Europa
4 Lissabon und der ‚europäische Berufsbildungsraum'
5 EQR und ECVET als Kernstücke der europäischen Berufsbildungspolitik
6 EQR und ECVET aus deutscher Perspektive
7 Grenzen der europäischen Herausforderung für das Duale System

1 Die Römischen Verträge und der 'europäische Geist'

Zu den Feierlichkeiten des 60. Jahrestages der Römischen Verträge, der Grundsteinlegung für die heutige Europäische Union, lud Papst Franziskus alle Regierungsoberhäupter zur Audienz nach Rom. In Zeiten des Brexits wird versucht, – zumindest auf der Vorderbühne – Geschlossenheit unter den Mitgliedsstaaten zu dokumentieren; wie es in der großen Politik 'Backstage' aussieht, kann man sich dagegen nur ausmalen. Auf den Straßen Europas demonstrieren jedenfalls gleichzeitig die Bürger, nur diesmal wird ausnahmsweise nicht gegen etwas demonstriert, sondern für etwas: Für Europa. Unter den Slogan 'March for Europe' oder 'Pulse of Europe' bekennen sich die Menschen öffentlich zu einem geeinten und starken Europa. Der deutsche Fernsehmoderator Klaas Heufer-Umlauf, sonst eher durch abstruse Formate für junge Erwachsene im Privatfernsehen bekannt, hielt im April 2017 in einer Talkshow im öffentlich-rechtlichen Fernsehen eine prägnante Brandrede zu dieser positiven Entwicklung auf Europas Straßen mit dem folgenden Ausschnitt: „Deshalb glaube ich, dass jetzt die beste Zeit ist, einen 'Pulse of Europe' und überhaupt eine europäische Identität wieder zu entwickeln. Von Leuten, die Europa niemals in der Erschaffung erfahren haben, sondern eigentlich immer mit einem mittlerweile erschaffenen Europa aufgewachsen sind. Wir hatten nicht das Gefühl gehabt, zum ersten Mal mit einem Fahrrad über die Grenze zu fahren. In meiner Generation gab's das alles schon. Das heißt, jetzt weg von den verdammten Nationalitäten und zurück zur europäischen Identität. Und mal merken, wenn wir das jetzt machen, sind wir die dümmste Generation die je gelebt hat, wenn wir Europa kaputt machen."

Bleiben wir bei der Perspektive der Jugend bzw. den jungen Europäern, so sind es laut einer aktuellen Umfrage unter jungen Europäern im Alter von 16 bis 26 Jahren nicht vorrangig die Werte, für die Europa aus ihrer Sicht steht, sondern die wirtschaftliche Zusammenarbeit: Drei von vier jungen Europäern sehen diese wirtschaftliche Zusammenarbeit als Kern Europas und keineswegs die gemeinsamen Werte (vgl. YouGov 2017). Die langjährige und überaus konsequente Entwicklung zu dieser wirtschaftlichen Zusammenarbeit wird kaum noch thematisiert, vielmehr wird diese wirtschaftliche Zusammenarbeit in Zeiten einer weltweiten Globalisierung als selbstverständlich wahrgenommen.

Neben diesen großen europäischen Themen wie der Wirtschaft und den gemeinsamen Werten gibt es aber auch Elemente einer europäischen (Berufs-)Bildungspolitik, die aus heutiger Sicht neben Erasmus und seinen Möglichkeiten der freien Mobilität in Aus- und Weiterbildung mit Sicherheit ebenfalls als selbstverständlich angenommen werden: Betrachtet man ein allgemeinbildendes Zeugnis, werden dort etwa das Sprachniveau der jeweils angelernten Fremdsprache nach dem 'Gemeinsamen Europäischen Referenzrahmen' (A1, A2, B1 etc.) vermerkt. Weiterhin angegeben ist auf jedem beruflichen Zeugnis die zugehörige Niveaustufe des Deutschen Qualifikationsrahmens (DQR), anhand derer der Abschluss mit anderen Abschlüssen in Europa verglichen werden kann. Derzeit gibt es 39 Länder, die zusammen am Europäischen Qualifikationsrahmen (weiter-)arbeiten. In allen Nationen, so auch in Deutschland, erhöht der EQR die Transparenz von Qualifikationen, in einigen Ländern unterstützt er sogar – und hier bestehen aus bundesdeutscher Perspektive noch einige Schwierigkeiten und Unterschiede zu den anderen Mitgliedstaaten – Reformen wie z. B. die Dokumentation der Aktivitäten im Kontext des Lebenslangen Lernens (vgl. CEDEFOP 2016).

Der vorliegende Beitrag soll in einem kompakten Rundumschlag einerseits aufzeigen, welche Entwicklungen vollzogen wurden, um die heute als selbstverständlich angesehenen Instrumente der europäischen (Berufs-)Bildungspolitik in Deutschland zu etablieren, andererseits sollen die aus bundesdeutscher Perspektive bestehenden Schwierigkeiten bezüglich der Instrumente der europäischen Berufsbildungspolitik wie z. B. ECVET, EQR, Employability sowie die Anerkennung von informell und non formal erworbenen Kompetenzen thematisiert werden (siehe dazu besonders: Münk 2006, 2012, 2015).

2 Die Entstehungsgeschichte der europäischen Berufsbildungspolitik

Der europäische Integrationsprozess begann mit der Unterzeichnung des Vertrags von Paris am 23. Juli 1951, der die Gründung der Europäischen Gemeinschaft für Kohle und Stahl (EGKS), der ersten supranationalen Organisation in Europa, besiegelte. Der französische Außenminister Robert Schuman hatte dazu am 9. Mai 1950 im Salon de l'Horloge du Quai d'Orsay die internationale Presse darüber informiert, dass Frankreich die Idee habe, die Gesamtheit der französisch-deutschen Kohle- und Stahlproduktion unter eine gemeinsame Haute Autorité zu stellen – eine Entwicklung, die man sich nach dem zweiten Weltkrieg nicht vorstellen konnte. Der 'Schuman-Plan' sah vor, den in die EGKS eintretenden Staaten ihren nationalen

Einfluss in Bezug auf Kohle und Stahl zu entziehen und einer gemeinsamen europäischen Behörde zu unterstellen, mit dem Ziel der Modernisierung der Produktion und der Verbesserung der Qualität, des gemeinsamen Exports und des Ausgleichs in der Verbesserung der Lebensbedingungen der Arbeiterschaft dieser Montanindustrien. Neben diesen ökonomischen Zielsetzungen stand ebenfalls – auch vor dem Hintergrund der Erfahrungen des zweiten Weltkriegs – die Sicherung des Friedens in Europa im Vordergrund.

Unterstrichen wurde die ökonomische Zielsetzung des 'Schuman-Plans' mit der Gründung der Europäischen Wirtschaftsgemeinschaft (EWG), die auf die Römischen Verträge von 1958 zurückgeht, denn nach einer Phase des Wiederaufbaus nach dem zweiten Weltkrieg ging es vor allem um die Beförderung des ökonomischen Wohlstands und der gesellschaftlichen Wohlfahrt. Trotz der besonderen Bedeutung der beruflichen Bildung für Wachstum und Wohlstand besetzte die Berufsbildung im Sinne einer systematischen, an klaren Zielen und Prioritäten orientierten Berufsbildungspolitik in den ersten Jahrzehnten der EWG zunächst kein eigenständiges Politikfeld. Das übergeordnete Ziel der EWG war (und ist) die Durch- und Umsetzung sowie die Wahrung der in den Römischen Verträgen niedergeschriebenen sogenannten vier Grundfreiheiten (Freiheit des Waren-, des Personen-, des Dienstleistungs- sowie des Kapital- und Zahlungsverkehrs). Dadurch ergab sich zunächst kein eigenständiges Politikfeld 'Berufsbildung', sondern es vollzog sich in den Folgejahren eine eher schleichend und indirekte Entwicklung, die die Berufsbildung von einem Nebenschauplatz in den 'Mainstream' der Politik beförderte.

Die schleichende und eher indirekte Entwicklung der Berufsbildung zu einem eigenständigen Politikfeld leitete sich insoweit aus den vier Grundfreiheiten und den damit verbundenen sozio-ökonomischen Erwartungen ab, da diese eng mit den Fragen der Berufsausübung und der Berufsbildung verknüpft waren. Die berufliche Bildung fand daher aufgrund ihrer Schnittstellenfunktion zwischen Bildungs- und Beschäftigungssystem zumindest als Aufgabenfeld der Gemeinschaft bereits in den Römischen Verträgen Erwähnung (Art. 128), wobei dies zunächst lediglich in der Form eines Vorschlags der Kommission an den Rat erfolgte, dass dieser „in Bezug auf die Berufsbildung allgemeine Grundsätze zur Durchführung einer gemeinsamen Politik" aufstellen sollte (Amt für amtliche Veröffentlichungen 1987, S. 223). Eine Umsetzung dieses politischen Auftrags erfolgte 1963 durch die Veröffentlichung der „zehn Grundsätze für die gemeinsame Berufsausbildungspolitik der EWG" (vgl. Bainbridge/Murray 2000; Petrini 2004). Der politische Auftrag der zehn Grundsätze behielt seine Bedeutung auch über den entschiedenen Widerstand gegen das Harmonisierungsgebot der Strukturen der Bildungssysteme der Mitgliedsstaaten hinaus aufrecht, auch wenn das Prinzip Europas der 'Einheit durch die Vielfalt' einem Harmonisierungsverbot entsprach (vgl. hierzu: Dahrendorf 1973). In den sog. (Berufs-)Bildungsartikeln der Maastrichter Verträge (zuerst: §§ 126 und

127) wird die Abkehr von der Harmonisierung („One Size fits All") in dem Subsidiaritätsprinzip fixiert, weil dies das Ziel der 'Einheit durch die Vielfalt' am ehesten zu ermöglichen versprach.

Mit dem Subsidiaritätsprinzip war eine Neuorientierung verbunden, die auf die Herstellung einer 'europäischen Dimension im Bildungswesen' abzielte, durch die vor allem eine größere Transparenz (statt einer schlichten Harmonisierungsstrategie) der extrem heterogenen nationalstaatlichen (Berufs-) Bildungssysteme erreicht werden sollte. Dem Wunsch nach Transparenz und den sich daraus ergebenden Problemlagen und Forschungsfragen sollte durch die zeitgleiche Gründung des CEDEFOP (Centre européen pour le développement de la formation professionnelle) mit heutigem Sitz in Thessaloniki nachgekommen werden. Seit der Gründung 1975 und den sich aus der Verordnung Nr. 337/75 (EWG) ergebenden Aufgaben arbeitet das CEDEFOP als europäisches Forschungszentrum für die Berufsbildung an Verfahren der Angleichung beruflicher Ausbildungsniveaus in Europa, um die Anerkennung von Prüfungsleistungen europaweit zu ermöglichen. Aufgrund der differenten Berufsbildungssysteme und der sich daraus ergebenden Dynamik der Berufsprofile war das Projekt der Anerkennungs- und Entsprechungsverfahren nicht zu bewältigen, bis 1995 wurden jedoch immerhin 209 Berufsprofile aus 19 Sektoren ausgearbeitet (vgl. Piehl/Sellin 1995, S. 453; zusammenfassend Pierret/Sellin 1993).

Um den Konflikt der nicht umsetzbaren Entsprechungsverfahren und dem fortbestehenden Ziel der Transparenz zu lösen, wurde mit dem im Jahr 2000 per Ratsbeschluss umgesetzten „Europass" schließlich ein Ansatz eines europaweit einsetzbaren individuellen und mehrsprachigen Portfolios gefunden, das als eine Art individuelles Berufsdokument Qualifikationen und Kompetenzen von Individuen deskriptiv auflistet und damit Informationen für potenzielle Arbeitgeber vorhält, als Maßnahme zur Steigerung der Transparenz (vgl. Annen 2012, S. 391 ff.; Junge/Morawietz 2010).

3 Berufliche Bildung als eigenständiges Politikfeld in Europa

Vor dem Hintergrund der stark anwachsenden Jugenderwerbslosigkeit (vgl. Münk 1999a) in den 1980er Jahren waren die CEDEFOP-Arbeiten zur Entsprechung und Anerkennung von einer ganzen Reihe sog. Aktions- und Bildungsprogramme der Europäischen Kommission begleitet (vgl. Münk 1999). Der Fokus lag dabei zunächst auf der Entwicklung von Best-Practice-Ansätzen zur Besänftigung der Jugenderwerbslosigkeit, um dann in der ersten Generation des Programms der EU-Kommission zur Förderung der Aus- und Weiterbildung 'LEONARDO' deutlich ausgeweitet zu werden. Leonardo ist neben Comenius, Erasmus und Grundtvig eines der vier Hauptprogramme des EU-Bildungsprogramms, die seit 2014 unter dem Namen Erasmus+ firmieren (vgl. Hoffmeyer 2016). Diese Programme wurden seitens der EU-Kommission vor allem deshalb aufgelegt, weil der Einsatz direkt interventionistischer Politikinstrumente aufgrund des Harmonierungsvorbehaltes, der zwischenzeitlich in den Bildungs- und Berufsbildungsartikeln 126 und 127 des Vertragswerks fixiert worden war, explizit untersagt war: Transparenz der Einheit durch Vielfalt statt Harmonisierung lautete die Devise.

Zu Beginn der 1990er Jahre gelang es der EU-Kommission schließlich, die Berufsbildungspolitik als eigenständiges Politikfeld im Gesamtgefüge des europäischen Integrationsprozesses zu etablieren. Trotz des Subsidiaritätsprinzips gab es zunächst auch weiterhin die hartnäckige Befürchtung der Mitgliedsstaaten, die EU würde sich in die nationalstaatliche Souveränität einmischen, als seitens der EU zu Beginn der 1990er Jahre neue Akzente in den berufsbildungspolitischen Strategien gesetzt wurden, die in der Formulierung einer 'Policy Strategie' den Kontext der einsetzenden Debatte um 'Lifelong Learning' thematisierten und welche die Berufsbildungspolitik mit Blick auf den 'ökonomistischen' Humanressourcen-Ansatz fokussierte und damit zugleich limitierte. Demnach sollten die Fragen der beruflichen Aus- und Weiterbildung in einen umfassenden Politikprozess eingebunden werden (Kommission 1991, 1993 und 1995). Das Ziel einer aktiven Beschäftigungspolitik fand in dem auf dem Vertrag von Amsterdam (1997) basierenden 'Luxemburg-Prozess' Eingang in den gemeinschaftlichen Besitzstand (vgl. Piehl/Timmann 2000). Auf der Ebene der konzeptionellen Zieldiskussion wird dies durch den Ansatz der 'Employability' als Ziel von Bildung und Berufsbildung umgesetzt (vgl. CEDEFOP 2004).

In Deutschland verstärkten sich die Befürchtungen der Einmischung Europas in die nationalstaatliche Souveränität; diese Befürchtungen wurden in der (bundesdeutschen) Politik und Wissenschaft unter dem Schlagwort 'Europäisierung der Berufsbildung' zusammengefasst. Insbesondere wurde eine europäische Harmonisierungsstrategie auf Umwegen befürchtet, die das Subsidiaritätsprinzip unterlaufen würde (vgl. Münk 1995; Hanf 1998; Koch 1998).

Besonders die Orientierung der berufsbildungspolitischen Strategie der Kommission seit spätestens Mitte der 1985 (vgl. Münk 1995) an dem angelsächsischen Vorbild beruflicher Qualifizierung stieß aus bundesdeutscher Sicht nicht auf besondere Begeisterung, denn dieses Modell einer konsequenten ordnungspolitischen Modularisierung mit Teilqualifikationen (Units) auf der Basis nationaler Bildungsstandards (GNVQ und NVQ) zur Akkreditierung von Teilqualifikationen, stellt das bundesdeutsche Prinzip beruflich verfasster Arbeit und damit das Berufsprinzip in Frage (vgl. Deißinger 2009a). Aufgrund dieser Entwicklung wurde teils schon der Untergang des deutschen Modells beruflich qualifizierter Facharbeit konstatiert (vgl. Drexel 2005, 2008; Rauner 2006), aber auch die Chance gesehen, dass es in Zeiten einer globalisierten Welt, dessen Wirtschaft im ständigen Wandel steht, sowie vor dem Hintergrund der zunehmend deutlicher sichtbaren Krisenerscheinungen im deutschen Berufsbildungssystem, durch die Einflüsse europäischer Berufsbildungspolitik und Rückgriff auf diese Ansätze, dass sich also vor diesem

Hintergrund das deutsche Berufsbildungssystem besser reformieren und verbessern könnte.

Im Weißbuch der Kommission von 1995 (Kommission 1995) waren es insbesondere die folgenden Teilstrategien der Europäischen Kommission, die aus bundesdeutscher Sicht das Berufsprinzip und damit einhergehend die Systemarchitektur des deutschen Berufsbildungssystems bedrohten:

– das bereits aufgezeigte Prinzip einer Modularisierung beruflicher Qualifizierung, in dem sich die nachfolgenden Probleme konkret verdichten;
– das Konzept des lebenslangen Lernens, zumindest in der von der Kommission propagierten Form;
– Kompetenzorientierung und Anerkennung bzw. Akkreditierung informeller, und besonders nicht formaler Kompetenzen;
– die Tatsache, dass non-formal erworbene Lernergebnisse überhaupt als akkreditier- und damit zertifizierbare Qualifikation gewertet werden sollten;
– das daraus abgeleitete Konzept der „Employability" (vgl. Lutz 2003; Kraus 2006), das im Sinne einer Beschäftigungsfähigkeit unterschwellige Qualifizierungsziele favorisierte und damit das Prinzip beruflich qualifizierter Facharbeit auf der Basis eines auf Handlungsorientierung zielenden Ausbildungsberufes zu untergraben drohte;
– schließlich auch das mit den vorgenannten Elementen unmittelbar zusammenhängende Prinzip der 'Outcome-Orientierung', welches der inputorientierten Philosophie des zertifikats- und abschlussorientierten bundesdeutschen (Berufs-)bildungssystems diametral gegenüberstand.

Modularisierung wurde in der bundesdeutschen Berufsbildungspolitik kritisiert; insbesondere aufgrund der Ausrichtung der Kommission an einer Modularisierung als ordnungspolitisches Instrument und nicht eines Instruments der didaktisch-curricularen Konstruktion von Ausbildungsordnungen und Rahmenplänen, mit der man sich je nach Konstruktion noch anfreunden könnte (vgl. Spöttl 2013). Betrachtet man Modularisierung als rein ordnungspolitisches Konstrukt, kann Modularisierung mit plausiblen Argumenten als Taylorisierungsansatz für berufliche Qualifizierungsprozesse interpretiert werden, wie es etwa von Rauner (2006) und besonders entschieden von Drexel (2005) vertreten wird und eine Abschaffung des Berufsprinzips, was sich mit Sicherheit auf die gesamte institutionelle, curriculare und didaktische Struktur des umgebenden Bildungssystems massiv systemverändernd auswirken würde. Diese Debatte um den Modularisierungsbegriff beschreibt Pilz (2009) mit einem Aufsatztitel wie folgt: „Modularisierung, ein facettenreiches Konstrukt als Heilsbringer oder Teufelszeug". Dabei betont er den „Facettenreichtum" des Modularisierungsbegriffs, der u. a. für unterschiedliche Funktionen steht (Supplementierung, Differenzierung, Fragmentierung), der sich auf unterschiedliche Systemebenen bezieht (didaktisch-methodisch, ordnungspolitisch) oder auf bestimmte Zielgruppen fokussiert sein kann (Lernschwache, Hochbegabte; vgl. Pilz 2009, S. 10).

4 Lissabon und der 'europäische Berufsbildungsraum'

Im März 2000 trafen sich die Staats- und Regierungschefs der EU in Lissabon und leiteten mit dem sogenannten 'Lissabon-Prozess' eine erhebliche Forcierung des Integrationsprozesses im Bildungsbereich ein, wobei dies zu Beginn eher im Rahmen und im Kontext des Programms 'Lebenslanges Lernen' umgesetzt wurde – und damit zunächst eher die Allgemein- als Berufsbildung ansprach. Seit dem Jahr 2002 wurde das Programm indes auch für den Bereich der Berufsbildung explizit: Die Staats- und Regierungschefs der EU verlauteten das ehrgeizige Ziel, „Europa bis zum Jahr 2010 zum wettbewerbsfähigsten und dynamischsten wissensbasierten Wirtschaftsraum der Welt" zu verwandeln (Europäischer Rat 2000). Weiterhin wurde ein neues Koordinierungsverfahren, das so genannte 'OMC' (Open Method of Coordination) beschlossen, mit dessen Hilfe die Mitgliedsstaaten frei bestimmen können sollten, mit welchen Instrumenten und Methoden sie ihre freiwillige Selbstverpflichtung umsetzen (vgl. Busch 2006). Entscheidend für die Berufsbildung war darüber hinaus, dass Lissabon ein 'Bildungsgipfel' war, auf dem das gemeinsame Arbeitsprogramm für Bildung und Ausbildung bis 2010 generiert wurde. Dieses Arbeitsprogramm, verabschiedet mit dem Einverständnis aller Bildungsminister der Mitgliedsstaaten, thematisierte die folgenden drei strategischen Ziele, die ihrerseits in weitere 13 Teilzeile ausdifferenziert wurden (vgl. Hanf 2007, S. 16 ff.):

- leichterer Zugang zur allgemeinen und beruflichen Bildung für alle;
- Erhöhung der Qualität und Wirksamkeit der Systeme der allgemeinen und beruflichen Bildung in der EU;
- Öffnung der Systeme der allgemeinen und beruflichen Bildung gegenüber der Welt.

Präzisiert und weiter ausgebaut wurde diese Agenda in den Folgejahren bis 2010 durch folgende Meilensteine:

- 2002: Treffen des Europäischen Rates in Barcelona: Inauguration des Konzepts Lebenslangen Lernens, wobei hier zumindest aus bundesdeutscher Perspektive auch nach dem von der BLK (2004) vorgelegen Papier zum Lebenslangen Lernen noch bis heute von keinem wirklich kohärenten und europaweitem Konzept gesprochen werden kann.
- 2002: Kopenhagen-Erklärung von Ministerrat und Kommission: Programmatische Zusammenfassung des Bereichs Berufsbildung, wofür die die Kontinuität der europäischen Berufsbildungspolitik seit Jahren stand: (1) Förderung der Europäischen Dimension; (2) Transparenz, Information und Beratung; (3) Anerkennung von Kompetenzen und Qualifikationen (ECVET); (4) Qualität und Qualitätssicherung in der Berufsbildung (C-QUAF – Common Quality Assurance

Framework) sowie die konsequente Verbesserung der Qualität von Ausbildern und Lehrkräften in der Berufsbildung (vgl. Bohliner/Münk 2009; Descy/Tessaring 2006). Dies war der Startschuss für die Debatte um formale und non-formale Kompetenzen sowie deren Anerkennung und einer Outcomeorientierung. (vgl. Fahle, Thiele 2003).

- 2005: Maastricht-Kommuniqué, verabschiedet von den Bildungsministern und der EU-Kommission, in welchem für die berufliche Bildung fünf langfristige Ziele vereinbart wurden (vgl. Leney 2004 und Tessaring, Wannan 2004): (1) Verringerung von gering Qualifizierten; (2) Förderung der beruflichen Weiterbildung; (3) Erhöhung der Mobilität; (4) Investitionen in die Qualität der Berufsbildung; (5) Professionalisierung des Bildungspersonal.

- 2006: Helsinki-Erklärung, die den bereits bezogenen Reformprozess der beruflichen Bildung in Europa unter dem Slogan des „Berufsbildungsraums Europa" weiter ausgestaltet und konkretisieren sollte (vgl. Münk 2005 sowie Eckert, Zöller 2006).

- 2010: Brügge-Kommuniqué: Fortführung des Kopenhagen-Prozess; Berufliche Bildung zur Verbesserung des sozioökonomischen Kontextes, zur Beschäftigung und zum sozialen Zusammenhalt.

Die wichtigsten Elemente dieser Meilensteine waren der ECVET (European Credit System for Vocational Education and Training) sowie – damit direkt zusammenhängend – der Europäische Qualifikationsrahmen (EQR) mit den jeweils korrespondierenden 'Nationalen Qualifikationsrahmen' (NQR, in Deutschland der DQR: Deutscher Qualifikationsrahmen).

Mit „ET 2020" („Education and Training 2020"), dem 2009 verabschiedeten strategischen Rahmen für die europäische Zusammenarbeit auf dem Gebiet der allgemeinen und beruflichen Bildung, haben sich die EU-Bildungsminister aufbauend auf dem bisherigen Arbeitsprogramm „Allgemeine und berufliche Bildung 2010" auf die nachfolgenden vier Schwerpunkte und Zielsetzungen der europäischen Bildungszusammenarbeit bis 2020 geeinigt (vgl. Europäischer Rat 2009; Europäischer Rat 2015):

- Verwirklichung von lebenslangem Lernen und Mobilität („als Realität");
- Verbesserung der Qualität und Effizienz der allgemeinen und beruflichen Bildung;
- Förderung der Gerechtigkeit und Chancengleichheit sowie des sozialen Zusammenhalts und aktivem Bürgersinn;
- Förderung von Innovation und Kreativität – einschließlich unternehmerischen Denkens – auf allen Ebenen der allgemeinen und beruflichen Bildung.

Primär sind diese EU-Zielsetzungen auf nationale Systemreformen gerichtet (vgl. Dunkel 2013) und versuchen dabei die vorhandenen Instrumente zu verstetigen und in die Fläche zu transferieren (siehe auch Schmidt 2017). Ein Benchmark von ET

2020 ist es bspw., dass 15 % der Erwachsenen am Lebenslangen Lernen teilnehmen sollten (vgl. ebenfalls Grollmann und Hanf 2010). Inwiefern sich die aktuellen Programmatiken entwickeln, bleibt indes abzuwarten, bei einigen Benchmarks lässt sich bereits zur Halbzeit des „ET 2020"-Programms erkennen, dass bei der Umsetzung Schwierigkeiten bestehen (vgl. Europäische Kommission 2014, S. 12 ff.).

5 EQR und ECVET als Kernstücke der europäischen Berufsbildungspolitik

Die Kernstücke der europäischen berufsbildungspolitischen Agenda bilden bis heute diese beiden eng zusammenhängenden Ansätze des EQR sowie ECVET. Der EQR zielt dabei auf eine Schaffung eines gemeinsamen Bezugsrahmens für Transparenz und Anerkennung von Qualifikationen in den Bereichen der allgemeinen, beruflichen und hochschulischen Bildung mit dem Ziel der Erhöhung der Vergleichbarkeit von Qualifikationsniveaus unterschiedlicher nationaler Qualifikationssysteme in der EU, der Förderung des Lebenslangen Lernens, der Chancengleichheit, der Durchlässigkeit, der Gleichwertigkeit, der Integration in den europäischen Arbeitsmarkt sowie der Mobilität der Akteure im europäischen Bildungs- und Beschäftigungssystem (vgl. Dunkel/Le Mouillour 2007).

Der ECVET wurde vom ECTS („European Credit and Transfer Akkumulation System"), der der Bologna-Forderung einer „Schaffung eines Europäischen Hochschulraumes" von 1999 verhelfen sollte, abgeleitet und ist ein für den EQR und seine nationalen Varianten wie den DQR unverzichtbares Instrument, da er die Definition national kompatibler Verfahren der Erfassung, der Bewertung sowie der Anerkennung formaler und vor allem auch non-formaler allgemeinbildender und beruflicher Qualifikationen ermöglichen soll (vgl. Mucke 2007).

Voraussetzung zur Umsetzung von ECVET und EQR ist die Existenz von definierten Standards, damit bestimmt werden kann, auf welchem Niveau der Komplexität, Spezialisierung und Verantwortung eine berufliche Handlung oder auch eine Kompetenz einzuordnen ist (vgl. Dilger, Sloane 2006 und Dilger 2008). Durch dieses Instrument der Formulierung und Definition von Kompetenzstandards unterliegen beide Instrumente zumindest potenziell der Gefahr, zu einem Instrument der politischen Steuerung umfunktioniert zu werden (vgl. Münk 2008).

Die kompetenzbasierte Outcomeorientierung des EQR (vgl. Bohlinger 2008 und 2009) sorgt mit der Frage der Anerkennung der informell erworbenen Kompetenzen einerseits für eine gewisse Attraktivität im Sinne der Anerkennung, andererseits aber sorgt er aus bundesdeutscher Sicht und angesichts unseres dominant inputorientierten Bildungssystems für erhebliche Diskrepanzen in der berufsbildungspolitischen Debatte, da diese Orientierung im Grundsatz der Systemarchitektur und -philosophie des bundesdeutschen Bildungs- und Berufsbildungssystems widerspricht (vgl. kritisch: Grollmann, Rauner, Spöttl 2006). So konstatiert Spöttl etwa

(2016, S. 119): „Mit dem EQR verbunden ist eine prinzipielle Abkehr von der Berufsstruktur und der berufsbezogenen Fachlichkeit sowie der damit verbundenen Beruflichkeit als curriculare Grundlagen beruflicher Lehr- und Lernprozesse".

Im bundesdeutschen Diskurs um EQR und ECVET werden weiterhin vorrangig die folgenden Fragestellungen kritisch und kontrovers diskutiert:

– Fehlen eines geeigneten und einheitlichen Verfahrens sowie passender Instrumente der Kompetenzmessung;
– Entwicklung geeigneter Äquivalenzverfahren für Anrechnungsverfahren;
– Entwicklung von kompetenz- und outcomeorientierten Aus- und Weiterbildungsverordnungen;
– Fragen der Messung, Validierung sowie der Dokumentierung von Kompetenzen sowie
– Gestaltung der Akkreditierung beruflicher (und hochschulischer) Kompetenzen.

Nach wie vor ist diese 'Philosophie' des europäischen Bildungsraumes mit der Struktur und der Eigenlogik des historisch gewachsenen bundesdeutschen Berufsbildungssystems nicht kompatibel. Besonders deutlich wird dies an dem Versuch, eine vollständige Gleichwertigkeit von beruflicher und allgemeiner Bildung zu testieren: Im Zuge der Umsetzung des EQR in den DQR sollten insbesondere die Abschlüsse des Dualen Systems auf die gleiche Niveaustufe (5) wie das allgemeinbildende Abitur gesetzt werden. Zentrales Argument für diese Zuordnung war die Gleichwertigkeit (nicht: die Gleichartigkeit) von beruflicher und allgemeiner Bildung. Diese Überlegungen scheiterten jedoch am Widerstand der bundesdeutschen KMK, deren Mitglieder/innen für eine Höherwertigkeit des allgemeinbildenden Abiturs auf Niveaustufe 5 plädierten und die Abschlüsse des Dualen Systems entsprechend auf den Niveaustufen 3–4 eingeordnet haben. Bis heute (Stand: 2017) ist dieses Problem nicht gelöst und das 2012 beschlossene Moratorium besteht weiter fort (vgl. BMBF/KMK: Deutscher Qualifikationsrahmen für Lebenslanges Lernen 2011; ferner: BMBF/KMK: Deutscher EQR-Referenzierungsbericht 2013). Gültig soll dieses Moratorium bis 2017 sein, bisher lassen sich allerdings keine Anzeichen erkennen, dass es in absehbarer Zeit eine Verbesserung (für die berufliche Bildung in Deutschland) geben wird.

Bezüglich der Behandlung von beruflichen Kompetenzen ergibt sich aus der bundesdeutschen Perspektive ein weiteres Problem: Das deutsche Bildungswesen ist insgesamt auf einer streng zertifizierungs- und zertifikationsorientierten Philosophie aufgebaut, so dass der Zugang zum Arbeitsmarkt überwiegend streng an formalen und zertifizierten Bildungsabschlüssen gebunden ist. An dieser Logik halten die Akteure des Beschäftigungssystems weiter fest, insofern ist auch hier bisher keine einheitliche und umsetzungsfähige Lösung entwickelt worden, die konsensfähig von allen Akteuren akzeptiert würde.

Dies wird ebenfalls an der Strukturierung bzw. Konzeption der Niveaustufen des DQR deutlich, die sich vorrangig nicht an Kompetenzen orientieren, sondern an formalen Abschlüssen wie dem der Gesellenprüfung des Dualen Systems definieren. Dennoch lässt sich ein kleiner Erfolg erkennen: Das Augenmerk wird zunehmend nicht nur auf die formalen Abschlüsse gelegt, sondern es werden auch vorhandene (informell und non formal erworbene) Kompetenzen betrachtet. Bezüglich der streng hierarchisierten und zertifikatsbasierten Struktur des bundesdeutschen Bildungswesens gibt es jedoch im substantiellen Kern keinen Fortschritt in Bezug auf eine weitere Outcomeorientierung des deutschen Systems. Konsens besteht jedoch unter den Sozialpartnern immerhin darüber, dass der EQR bzw. ECVET in Deutschland umgesetzt werden sollte – und zwar weitgehend ungeachtet der Tatsache, dass es nach wie vor eine große Zahl an offenen Problemen gibt (siehe oben), die in den nächsten Jahren weiter thematisiert und einer gangbaren Lösung zugeführt werden müssen.

6 EQR und ECVET aus deutscher Perspektive

Nach wie vor halten also das deutsche Berufsbildungssystem und seine Akteure am Prinzip beruflich verfasster Arbeit und den inputorientierten sowie auf Zertifikaten abgezielten Abschlüssen fest. Eine Umstellung auf den europäischen Ansatz der Kompetenz- und Outcomeorientierung ist indes nicht ohne weiteres möglich. Dennoch ist spätestens seit der BBiG-Reform im Jahr 2005 eine erhebliche Flexibilisierung der Strukturen im Berufsbildungssystem zu verzeichnen, so dass man *Hanf* (2007, S. 28) zustimmen kann, dass die „Architektur" des Berufsbildungssystems insgesamt, „offener, durchlässiger geworden" sei. Dies zeigt sich u. a. an folgenden Entwicklungen:

- den neuen Zusatzqualifikationen, welche die Verzahnung von Aus- und Weiterbildung unterstützen;
- den neuen Ausbildungsordnungen, die Übergänge erleichtern;
- (beispielsweise) der Fertigstellung des „IT-Weiterbildungssystems", das alle Ebenen möglicher beruflicher Qualifizierung systematisch integriert;
- den ebenfalls im IT-System Weiterbildung enthaltenen Öffnungspotenzialen in den Tertiärbereich;
- den in dem reformierten BBiG enthaltenen Öffnungsklauseln für den Bereich der vollzeitschulischen Berufsbildung (vgl. Dobischat, Miloaza, Stender 2009 sowie Deißinger 2009).

Das Duale System ist und bleibt dabei immer das Referenzmodell der bundesdeutschen Berufsbildung, es wird zugleich aber auch deutlich, dass es im Sinne einer europäischen Berufsbildungspolitik wünschenswert wäre, wenn diese Reformen sich weiterentwickeln und vorangetrieben würden.

Insbesondere für sozial benachteiligte Jugendliche und Geringqualifizierte könnte der DQR eine Chance bieten. Dafür allerdings müssten nach *Dehnbostel* und *Kretschmer* (2012, S. 206) „informell und non-formal erworbene Kompetenzen anerkannt und mit formal erworbenen Kompetenzen im Ansatz gleichgestellt werden." Betrachtet man allerdings die Publikation von *Dohmen* (2001) mit dem Titel „Das informelle Lernen. Die internationale Erschließung einer bisher vernachlässigten Grundform menschlichen Lernens für das lebenslange Lernen aller", so wird deutlich, dass es dafür – jedenfalls in Deutschland – noch einen langen Atem braucht. Andere Länder sind hier weitaus reformfreudiger und adaptiver (vgl. umfassend Bertelsmann Stiftung 2015).

Die grundlegende Problematik aus bundesdeutscher Sicht in der Diskussion um ECVET, EQR, Employability und der sich daraus ergebenden Anerkennung von informellen und non-formalen Kompetenzen ist das immer noch starre Primat des Berufsprinzips: Obwohl die Absorptionsquote des Dualen Systems seit Jahren rückläufig ist, lag sie doch in den 60er Jahren bei deutlich über 80% und hat sich seit 2010 bei knapp unter 50% eingependelt (vgl. Baethge 2007; Konietzka 2013; S. 173 f.; Gehricke u. a. 2011).

Diese (eigentlich erstaunliche) man könnte auch sagen: stark zementierten Grundpositionen sind ganz wesentlich auf die Interessen der beteiligten Sozialpartner zurückzuführen, deren Einfluss in einem im Grundsatz verbetrieblichten dualen Ausbildungssystem naturgemäß außerordentlich hoch ist. Die Wissenschaft hat sich im Gegensatz dazu bereits in den frühen 1990er Jahren dafür ausgesprochen, im Kontext der Modularisierungsdebatte eine flexible Adaption (z. B. durch didaktisch und nicht ordnungspolitisch angelegte modulare Strukturen) des bundesdeutschen Systems an europäische Forderungen zu ermöglichen (vgl. Lipsmeier/Münk, 1994; Münk 1995). Dies könnte eine Annäherung an die Zuordnungs-, Mess- und Bewertungsprobleme von EQR und ECVET bedeuten (vgl. Euler/Severing 2007 und Euler 2009). Daneben existiert ein zweites Grundproblem der Ordnungsprinzipien der deutschen Berufsbildung, das eng mit dem Berufsprinzip zusammenhängt: Die dominierende Weigerung, modulare Elemente in das System zu integrieren (vgl. Esser 2008). Dabei muss es sich nicht zwangsläufig um eine bloße Kopie des angelsächsischen Modularisierungsansatzes handeln, sondern es ist vielmehr auch eine didaktisch-curricular differenziertere Modularisierung denkbar, um auf diese Weise curricular (und gerade nicht: ordnungspolitisch) Modularisierungsoptionen auszuschöpfen (z. B. im Übergangssystem, siehe Kloas 2001).

Somit bildet die in der Systemarchitektur nach wie vor zentral verankerte Orientierung am Prinzip beruflich verfasster Arbeit als „organisierendes Prinzip der deutschen Berufsausbildung" (Deißinger 1998) neben Problemen geringer Größenordnung (Zuordnung zu Niveaustufen, Transparenz, etc.) das Hauptproblem. *Nehls* als Vertreter der Sozialpartner (2008, S. 50) zeigt die Grenzen des Reformpotenzials aus gewerkschaftlicher Sicht deutlich auf: „Die Ausrichtung an Kompetenzen und beruflicher Handlungskompetenz" dürfe nicht dazu führen, „dass anstelle gesellschaftlich normierter und standardisierter Lernprozesse (z. B. Ausbildungsordnungen) Kombinationen von belieben Lernvorgaben treten". Für den DQR bedeutet dies nach *Deißinger* (2009, S. 41), dass „es primär darum zu gehen" scheint, „die etablierten Strukturen des deutschen Berufsbildungssystems abzusichern und gleichzeitig sich auf die Terminologie dort einzulassen, wo diese Strukturen nicht fokussiert werden".

Ein weiteres wichtiges Kernproblem aus bundesdeutscher Sicht ist die Fokussierung auf das Berufsprinzip insbesondere des Dualen Systems. Schwierigkeiten ergeben sich dabei u. a. durch die strukturell bedingte „internationale Rückständigkeit" (Deißinger 2009, S. 41) Deutschlands bezüglich des non-formalen und informellen Lernens (vgl. ebenso Münchhausen, Schröder 2009, grundsätzlich Overwien 2009) sowie die im Vergleich zum Schulberufssystem zu beobachtende „Nachrangigkeit der Qualifizierungsfunktion schulischer Berechtigungen" (Feller 2002). Darüber hinaus gestaltet sich die durch die BBiG-Reform von 2005 an die Länder übertragene Frage der Anrechnung vollzeitschulischer Bildungsgänge auf duale Ausbildungsgänge durch die Länder konträr zu den Anforderungen des DQR, einen einheitlichen, verlässlichen Rahmen zu konstruieren, und dabei den Anrechnungs- und Akkreditierungsprozessen in einer einigermaßen standardisierten Form gerecht zu werden (vgl. Deißinger 2009).

7 Grenzen der europäischen Herausforderung für das Duale System

Es bestehen in der internationalen Debatte kaum Zweifel daran, dass das bundesdeutsche Berufsbildungssystem – und hier insbesondere sein historisch gewachsener nucleus, das Duale System – eines der leistungsfähigsten Qualifizierungsmodelle darstellt, die weltweit erprobt und umgesetzt wurden (vgl. hierzu besonders: Berufsbildung 2017; Schwerpunktheft Berufsbildungssysteme). International sehr stark beachtet und inzwischen auch etwa seitens der OECD klar präferiert und (sogar) empfohlen ist dabei insbesondere das pädagogische Kernprinzip des „Lernens im Prozess der Arbeit" (OECD 2010). Die epochale Erkenntnis der (internationalen) Reformpädagogik im Allgemeinen und von *Kerschensteiner* im Besonderen, dass man nämlich durch Arbeiten etwas lernen kann, sofern dafür didaktisch und methodisch entsprechende Vorsorge getroffen wird, d. h., wenn entsprechende und geeignete Lehr-/Lernarrangements konstruiert werden, ist der pädagogische Kern und damit zugleich die zentrale pädagogische Legitimation des Dualen Systems. Im Laufe der letzten 150 Jahre haben sich indes aus dieser ebenso einfachen wie genialen Idee vielfache institutionelle, politische, ökonomische, korporatistische sowie rechtliche Regelungen und Strukturen herausgebildet, die dieses Modell der beruflichen Qualifizierung untrennbar mit der staatlichen, ökonomischen und bildungspolitischen Struktur und Verfasstheit der Bundesrepublik Deutschland verknüpfen. Dies gilt auch und ganz besonders für das Kernprinzip des Dualen Systems, der beruflichen Verfasstheit von Arbeit, die nicht nur das gesamte Berufsbildungssystem (also die berufliche Erstausbildung und die regelmäßig und systematisch daran anschließende berufliche Weiterbildung), sondern auch unser gesamtes Beschäftigungssystem und damit die gesamte Welt der (beruflich verfassten) Facharbeit dominiert.

Eines der Geheimnisse für die beinahe schon unheimliche Kontinuität dieses dualen Modells der beruflichen Qualifizierung liegt dabei an seiner bemerkenswert großen Dynamik und Flexibilität: Von den Anfängen der dual-handwerklichen Berufsausbildung gegen Ende des 19. Jahrhunderts bis zum gegenwärtigen Stand der Diskussionen um „Berufsbildung 4.0" für die „Industrie 4.0" (vgl. etwa neuerlich: Jaschke u. a. 2016) war es ein weiter, rund 150 Jahre andauernder Weg voller Umbrüche, Diskontinuitäten und umfassender Prozesse sozialen Wandels in der Geschichte des Deutschen Reiches, der Weimarer Republik, des Nationalsozialismus und schließlich der Bundesrepublik Deutschland (inklusive den Umbrüchen in den neuen Bundesländern nach dem Mauerfall). Bei allen immer einmal wiederkehrenden Abgesängen auf das Duale System (vgl. paradigmatisch etwa: Geißler 1991) kann man insoweit mit Fug und Recht konstatieren: „Totgesagte leben länger".

Einerseits testiert eine Analyse des Wandels des Dualen Systems in den letzten 50 Jahren diesem eine ungeheure Dynamik und Anpassungsfähigkeit (Fürstenberg 2000), andererseits aber zeichnet sich das Duale System auch durch eine sehr erstaunliche Konstanz aus. Diese Gleichzeitigkeit von Dynamik und Konstanz ist dabei die vermutlich bedeutendste Bestandsgarantie des Dualen Systems, weil sie Anpassung ermöglicht unter der Vorgabe, diese Anpassungsprozesse stets innerhalb der ordnungspolitisch klar definierten Systemgrenzen zu realisieren.

Mit derartigen Forderungen nach dringend erforderlichen Anpassungsprozessen wurde das Duale System und damit auch die Bundesrepublik Deutschland etwa anfangs der 1990er Jahre durch die europapolitische Herausforderung konfrontiert: Zu Beginn der 1990er Jahre befand sich das Duale System (so jedenfalls in der Diagnose einiger Berufs- und Wirtschaftspädagogen, vgl. erneut und besonders pointiert: Geißler 1991) einmal mehr in der Krise und wurde genau zu diesem Zeitpunkt zusätzlich durch europapolitischen Reformdruck bedrängt. Das Konzept der Modularisierung und das hiermit direkt zusammenhängende angelsächsische Qualifizierungsmodell war damals die europapolitische Forderung der Stunde. Und das Duale System agierte seinerzeit schwerfällig wie ein Supertanker, wirkte zunächst vollkommen reformunfähig in seiner typisch deutschen Verflechtung der langwierigen Entwicklung beruflicher Verfasstheit von Arbeit mit der einhergehenden zunehmenden Institutionalisierung des staatlichen, privatwirtschaftlichen und korporatistischen Strukturgeflechts von Arbeit und Qualifikation. Gerade jene Kerneigenschaften, die das Profil der bundesdeutschen dualen Berufsbildung im europäischen und internationalen Vergleich so einzigartig (und über lange Phasen hinweg) auch wettbewerbsfähig machte, drohte plötzlich zum Menetekel zu werden. Es war dabei mindestens zu diesem Zeitpunkt kaum absehbar, ob das fest in die staatlichen und institutionellen Strukturen der bundesrepublikanischen Sozial- und Wirtschaftsordnung eingebettete Berufsbildungssystem diese erneute, nun aus Europa kommende Anforderung überstehen könnte. Es konnte – und – es konnte nicht:

Die zuvor erwähnte Dynamik des Dualen Systems und auch die für jede Dynamik erforderliche Systemflexibilität bewirkte bereits in der zweiten Hälfte der 1990er Jahre ein 'Umlenken des Supertankers', allerdings handelte es sich ex post betrachtet – einmal mehr – um ein Umlenken mit Augenmaß.

Die Grenzen der Flexibilisierung und damit der Anpassungsfähigkeit sind einerseits bis heute klar begrenzt durch die institutionelle, soziale, politische und ökonomische Verwobenheit des auf Beruflichkeit fokussierten Dualen Systems mit seinen politischen wie auch sozio-ökonomischen Grundstrukturen des deutschen Bildungs- und Beschäftigungssystems; dies ist die Voraussetzung für die Kontinuität des Modells. Und diese Kontinuität begrenzt den berufsbildungspolitischen Spielraum und führt regelmäßig dazu, dass europäischen Herausforderungen nur so weit begegnet werden kann, wie diese die ordnungspolitischen Grundlagen des Gesamtsystems nicht im Grundsatz in Frage stellen. Andererseits wird die erstaunliche systemische Kontinuität des Dualen Systems überhaupt erst durch die große Flexibilität und Adaptivität des Modells ermöglicht. Berufsbildungspolitische Reformen: ja, soweit möglich und nötig; aber ein grundlegender Systemwechsel (wie ihn etwa eine ordnungspolitisch intendierte Modularisierung bewirkt hätte): keinesfalls.

Insoweit findet sich hier ein zentraler Erklärungsansatz für die aus deutscher Perspektive erwachsende scheinbare Widersprüchlichkeit des 'deutschen Modells' im Kontext der berufsbildungspolitischen Debatte in Europa:

– Employability: unbestritten, aber nur im Sinne einer ganzheitlichen und berufsfeldbreiten Qualifizierung und keinesfalls im europäischen Sinne einer Mindestqualifizierung, um Menschen überhaupt arbeitsfähig zu machen;

– Modularisierung: ja, aber keinesfalls ordnungspolitisch, sondern ausschließlich didaktisch und curricular; Lebenslanges Lernen: selbstverständlich, aber keinesfalls um den Preis des Verzichtes auf die klare Struktur und logische Abfolge von beruflicher Erstausbildung und beruflicher Fortbildung (die übrigens auch im Berufsbildungsgesetz nach wie vor in genau dieser Form definiert ist);

– Kompetenz- und Outcomeorientierung, Anerkennung informeller und non formaler Kompetenzen: Gerne, aber nur unter Beibehaltung des zentralen Stellenwertes zertifizierter (outputorientierter) Prüfungsverfahren;

– EQR und DQR: ein hervorragendes kompetenzorientiertes Instrument zum Vergleich, natürlich, aber auf keinen Fall ein kompetenzorientiertes Instrument politischer Steuerung.

So zeigt sich letztlich das grundsätzliche Problem und das Erfolgsrezept des deutschen Berufsbildungssystems: Die europapolitische Diskussion war, das darf man wohl 50 Jahre nach dem europäischen Subsidiaritätsvorbehalt sagen, ganz sicher

Ausgangspunkt für vielfältige, zum Teil auch sehr grundlegende und – zumeist – erfolgreiche Reformanstrengungen, die den Fortbestand und die Weiterentwicklung des (dualen) Berufsbildungssystems in Deutschland ermöglichten. Auf der anderen Seite hat keine der zum Teil auch einschneidenden Reformbemühungen der bundesdeutschen Berufsausbildung – hier übrigens nicht ganz unähnlich den Reformanstrengungen, die im Rahmen des Bologna-Prozesses das deutsche Hochschulwesen umgekrempelt haben – die ordnungspolitisch und institutionell klar definierten Systemgrenzen überschritten: Schenkt man also dem nach wie vor dominierenden internationalen Lobgesang (und dem internationalen und übrigens auch europäischen Interesse am 'know how to') auf das Duale System Glauben, ist man versucht zu sagen: Dies ist auch gut so! – Selbstverständlich ist aber auch dies nicht.

Literatur

Amt für amtliche Veröffentlichungen der Europäischen Gemeinschaften (Hrsg.) (1987): Verträge zur Gründung der Europäischen Gemeinschaften. Luxemburg

Annen, Silvia (2012): Anerkennung von Kompetenzen. Kriterienorientierte Analyse ausgewählter Verfahren in Europa. Bielefeld: wbv

Baethge, Martin (2007): Das deutsche Bildungs-Schisma. Welche Probleme ein vorindustrielles Bildungssystem in einer nachindustriellen Gesellschaft hat. In: Wirtschaft und Erziehung. 59. Jg., H. 1, S. 3–11

Bertelsmann Stiftung (Hrsg.) (2015): Kompetenzen anerkennen. Was Deutschland von anderen Staaten lernen kann. Gütersloh: Bertelsmann

berufsbildung. Zeitschrift für Theorie-Praxis-Dialog (2017), H. 165: Schwerpunktausgabe: Berufsbildungssysteme

BMBF/KMK (2011): Deutscher Qualifikationsrahmen für Lebenslanges Lernen, verabschiedet vom Arbeitskreis Deutscher Qualifikationsrahmen (AK DQR) am 22. März 2011. Berlin

BMBF/KMK (2013): Deutscher EQR-Referenzierungsbericht vom 08.05.2013. Berlin

Bohlinger, Sandra (2008): Kompetenzentwicklung für Europa. Wirksamkeit europäischer Politikstrategien zur Förderung von Kompetenzen in der beruflichen Bildung. Opladen/Farmington Hills: Budrich

Bohlinger, Sandra (2009): Revealing the treasure within. Europäische und nationale Ansätze zur Lernergebnisorientierung und Anerkennung von Kompetenzen. In: Berufsbildung, H. 116/117, S. 18–25

Bohlinger, Sandra; Münk, Dieter (2009): Konvergenz oder Divergenz als Folge europäischer Integrationsbestrebungen? In: Münk, Dieter; Weiß, Reinhold (Hrsg.): Qualität in der beruflichen Bildung. Bielefeld: wbv, S. 18–25

Brainbridge, Steve; Murray, Julie (2000): Der politische und rechtliche Rahmen für die Entwicklung der Berufsbildungspolitik in der Europäischen Union. Teil I – Vom Vertrag von Rom zum Vertrag von Maastricht. In: Berufsbildung. Europäische Zeitschrift. Nr. 20, S. 5–22

Bund-Länder-Kommission für Bildungsplanung und Forschungsförderung (BLK) (2004): Strategie für Lebenslanges Lernen in der Bundesrepublik Deutschland. H. 15 der Materialien zur Bildungsplanung und Forschungsförderung. Bonn

Busch, Klaus (2006): Die Methode der offenen Koordinierung in der Beschäftigungspolitik und der Sozialpolitik der Europäischen Union. Arbeitspapier 108. Hans-Böckler-Stiftung: Düsseldorf

CEDEFOP (2004): Learning for Employment. Second Report on Vocational Education and Training Policy in Europa. Thessaloniki

CEDEFOP (2016): Qualifikationsrahmen in Europa. Entwicklungen im Jahr 2016. http://www.cedefop.europa.eu/files/9117_de.pdf

Dahrendorf, Ralf (1973): Plädoyer für die Europäische Union. München: Piper

Dehnbostel, Peter; Kretschmer, Susanne (2010): Bildungsbenachteiligte und DQR. In: Loebe Herbert; Severing, Eckhart (Hrsg.): Mobilität steigern – Durchlässigkeit fördern. Bielefeld: wbv, S. 195–209

Deißinger, Thomas (1998): Beruflichkeit als „organisierendes Prinzip" der deutschen Berufsausbildung. Markt Schwaben: Eusl

Deißinger, Thomas (2009): Der Deutsche Qualifikationsrahmen – Chancen zur Lösung nationaler Problemlagen. In: BWP 6/2009, S. 40–43

Deißinger, Thomas (2009a): Theorie UK: Modularisierung im angelsächsischen Kulturraum – bildungspolitische Ausgangslagen und strukturelle Umsetzungen in Großbritannien. In: Pilz, Matthias (Hrsg.): Modularisierungsansätze in der Berufsbildung: Deutschland, Österreich, Schweiz sowie Großbritannien im Vergleich. Bielefeld: wbv, S. 113–132

Descy, Pascaline; Tessaring, Manfred (Hrsg.) (2006): Berufsbildungsforschung in Europa. Synthesebericht. CEDEFOP

Dilger, Bernadette; Sloane, Peter F.E. (2006): Bildungsstandards – ein passendes Regulativ für die berufliche Bildung?! Dokumentation der Hochschultage Berufliche Bildung

Dilger, Bernadette (2008): Bildungsstandards – (k)ein Konzept für die berufliche Bildung? In: BIBB (Hrsg.): Tagungsband zur BIBB-Fachtagung „Innovative Prüfungs- und Bewertungsverfahren in der Berufsbildung". Bonn

Dobischat, Rolf; Milolaza, Anita; Stender, Axel (2009): Vollzeitschulische Berufsausbildung – eine gleichwertige Alternative zur dualen Berufsausbildung? In: Zimmer, Gerhard; Dehnbostel, Peter (Hrsg.): Berufsausbildung in der Entwicklung – Positionen und Leitlinien. Duales System. Schulische Ausbildung. Übergangssystem. Modularisierung. Europäisierung. Bielefeld: wbv, S. 127–151

Dohmen, Günther (2001): Das informelle Lernen. Die internationale Erschließung einer bisher vernachlässigten Grundform menschlichen Lernens für das lebenslange Lernen aller. Bonn: BMBF

Drexel, Ingrid (2005): Das Duale System und Europa. Ein Gutachten im Auftrag von ver.di und IG-Metall. Frankfurt

Drexel, Ingrid (2008): Berufsprinzip oder Modulprinzip? Zur künftigen Struktur beruflicher Bildung in Deutschland. In: vlbs (Hrsg.): Berufskollegs stärken heißt die berufliche Bildung zu stärken. Dokumentation zum Berufsbildungskongress des vlbs 2007. Krefeld: Joh. van Acken, S. 118–134

Dunkel, Torsten; Le Mouillour, Isabelle (2007): Qualifikationsrahmen und Credit-Systeme – ein Bausatz für die Bildung in Europa. In: Europäische Zeitschrift für Berufsbildung, Nr. 42/43, S. 218–239

Dunkel, Torsten (2013): Making IVET an attractive option – zur Attraktivität beruflicher Bildung in Europa. In: BPW, 4/2013, S. 42–46

Eckert, Manfred; Zöller, Arnulf (Hrsg.) (2006): Der europäische Berufsbildungsraum – Beiträge der Berufsbildungsforschung. Bonn

Esser, Friedrich Hubert (2009): Der DQR in der Entwicklung – Würdigung und Vorausschau. In: BWP 38, H. 4, S. 45–49

Euler, Dieter; Severing, Eckhart (2007): Flexible Ausbildungswege in der Berufsbildung. Bielefeld: wbv

Euler, Dieter (2009): Flexible Ausbildungswege in der dualen Berufsbildung. In: Zimmer, Gerhard; Dehnbostel, Peter (Hrsg.): Berufsausbildung in der Entwicklung – Positionen und Leitlinien. Duales System. Schulische Ausbildung. Übergangssystem. Modularisierung. Europäisierung. Bielefeld: wbv, S. 87–98

Europäische Kommission (2014): Taking stock of the Europe 2020 strategy for smart, sustainable and inclusive growth. Online: http://ec.europa.eu/europe2020/pdf/europe2020stocktaking_en.pdf (Abruf: 22.04.2017)

Europäischer Rat (2000): Schlussfolgerungen des Vorsitzes des Europäischen Rats vom 23. Und 24. März 2000 in Lissabon.

Europäischer Rat (2009): Schlussfolgerungen des Rates vom 12. Mai 2009 zu einem strategischen Rahmen für die europäische Zusammenarbeit auf dem Gebiet der allgemeinen und beruflichen Bildung („ET 2020") (2009/C 119/02)

Europäischer Rat (2015): Gemeinsamer Bericht des Rates und der Kommission 2015 über die Umsetzung des strategischen Rahmens für die europäische Zusammenarbeit auf dem Gebiet der allgemeinen und beruflichen Bildung (ET 2020). Neue Prioritäten für die europäische Zusammenarbeit auf dem Gebiet der allgemeinen und beruflichen Bildung. (2015/C 417/04)

Fahle, Klaus; Thiele, Peter (2003): Der Brügge-Kopenhagen-Prozess – Beginn der Umsetzung der Ziele von Lissabon in der beruflichen Bildung. In: BWP, 4/2003, S. 9–12

Feller, Gisela (2002): Leistungen und Defizite der Berufsfachschule als Bildungsgang mit Berufsabschluss. In: Wingens, Matthias; Sackmann, Reinhold (Hrsg.): Bildung und Beruf: Ausbildung und berufsstruktureller Wandel in der Wissensgesellschaft. Weinheim: Juventa, S. 139–156

Fürstenberg, Friedrich (2000): Berufsgesellschaft in der Krise. Auslaufmodell oder Zukunftspotential. Berlin: Bohn.

Geißler, Karlheinz A. (1991): Das duale System der industriellen Berufsausbildung hat keine Zukunft. In: Leviathan, 1/1991, S. 68–77

Gericke, Naomi; Uhly, Alexandra; Ulrich, Joachim Gerd (2011): Wie hoch ist die Quote der Jugendlichen, die eine duale Berufsausbildung aufnehmen? Indikatoren zur Bildungsbeteiligung. In: BWP, 1/2011, S. 41–43

Grollmann, Philipp; Hanf, Georg (2010): EU-Indikatoren und Benchmarks 2020. Entwicklungen und Perspektiven für die Berufsbildung. In: BWP, 3/2010, S. 21–25

Grollmann, Philipp; Spöttl, Georg; Rauner, Felix (Hrsg.) (2006): Europäisierung beruflicher Bildung – eine Gestaltungsaufgabe. Hamburg: LIT

Hanf, Georg (1998): Das deutsche System der Berufsbildung auf dem Wege seiner Europäisierung. In: Schütte, Friedhelm; Uhe, Ernst (Hrsg.): Die Modernität des Unmodernen. Das deutsche System der Berufsausbildung zwischen Krise und Akzeptanz. Berlin: TU, S. 147–163

Hanf, Georg (2007): Lissabon – Kopenhagen – Maastricht. Wohin gehen wir? In: Eberhardt, Christiane; Albrecht, Günter (Hrsg.): Qualifizierung und Vernetzung im Grenzraum. Bielefeld: wbv, S. 15–30

Hoffmeyer, Miriam (2016): Erasmus+ wird zum Global Player. In: Letter. Das Magazin für DAAD-Alumni, 1/2016, S. 14–17

Jaschke, Steffen; Schwenger, Ulrich; Vollmer, Thomas (Hrsg.) (2016): Digitale Vernetzung der Facharbeit. Gewerblich-technische Berufsbildung in einer Arbeitswelt des Internets der Dinge. Bielefeld: wbv

Junge, Annette; Morawietz, Natalie (2010): Europass+: Online-Instrument als Hilfestellung bei der Dokumentation von persönlichen Fähigkeiten und Kompetenzen für junge Europäer. In: Loebe, Heribert; Severing, Eckhart (Hrsg.): Mobilität steigern – Durchlässigkeit fördern. Bielefeld: wbv, S. 49–62

Kloas, Peter-Werner (2001): Modulare Berufsausbildung: Eine Perspektive für die Benachteiligtenförderung. In: Fülbier, Paul; Münchmeier, Richard (Hrsg.): Handbuch Jugendsozialarbeit. Münster: Votum, S. 946–959

Koch, Richard (1998): Harmonisierung oder Wettbewerb der Berufsbildungssysteme? In: Zeitschrift für Berufs- und Wirtschaftspädagogik 95, 4, S. 505–518

Kommission der Europäischen Gemeinschaften (Hrsg.) (1991): Memorandum der Kommission der Europäischen Gemeinschaften über die Berufsausbildungspolitik für die 90er Jahre. Brüssel

Kommission der Europäischen Gemeinschaften (Hrsg.) (1993): Wachstum, Wettbewerbsfähigkeit, Beschäftigung. Weißbuch. Luxemburg

Kommission der Europäischen Gemeinschaften (Hrsg.) (1995): Weißbuch zur allgemeinen und beruflichen Bildung. Lehren und Lernen. Luxemburg

Konietzka, Dirk (2013): Ausbildung und Beruf: Die Geburtsjahrgänge 1919–1961 auf dem Weg von der Schule in das Erwerbsleben. Wiesbaden: VS

Kraus, Katrin (2006): Vom Beruf zur Employability? Zur Theorie einer Pädagogik des Erwerbs. Wiesbaden: VS

Leney, Tom (2004): Archieving the Lisbon goal: The contribution of VET. Final Report for the European Commission. London

Lipsmeier, Antonius; Münk, Dieter (1994): Die Berufsausbildungspolitik der Gemeinschaft für die 90er Jahre. Analyse und Stellungnahmen der EU-Mitgliedstaaten zum Memorandum der Kommission – Ein Gutachten, hrsg. vom Bundesministerium für Bildung und Wissenschaft. In: Studien Bildung Wissenschaft, Nr. 114. Bonn

Lutz, Burkhart (2003): Employability – Wortblase oder neue Herausforderung für die Berufsausbildung? In: Clement, Ute; Lipsmeier, Antonius (Hrsg.): Berufsbildung zwischen Struktur und Innovation. Stuttgart: Franz Steiner, S. 29–38

Mucke, Kerstin (2004): Förderung der Durchlässigkeit zwischen beruflicher und hochschulischer Bildung. In: BWP, 6/2004, S. 11–16

Münchhausen, Gesa; Schröder, Ulrike (2009): Erfassung von informell erworbenen Kompetenzen. Impulse aus europäischen Projekten nutzen. In: BWP, 6/2009, S. 19–23

Münk, Dieter (1995): Kein Grund zur Eu(ro)phorie. In: Zeitschrift für Berufs- und Wirtschaftspädagogik, 91, H. 1, S. 28–45

Münk, Dieter (1999): Die Aktionsprogramme der EU im Kontext der europäischen Bildungs- und Berufsbildungspolitik. In: Berufsbildung, H. 6, S. 3–8

Münk, Dieter (1999a): Jugenderwerbslosigkeit und Beschäftigungspolitik in Europa. In: Gegenwartskunde. Zeitschrift für Gesellschaft, Wirtschaft, Politik und Bildung. 48, H. 1, S. 101–130

Münk, Dieter (2005): Europäische Bildungsräume – Deutsche Bildungsträume? In: Berufsbildung 59, H. 96, S. 2–6

Münk, Dieter (2006): Berufliche Aus- und Weiterbildung in Europa. In: Arnold, Rolf; Lipsmeier, Antonius (Hrsg.): Handbuch der Berufsbildung. Wiesbaden: VS, S. 547–560

Münk, Dieter (2008): Standards in der beruflichen Bildung und der EQR: Anmerkungen zur bemerkenswerten Karriere eines europäischen Konzepts. In: Fasshauer, Uwe; Münk, Dieter; Paul-Kohlhoff, Angela (Hrsg.): Berufspädagogische Forschung in sozialer Verantwortung: Festschrift zum 65. Geburtstag von Josef Rützel. Stuttgart: Franz Steiner, S. 272–293

Münk, Dieter (2012): Bologna, Lissabon, der EQR und die pädagogische Perspektive – Von der Schwierigkeit eines Berufs- und Wirtschaftspädagogen, in Europa das Pädagogische zu finden. In: Büchter, Karin; Dehnbostel, Peter; Hanf, Georg (Hrsg.): Der Deutsche Qualifikationsrahmen (DQR). Ein Konzept zur Erhöhung von Durchlässigkeit und Chancengleichheit im Bildungssystem? Bielefeld: wbv. S. 135–159

Münk, Dieter (2015): Der europäische Integrationsprozess und seine Folgen für die bundesdeutsche Berufsbildungspolitik. In: Bohlinger, Sandra; Fischer, Andreas (Hrsg.): Lehrbuch europäische Berufsbildungspolitik. Grundlagen, Herausforderungen und Perspektiven. Bielefeld: wbv. S. 105–126

Nehls, Hermann (2008): Noch kein Konsens bei der Konkretisierung eines Deutschen Qualifikationsrahmens. In: BPW, 2/2008, S. 48–51

OECD (2010): Learning for Jobs. A synthesis-Report of the OECD Reviews of Vocational Education and Training. Paris

Overwien, Bernd (2009): Informelles Lernen. Definitionen und Forschungsansätze. In: Brodowski, Michael u. a. (Hrsg.): Informelles Lernen und Bildung für eine nachhaltige Entwicklung. Opladen: Budrich, S. 23–34

Petrini, Francesco (2004): Die gemeinsame Politik der Berufsausbildung in der EWG von 1961 bis 1972. In: Berufsbildung. Europäische Zeitschrift, Nr. 32, S. 50–60

Piehl, Ernst; Sellin, Burkhart (1995): Berufliche Aus- und Weiterbildung in Europa. In: Arnold, Rolf; Lipsmeier, Antonius (Hrsg.): Handbuch der Berufsbildung. Opladen: Budrich, S. 441–456

Piehl, Ernst; Timmann, Hans-Jörg (Hrsg.) (2000): Der europäische Beschäftigungspakt. Baden-Baden: Nomos

Pierret, Maria; Sellin, Burkhart (1993): Vergleichende Analyse der Systeme und Verfahren der Zertifizierung von Qualifikationen in der Europäischen Gemeinschaft. Zusammenfassung und synoptische Tabellen. In: CEDEFOP (Hg.): CEDEFOP Flash 6/93

Pilz, Matthias (2009): Einführung: Modularisierung, ein facettenreiches Konstrukt als Heilsbringer oder Teufelszeug. In: Pilz, Matthias (Hrsg.): Modularisierungsansätze in der Berufsbildung: Deutschland, Österreich, Schweiz sowie Großbritannien im Vergleich. Bielefeld: wbv, S. 7–20

Rauner, Felix (2006): Berufliche Bildung – die europäische Perspektive. In: Grollmann, Philipp; Spöttl, Georg; Rauner, Felix (Hrsg.) (2006): Europäisierung beruflicher Bildung – eine Gestaltungsaufgabe. Hamburg: LIT, S. 127–156

Schmidt, Christian (2017): Europa 2020: Kontinuität oder Umorientierung europäischer Aus- und Weiterbildungspolitik in Krisenzeiten? In: Münk, Dieter; Walter, Marcel (Hrsg.): Lebenslanges Lernen im sozialstrukturellen Wandel. Ambivalenzen der Gestaltung von Berufsbiografien in der Moderne. Wiesbaden: VS, S. 63–77

Spöttl, Georg (2013): Die Modularisierung der Berufsausbildung ist ein Fehlkonzept. In: WSI Mitteilungen, 1/2013, S. 64–66

Spöttl, Georg (2016): Das Duale System der Berufsausbildung als Leitmodell. Struktur, Organisation und Perspektiven der Entwicklung und europäische Einflüsse. Frankfurt am Main: Peter Lang

Tessaring, Manfred; Wannan, Jennifer (2004): Berufsbildung – der Schlüssel zur Zukunft. Synthesebericht des CEDEFOP zur Maastricht-Studie. Luxemburg

YouGov (2017): Junges Europa 2017. So denken Menschen zwischen 16 und 26 Jahren. Die Jugendstudie der TUI Stiftung. Online: https://www.tui-stiftung.de/wp-content/uploads/2017/05/Wichtige-Ergebnisse-der-Studie.pdf (Abruf: 04.05.2017)

III

Neue Anforderungen an Lehren und Lernen in der Berufsbildung

Bernd Zinn

Digitalisierung der Arbeit – Kompetenzerwartungen des Beschäftigungssystems und didaktische Implikationen

1 Problemstellung
2 Perspektiven zur Digitalisierung
3 Wandel der Arbeit
4 Kompetenzerwartungen und didaktische Implikationen
5 Zusammenfassung

1 Problemstellung

Die Digitalisierung ist Megatrend und Innovationstreiber des 21. Jahrhunderts. Es ist zu erwarten, dass von den Effekten der Digitalisierung zahlreiche gesellschaftliche, soziale und wirtschaftliche Lebensbereiche grundlegend betroffen sind. Die Digitalisierung verändert unseren privaten und beruflichen Alltag. Sie ermöglicht es uns beispielsweise, jederzeit und an fast jedem Ort mobil erreichbar zu sein, sie gestattet es uns, an fernen Orten ohne eigene Repräsentanz Maschinen zu steuern, industrielle Servicedienstleistungen an komplexen Maschinen und Anlagen rund um die Uhr vorzunehmen oder virtuelle Konferenzen mit hoher Funktionalität räumlich und zeitlich flexibel durchzuführen. Mit dem digitalen Wandel werden auch veränderte Arbeits- und Beschäftigungsmodelle, Wertschöpfungsprozesse, Geschäftsmuster und umfangreiche Auswirkungen auf Kommunikation, Mobilität und Innovation erwartet. Die Diskussion rund um die Digitalisierung der Arbeit fokussiert verschiedene Perspektiven. Die zukünftige Arbeits- und Berufswelt impliziert zahlreiche Veränderungsbedarfe für die berufliche Aus- und Weiterbildung mit differenten Schwerpunktsetzungen und unterschiedlichen Akzenten in Schulen, Hochschulen und Unternehmen (vgl. z. B. Spath et al. 2013; Brödner 2015; Frenz, Heinen & Schlick 2015; Eder 2015; Gebhardt, Grimm & Neugebauer 2015; Guo 2015, Zinn, Guo & Sari 2015). Innerhalb der vielfältigen Diskussionslinien sind mit dem digitalen Wandel auch übergreifende Fragen zur beruflichen Aus- und Weiterbildung der Zukunft verbunden. Insbesondere geht es darum zu klären, welche (veränderten) Kompetenzerwartungen an die beruflichen und akademischen Fachkräfte in Zukunft gestellt werden und welche Konsequenzen sich für den curricularen Rahmen der beruflichen Aus- und Weiterbildung sowie deren methodisch-didaktischen Gestaltungsfragen ergeben.

Im vorliegenden Beitrag werden Auswirkungen der Digitalisierung der Arbeits- und Berufswelt im Hinblick auf die zukünftige Gestaltung der beruflichen Aus- und Weiterbildung analysiert. Im Beitrag werden innerhalb des zweiten Abschnitts in einer ersten thematischen Annäherung zentrale Perspektiven zur Digitalisierung skizziert, um darauf aufbauend im dritten Abschnitt, den mit der Digitalisierung der Arbeit verbundenen Wandel der Arbeit zu beschreiben. Die sich daraus ergebenden Implikationen und Kompetenzerwartungen für die zukünftigen Fachkräfte sowie die möglichen didaktischen Veränderungen in der beruflichen Aus- und Weiterbildung und Gestaltung innovativer Lehr-Lernarrangements werden im vierten Abschnitt aufgezeigt. Abschließend erfolgen die Zusammenfassung und ein kurzer Ausblick zu Forschungsdesideraten im Bezugsfeld der Ausgangsthematik.

2 Perspektiven zur Digitalisierung

Mit der Digitalisierung der Arbeit wird allgemein ein multipler Einsatz komplexer und vernetzter digitaler Informations- und Kommunikationstechnologien bezeichnet und damit einhergehend auch ein erheblicher Wandel der Arbeit unterstellt. Die Digitalisierung der Arbeit ist ein unbestimmter Sammelbegriff, der sich aus den vielschichtigen Aspekten der Digitalisierung von Gesellschaft und Wirtschaft ergibt. Um mögliche mittelbare und unmittelbare Auswirkungen der Digitalisierung der Arbeit auf die berufliche Aus- und Weiterbildung differenzierter zu betrachten, werden in einem ersten Ansatz drei grundlegende Diskussionsperspektiven, die technologische Perspektive, die ökonomische Perspektive und die arbeits- und berufssoziologische Perspektive, betrachtet.

Die disruptiven technologischen Komponenten bilden den Ausgangspunkt für die Digitalisierung der Arbeit. In der *technologischen Perspektive* wird die Digitalisierung der Arbeit meist im Zusammenhang mit dem Schlagwort Industrie 4.0 gekoppelt, bei der „der flächendeckende Einzug von Informations- und Kommunikationstechniken sowie deren Vernetzung zu einem „Internet der Dinge, Dienste und Daten, das eine Echtzeitfähigkeit der Produktion ermöglicht", verstanden wird (vgl. z. B. Spath et al. 2013, S. 2). Den technologischen Kern von Industrie 4.0[1] bilden die Cyber-physischen Systeme (CPS), die als ein komplexes „Netzwerk interagierender Elemente mit physikalischem In- und Output" beschrieben werden (vgl. z. B. Broy 2010; Sendler 2013, S. 8). Cyber-physische Systeme umfassen komplexe software- und hardwaretechnische Komponenten mit mechanischen sowie elektronischen Bauteilen und besitzen eine Dateninfrastruktur, wie beispielsweise ein Internet oder Intranet, zur Kommunikation. Cyber-physische Systeme sind durch ihren hohen Grad an Komplexität gekennzeichnet und konstituieren sich aus der Vernetzung eingebetteter Systeme sowie moderner Aktuatorik und Sensorik, die durch drahtgebundene oder drahtlose Kommunikationsnetze miteinander verbunden sind. Zentrale ökonomische Zielsetzungen, die mit diesen innovativen Technologien verbunden werden, sind u. a. zunehmende Flexibilitätsanforderungen der Absatzmärkte, eine

---

[1] Von einigen ist Industrie 4.0 gleichzusetzen mit einer vierten industriellen Revolution (vgl. z. B. Spath et al. 2013).

wachsende Individualisierung der Produkte, kürzer werdende Produktlebenszyklen sowie eine steigende Komplexität der Prozessabläufe (z. B. Forschungsunion acatech 2013; Hirsch-Kreinsen 2014). Weitere neue Technologien und Artefakte, bei denen davon ausgegangen wird, dass sie einen Einfluss auf die zukünftige Gestaltung der Arbeit und veränderte Tätigkeitszuschnitte der Arbeitskräfte nehmen, sind u. a. intelligente Maschinen, die Machine-to-Machine Kommunikation (M2M), Big Data oder das Internet der Dinge (für einen weiteren Überblick siehe z. B. Baum 2013; Kaufmann 2015). Zentrale Diskussionslinien zur Erforschung dieser Technologien bilden dabei u. a. die Klärung der Anforderungen an die Soft- und Hardware, die Problematik der zunehmenden Transparenz und Datensicherheit (vgl. z. B. Russwurm 2013), die Analyse der unternehmenspraktischen Potenziale intelligenter Maschinen und ihrer Wechselwirkungen miteinander oder den Transfer von Big Data zu Smart Data (vgl. z. B. Baum 2013; Borcherding 2013).

Von der *ökonomischen Perspektive* aus betrachtet, fokussiert die Diskussion um die Digitalisierung der Arbeit im Kern die möglichen Funktionalitäten der neuen disruptiven Technologien und ihre Auswirkungen auf die Unternehmensstrategie sowie die Entwicklung neuer bzw. veränderter Geschäftsmodelle (vgl. z. B. Kaufmann 2015). Der betriebswirtschaftliche Fokus adressiert u. a. auf die Einführung dezentraler Steuerungskonzepte, Ad-hoc-Gestaltung von Produktionsprozessen und die (Weiter-)Entwicklung von Arbeits- und Produktionsmodellen, schnell und flexibel auf Kundenanforderungen reagieren zu können. Besonders die Option, kleine Stückzahlen oder Unikate zu vergleichbaren Bedingungen industriell herzustellen wie große Mengen identischer Konsumgüter, eröffnen für Unternehmen neue oder veränderte Geschäftsmodelle. Es werden Geschäftsmodell-Innovationen auf der Basis existierender Unternehmensmodelle, die Veränderung bestehender Geschäftsmodelle und die Entwicklung neuer Geschäftsmodelle diskutiert (vgl. z. B. ebd., S. 12). So stellen sich beispielsweise in einem befragten deutschen Hochtechnologieunternehmen aus dem Maschinen- und Anlagenbau im Kontext der Digitalisierung der Arbeit aktuell folgende Herausforderungen: Individualisierung der Kundenwünsche durch sinkende Losgrößen, Optimierung der Reaktionszeiten, Gewährleistung einer Echtzeit-Transparenz (d. h. Sicherstellung der Auskunftsmöglichkeit zum Fertigungsstatus des bestellten Produkts), Globalisierung des Einkaufs, Gewähr der hohen Produktqualität bei sinkender Losgröße, Implementierung neuer Produktionsverfahren und komplexer Technologien sowie die Einführung von Service Analytics im Kontext der Aufzeichnung von Big Data bei den Kunden des Unternehmens. Service Analytics impliziert den Einsatz von mathematischen und statistischen Analysemethoden, um aus Big Data nutzenstiftende Erkenntnisse (Smart Data) abzuleiten und somit datengetriebene ökonomische Entscheidungen herbeizuführen (Davenport & Harris 2007). Grundsätzlich lassen sich die im Rahmen von Analytics zum Einsatz kommenden Analysemethoden in deskriptive und prädiktive Analysemethoden einteilen (Davenport & Kim 2014). Zu deskriptiven

Analysemethoden zählen beschreibende Analysen, welche die Auswertung von zur Verfügung stehenden Daten mittels Cluster-, Ausreißer- und Assoziationsanalysen zum Ziel haben. Diese sind vergangenheitsorientiert. Prädiktive Analysemethoden zielen auf die Vorhersage zukünftiger Ereignisse auf Basis vergangener Wirkungszusammenhänge ab und können beispielsweise im Bezugsfeld industrieller Dienstleistungen zusätzliche Effizienzgewinne ermöglichen (Cleve & Lämmel 2014; Tan, Steinbach & Kumar 2006). Vom unternehmerischen Standpunkt aus zusammenfassend betrachtet werden mit der Digitalisierung der Arbeit verschiedene Potenziale verbunden: Individualisierung der Kundenwünsche, Flexibilisierung der Fertigung, Optimierung der Entscheidungsfindung, Verbesserung der Ressourcenproduktivität und -effizienz, Erhöhung der Wertschöpfungspotenziale durch neue Dienstleistungen, demografiesensible Arbeitsgestaltung, Verbesserung der Work-Life-Balance der Arbeitskräfte und Ausbau der (globalen) Wettbewerbsfähigkeit (vgl. Autorengruppe zu den Umsetzungsempfehlungen für das Zukunftsprojekt Industrie 4.0 2013, S. 19 f.; Kaufmann 2015). Damit ist davon auszugehen, dass die Ausgangsthematik einen breiten Einfluss auf die Veränderung betrieblicher Organisationsstrukturen, Unternehmensstrategien und betrieblichen Geschäftsprozessen sowie den Aufgaben- und Tätigkeitszuschnitte der Arbeitskräfte der Zukunft nimmt.

Im Zentrum der *arbeits- und berufssoziologischen Perspektive* zur Digitalisierung der Arbeit steht, ausgehend von der Modellierung als sozio-technisches System (z.B. Ropohl 2009), die Klärung des Verhältnisses von Technik und Arbeit. Die Kernelemente der arbeits- und berufssoziologischen Diskussion sind dabei u.a. die Klärung der Beschäftigungsfolgen, die mittel- und unmittelbaren Auswirkungen auf den Beschäftigungsumfang und die Wahrscheinlichkeit der zunehmenden Segmentierung des Arbeitsmarktes. Im Kontext sich wandelnder arbeitsorganisatorischer Modelle werden mögliche veränderte Handlungsspielräume, Kooperationsstrukturen, Anforderungs- und Qualifikationsbedarfe konstatiert sowie veränderte Beteiligungsformen der Beschäftigten und Beteiligungsprozesse zur Gestaltung von Systemen, problematisiert. Zudem wird mit der weiteren Digitalisierung der Arbeit eine steigende Transparenz der Beschäftigten unterstellt, der mit einem erweiterten arbeits- und berufssoziologischen Diskussionsbedarf verbunden wird (vgl. z.B. Hirsch-Kreinsen 2014; Kuhlmann 2015).

Zusammenfassend wird mit den skizzierten Perspektiven der Technologie, der Ökonomie und der Berufs- und Arbeitssoziologie deutlich, dass die Digitalisierung der Arbeit mittelbar oder unmittelbar für einen basalen Wandel der Arbeit und einer Veränderung der Aus- und Weiterbildung verantwortlich sein wird. Perspektivenübergreifend ist charakteristisch, dass mit der Digitalisierung der Arbeit grundlegende Innovationspotenziale und gleichzeitig neue Herausforderungen für die berufliche Aus- und Weiterbildung und den Wandel der Arbeit verbunden sind. Zudem werden aber auch mit der Digitalisierung der Arbeit, wie im Folgenden näher beschrieben, kritische Momente im Bezugsfeld konstatiert.

3 Wandel der Arbeit

Mittlerweile sind zur Digitalisierung der Arbeit und dem implizierten Wandel der Arbeit mehrere Studien entstanden (vgl. z. B. Kagermann, Wahlster & Helbig 2013; Hirsch-Kreinsen 2014; Russwurm 2013; Spath 2013; Wolter et al. 2015; Windelband 2014; Zinn 2016). Obwohl die in den Studien getroffenen Prognosen zum Wandel der Arbeit auf zum Teil sehr unterschiedlichen Daten, Forschungsansätzen, Entwicklungsszenarien sowie differierenden Domänen und Berufssektoren basieren, können dennoch studienübergreifend zentrale Dimensionen des Wandels der Arbeit konstatiert werden. Wenn auch die nachstehende Darstellung der Dimensionen nicht den Anspruch auf Vollständigkeit einlösen möchte, so sollte im Folgenden deutlich werden, dass die Dimensionen *Qualifikation, Arbeitstätigkeit, Lern- und Arbeitsmittel, Arbeitsorganisation, Arbeitsräume und Beschäftigungsformen* direkte oder indirekte Implikationen für die Gestaltung der zukünftigen beruflichen Aus- und Weiterbildung haben.

- In Bezug auf die Dimension *Qualifikation* werden grundlegend zwei unterschiedliche Szenarien diskutiert. Beim Szenario 1 (Automatisierungsszenario) wird davon ausgegangen, dass Entscheidungsprozesse zunehmend von Maschinen und verketten Anlagen getroffen werden und die notwendige Qualifikation der Fachkräfte abnehmen wird. Im Szenario 2 (Werkzeugszenario), das sich diametral dazu positioniert wird unterstellt, dass Fachkräfte weitergehende Qualifikationen als bisher benötigen, um insbesondere den höheren Komplexitäts-, Abstraktions- und Analyseanforderungen gerecht zu werden (vgl. z. B. Kagermann, Wahlster/Helbig 2013; Windelband/Dworschak 2015, S. 83 f.; Hirsch-Kreinsen 2015).

- Bei der Dimension *Arbeitstätigkeit* wird im geschilderten Szenario 1 (Automatisierungsszenario) davon ausgegangen, dass Fachkräfte zukünftig hoch standardisierten und monotonen Arbeitsvollzügen mit einem konsistenten Anforderungsbereich nachkommen. Die Arbeitstätigkeit folgt hier dem tayloristischen Gestaltungsansatz. Beim Szenario 2 (Werkzeugszenario) hingegen ist die zukünftige Arbeitstätigkeit vor dem Hintergrund der höheren Komplexitäts-, Abstraktions- und Analyseanforderungen durch ein breiteres selbstgesteuertes Handeln und einem erweiterten domänenübergreifenden Interaktionsbereich geprägt.

- Die Dimension *Lern- und Arbeitsmittel* betrifft die multimodalen Assistenzsysteme und innovative digitale Lerntechnologien wie Augmented Reality, Virtual Reality, Dual Reality oder die neuen natürlichen Schnittstellen zwischen Mensch und technischem Arbeitsmittel. Intelligente Assistenzsysteme mit multimodalen Benutzerschnittstellen können die Beschäftigten bei ihrer Arbeit unterstützen und gleichzeitig als digitale Lerntechnologien verwendet werden (vgl. z. B. Zinn, Guo & Sari 2016).

- In der Dimension *Arbeitsorganisation* betreffen die Veränderungen sowohl die Struktur und Organisation von Arbeit, die Arbeitsgestaltung als auch die persönlichen Anforderungen an die Beschäftigten im Kontext eines räumlich und zeitlich flexiblen Arbeitens. Erste Anzeichen für eine veränderte Arbeitsorganisation sind etwa die Verschiebung von der Präsenzpflicht hin zur Ergebnisorientierung, das zunehmende Verschwimmen der Grenzen von Privat- und Berufsleben, neue lebensphasenorientierte Kompetenzmanagementmodelle (vgl. z.B. Spath et al. 2012; Zinn et al. 2016) und erhöhte Anforderungen an das Selbst- und Zeitmanagement der Arbeitskräfte. Unternehmen sind zudem mit dem Wandel von sozialen Ansichten und Werten der jüngeren Generationen konfrontiert, die eine ausgeglichene Work-Life-Balance anstrebt (vgl. Hucke et al. 2013; Stock-Homburg 2013). Der Trend der Individualisierung geht mit der Flexibilisierung der Arbeit durch sich ändernde Arbeitsorganisationen einher. Zusammenfassend ist damit bei der Arbeitsorganisation davon auszugehen, dass Arbeitskräfte zukünftig ihre Aufgaben und Tätigkeiten zunehmend orts- und zeitunabhängig ausführen. Es wird davon ausgegangen, dass sich die weltweite Teilung und Verflechtung von Wertschöpfungs- und Leistungserstellungsprozessen intensiviert und ausdifferenziert und demnach zunehmend auch interdisziplinäre und interkulturelle Projektteams entstehen, die insbesondere in wissensintensiven Aufgaben- und Tätigkeitsbereichen vernetzt kollaborativ zusammenarbeiten.

- In der Dimension *Arbeitsräume* geht man davon aus, dass der durch den direkten und sinnlichen Umgang mit materiellen Gegenständen und realen Personen geprägte traditionelle Produktions- und Arbeitsalltag sich zunehmend in Richtung virtueller Mixed-Reality-Umgebungen verändert. Virtuelle Maschinen, Werkzeuge und Werkstoffe sowie Avatare bestimmen vermehrt berufliche Arbeitsumgebungen (vgl. z.B. Spath et al. 2012; Botthof & Hartmann 2015; Zinn, Guo & Sari 2016). Das Arbeiten mit digitalen Medien innerhalb virtueller dezentraler Arbeitsräume weist Vorteile auf, die letztlich auch die enorme Bedeutung der modernen Informations- und Kommunikationstechnologie in der Gesellschaft spiegeln. Ein zentraler Aspekt, der für das Lernen und Arbeiten mit digitalen Medien spricht, ist die räumliche und zeitliche Autonomie, mit der auf arbeitsrelevante Inhalte und Dienste zugegriffen werden kann. Ob synchron oder asynchron können Nutzer zu jeder Zeit zu Kommunikations- und Kollaborationszwecken miteinander in Verbindung treten und beispielsweise über Remote Services an einem entfernten Ort technische Dienstleistungen erbringen, die Instandhaltung komplexer Maschinen mittels Virtual Services unterstützen oder Prozessoptimierungen durchführen. Weitere Veränderungsszenarien ließen sich aufzählen (vgl. z.B. Kerres 2012). Die globalisierte digitalisierte zukünftige Arbeitswelt ist vielfältig vernetzt und fordert damit neben der engen Interaktion mit Maschinen verstärkt auch kooperative Leistungserbringung über verteilte Standorte ein.

- In der Dimension *Beschäftigungsformen* wird davon ausgegangen, dass die Digitalisierung der Arbeit einen Einfluss auf die Struktur des Arbeitsmarktes sowie die Beschäftigtenstruktur nimmt und dabei möglicherweise auch für größere Umschichtungen von Arbeitsplätzen verantwortlich sein wird. Wolter et al. (2015) gehen davon aus, dass insbesondere die Berufe im verarbeitenden Gewerbe und hier vor allem die Berufe, bei denen Maschinen und Anlagen gewartet und gesteuert werden von Personalabbau betroffen sind, während IT-Berufe, Bauberufe und lehrende Berufe von der Digitalisierung profitieren. Bezogen auf das Qualifikationsniveau wird allgemein unterstellt, dass der Bedarf an Akademikern wachsen und die Nachfrage nach Niedrigqualifizierten rückläufig sein wird.

4 Kompetenzerwartungen und didaktische Implikationen

Mit den skizzierten sechs Dimensionen verbindet sich, dass neue Aufgaben- und Tätigkeitszuschnitte und veränderte berufliche Handlungskompetenzprofile[2] für Arbeitskräfte notwendig werden. Im Folgenden sollen hierzu die als zentral erachteten Kompetenzerwartungen und ihre methodisch-didaktischen Implikationen betrachtet werden. Vorab sei darauf hingewiesen, dass sich diese Zusammenstellung der Kompetenzerwartungen auf basale Erwartungen im Bezugsfeld der Digitalisierung der Arbeits- und Berufsfeld beschränkt und nicht den Anspruch einer domänenspezifischen Bewertung einlösen kann. Hierzu wäre eine domänenspezifische Analyse im Kontext der konkret veränderten Handlungsfelder notwendig. Zudem scheint hierfür bedeutsam, dass bislang die tatsächliche Entwicklungsrichtung der im dritten Abschnitt aufgezeigten möglichen Arbeitstätigkeits-Szenarien unbeantwortet ist und der Wandel der Arbeit und die damit verbundenen Kompetenzerwartungen von domänenspezifischen und berufssektoralen Besonderheiten geprägt sind. Folgt man aber dem im zweiten Abschnitt skizzierten Forschungsstand und unterstellt, dass Fachkräfte veränderte weitergehende Kompetenzen als bisher benötigen – insbesondere, um den unterstellten höheren Komplexitäts-, Abstraktions- und Analyseanforderungen gerecht zu werden – so scheinen sowohl fachliche als auch soziale und personale Kompetenzadaptionen dringlich. Insbesondere mit einer weiterhin steigenden Bedeutung des Dienstleistungssektors sind veränderte personale und soziale Kompetenzen von besonderer Relevanz. Um einen adäquaten

---

[2] Kompetenzen werden nach der Definition von Weinert als Dispositionen aufgefasst, mit deren Hilfe Individuen situative Anforderungen in einer Domäne bzw. in einem Handlungsbereich mithilfe verschiedener individueller Ressourcen (Wissen, Fähigkeiten, Fertigkeiten, motivationale, emotionale und volitionale Potenziale etc.) bewältigen (Weinert 2001, S. 27f.). Unter beruflicher Handlungskompetenz wird allgemein „die Bereitschaft und Befähigung des Einzelnen, sich in beruflichen, gesellschaftlichen und privaten Situationen sachgerecht durchdacht sowie individuell und sozial verantwortlich zu verhalten" (KMK 2007, S. 10) verstanden. Dabei wird bei der gewählten Begriffsbestimmung davon ausgegangen, dass sich die Handlungskompetenz in den Dimensionen Fachkompetenz, Humankompetenz und Sozialkompetenz entfaltet (ebd.).

Umgang mit den neuen technischen Arbeits- und Lernmitteln sowie den damit gebildeten Informations- und Kommunikationsnetzwerken zu ermöglichen, scheint es von Bedeutung, dass Fachkräfte zukünftig über umfassendere spezifische *informationstechnische Grundbildung (Digital Literacy)* verfügen müssen. Auch Berufsbilder, die bislang keine oder wenig IT-Kompetenzen in der Berufsbildung erworben haben, werden zukünftig eine grundlegende erweiterte berufsspezifische informationstechnische Grundkompetenz benötigen. Ohne den Aufbau entsprechender Kompetenzen sind für den Einzelnen wie für Organisationen die damit verbundenen ständig neuen Anforderungen an die adäquate Nutzung digitaler Medien nur schwer erfüllbar. Medienbildung mit der Intention, den Aufbau von Medienkompetenz insbesondere auch in Organisationen strukturell zu verankern (vgl. z. B. Eder 2015), wird zu einem wichtigen Faktor, um sowohl die Wettbewerbsfähigkeit von Unternehmen als auch die individuelle Erwerbsfähigkeit zu stärken.

Die globalisierte digitalisierte Arbeitswelt wird vielfältig vernetzt sein und fordert neben der engen Interaktion mit Maschinen verstärkt kooperative Leistungserbringung über verteilte (globale) Standorte (s. o.). Es kann daher davon ausgegangen werden, dass verstärkt auch *fremdsprachliche und interkulturelle Kompetenzen* an Bedeutung gewinnen werden.

Mit der Einführung neuer Geschäftsmodelle, Geschäftsprozesse und Organisationsstrukturen ist zu erwarten, dass es zu veränderten Zuschnitten in einzelnen Aus- und Weiterbildungsberufen, sowohl im technischen als auch nicht-technischen Beschäftigungssektor, kommen wird. Zentrale Kernbereiche wie Produktion, Entwicklung, Logistik, Service und Controlling stehen im Fokus von technologischen und ökonomischen Veränderungen, die wiederum Umgestaltungen in der Arbeits- und Berufswelt und damit auch in der Aus- und Weiterbildung bedingen. Im Kontext neuer beruflicher Zuschnitte werden damit *interdisziplinäre Kompetenzen* von weitergehendem Interesse sein. In den neuen hybriden Geschäftsmodellen werden Fachkräfte benötigt, die bislang eher getrennte domänenspezifische Kompetenzbereiche miteinander verbinden. Veränderte und neue Berufsprofile werden entstehen. Beispielsweise werden im Kontext von Service-Analytics Fachkräfte benötigt, die den spezifischen Mehrwert der Daten erkennen und für neue Produkte und Dienstleistungen nutzbar machen. Diese Fachkräfte benötigen insbesondere eine Kombination aus betriebswirtschaftlichen, statistischen- und informationstechnischen Kompetenzen.

Mit neuen Arbeitsabläufen und Organisationsformen ist zudem zu erwarten, dass von den Mitarbeiterinnen und Mitarbeitern ein höheres Maß an Flexibilität gefordert sein wird. Die Fachkräfte der Zukunft müssen sich dynamischer den Arbeitsplatzanforderungen und denjenigen innerhalb der Organisation anpassen. Präzise abgrenzbare Aufgaben- und Tätigkeitsbereiche verschwimmen zunehmend. Fachkräfte müssen komplexer gewordene Prozesse überblicken, Arbeitsabläufe mitgestalten und dabei eine zunehmende Anzahl differenter Aufgaben (interdisziplinär) ausführen. Sie benötigen ein verstärktes *Prozesswissen, Management- und Problemlösefähigkeiten* und müssen proaktiv und autonom agieren können. Sie werden in Zukunft weniger als „Maschinenbediener" eingesetzt, „sondern mehr in der Rolle des Erfahrungsträgers, Entscheiders und Koordinators (…) die Vielzahl der Arbeitsinhalte für den einzelnen Mitarbeiter nimmt zu" (vgl. z. B. Kagermann 2014, S. 608).

Mit den dynamischen technologischen Prozessen und den immer kürzeren Innovationszyklen wird eine zunehmende kontinuierliche Weiterbildung bedeutsam. Die Bereitschaft zum kontinuierlichen Lernen sowie ein Learning-on-the-Job werden verstärkt an Relevanz gewinnen und verlangen nach einer entsprechenden ausgeprägten *Weiterbildungsbereitschaft* der Fachkraft. Die berufliche Weiterbildung wird steigend als lebensbegleitendes Lernen (Life-Long-Learning) zum selbstverständlichen Bestandteil der individuellen beruflichen Entwicklung. Die Ermöglichung eines lebensbegleitenden Lernens bedarf dabei, neben der basalen Weiterbildungsbereitschaft der Fachkraft, systematische Weiterbildungsstrukturen und innovative Lernmöglichkeiten, die aktiv einen Wissens- und Fähigkeitserwerb im Bezugsfeld eines *Learning-on-Demand* unterstützen. Um Kompetenzen im Unternehmen im Kontext der Digitalisierung sinnvoll nutzen und ausbauen zu können, spielt ein systemischer und zeitnaher Wissenstransfer innerhalb des Unternehmens eine wesentliche Rolle. Mit einem elaborierten Wissensmanagement wird u. a. verbunden, dass komplexe betriebliche Prozesse deutlich verbessert, die Produktion erhöht, organisationales Lernen gefördert, neue Fähigkeiten und Fertigkeiten entwickelt und Wettbewerbsvorteile gesichert werden (vgl. z. B. von Krogh 1998; Argote et al. 2000; Russwurm 2013; Botthof / Hartmann 2015).

Mit den im dritten Abschnitt aufgeführten neuen digitalen Lern- und Arbeitsmitteln ergeben sich, sowohl für berufsschulische als auch betriebliche Aus- und Weiterbildungsarrangements, veränderte methodisch-didaktische Gestaltungsoptionen. Mit den neuen technologischen Lern- und Arbeitsmitteln, kann davon ausgegangen werden, dass verstärkt Lernumgebungen in der beruflichen Aus- und Weiterbildung virtuelle Orte mit physisch realen Räumen verknüpfen und dabei *Mixed-Reality-Simulation* an Bedeutung gewinnen wird (vgl. z. B. Guo 2015; Zinn, Guo & Sari 2016). Die neuen Formen der Mensch-Technik-Interaktion können spezifische Lernumgebungen erfahrbar machen und haben möglicherweise auch das Potenzial, um betriebliche Praxisbezüge verstärkt in die berufsschulische Ausbildung zu integrieren. Besonders vorteilhaft stellt sich die Nutzung der neuen Technologien (z. B. Virtuell Reality, Augmented Reality) im Aus- und Weiterbildungsbereich dar, wenn sie nicht als reines Additiv eingebracht, sondern didaktisch in konkrete reale berufliche Projekte integriert werden. Zudem wird das mobile Lernen an Geltung gewinnen und damit stärker in den Fokus der Gestaltung von dezentralen Lehr-Lernarrangements rücken. Mobile Endgeräte (mobile devices) ermöglichen eine räumlich und zeitlich unabhängige Informationsbeschaffung und unterstützen ein *Learning-on-*

Demand. Das Lernen mit mobilen Endgeräten wird im Kontext des arbeitsorientierten Lernens, insbesondere in der Form selbstorganisierten Lernens und informellen Lernens, allgemein als Schlüsseltrend betrachtet. Vor dem Hintergrund der zunehmenden Individualisierung des Lernens gilt es besonders, Lehr- und Lernkonzepte zur räumlichen und zeitlichen Flexibilisierung des Lernens zu gestalten, um einen kontinuierlichen Transfer praxisrelevanter Erkenntnisse und technischer Innovationen innerhalb der beruflichen Bildung abzusichern und damit eine hohe Ausbildungs- und Weiterbildungsqualität im Bezugsfeld der Dynamik der Digitalisierung der Arbeit gewährleisten zu können.

Sowohl in der betrieblichen Praxis als auch im schulischen Bereich werden heute schon Simulationsumgebungen, in denen komplexe Maschinen in Echtzeit verändert und aus verschiedenen Perspektiven betrachtet werden können, genutzt. Innovative Mixed-Reality-Plattformen mit Virtual-Reality-Brillen gestatten zudem physisch reale Fortbewegung. Neue Interaktionsformen in den Simulationen mittels natürlicher Benutzerschnittstellen für Visualisierung, Interaktion und Fortbewegung ermöglichen somit durch direkte Steuerung eine authentischere Lernerfahrung als an traditionellen Computern und können im Bezugsfeld des Ansatzes des *Embodiment Learning* den Wissenstransfer des Gelernten auf spätere Anwendungssituationen erleichtern. Embodiment Learning und das verbundene Paradigma der Embodied Cognition stehen im Gegensatz zu Standardtheorien der Kognitionswissenschaften, nach denen Wissensinhalte in einem semantischen Gedächtnissystem existieren, welches durch Eigenschaftslisten, Assoziationsketten sowie semantische Netzwerke geprägt ist (Barsalou 2009). Dem Embodied Cognition Ansatz zufolge werden Informationen zu einem bestimmten Vorgang (z. B. Schneiden eines Gewindes) hingegen vom Gehirn auf die verschiedenen modalen Ebenen enkodiert (z. B. Aussehen des Gewindeschneiders, Bewegung des Schneidens, Druckgefühl beim Schneiden usw.) und in Form einer multimodalen Erfahrung gespeichert. Bei Erinnerung an eine Kategorie (z. B. Schneiden eines Gewindes) werden multimodale Repräsentationen reaktiviert, um mental zu simulieren, welche Wahrnehmungen, Handlungen und Introspektionen ursprünglich die Erfahrung ausgemacht haben. Im Kontext der Nutzung natürlicher Benutzerschnittstellen in *Virtual-Reality Simulation* ist der Ansatz der Embodied Cognition hoch relevant. Der zentrale Vorteil der Nutzung natürlicher Benutzerschnittstellen wird dabei insbesondere darin gesehen, dass der Lernprozess ganzheitlich verläuft: Motorische Bewegungsmuster werden in den Lernprozess integriert, das Lernen wird durch deklarative und prozedurale Gedächtnisprozeduren unterstützt. Auch die Technologie der *Remote-Labors* (s. o.) unter Nutzung natürlicher Benutzerschnittstellen können zukünftig ein verbindendes innovatives Element darstellen (vgl. z. B. Cikic et al. 2009), um das kooperative betriebliche und schulische Lernen zu optimieren.

5 Zusammenfassung

Der vorliegende Beitrag fokussiert zur Ausgangsthematik der *Digitalisierung der Arbeit*, veränderte Kompetenzerwartungen und mögliche Effekte auf die methodisch-didaktische Gestaltung von Lehr-Lernarrangements im beruflichen Aus- und Weiterbildungsbereich. Der Beitrag beschreibt, dass ausgehend von den im zweiten Abschnitt umrissenen *technologischen, ökonomischen und soziologischen Perspektiven* und den im dritten Abschnitt skizzierten *Dimensionen Qualifikation, Arbeitstätigkeit, Arbeits- und Lernmittel, Arbeitsorganisation, Arbeitsräume* und *Beschäftigungsformen* direkte oder indirekte Implikationen für die Ausgestaltung der zukünftigen beruflichen Aus- und Weiterbildung zu erwarten sind. Implikationen sind im Hinblick auf den Zuschnitt von (neuen) Ausbildungsberufen, curricularen Veränderungen, erwarteten Kompetenzprofilen oder der Nutzung von modernen Lern- und Arbeitsumgebungen zur Unterstützung des Lernens und Arbeitens zu erwarten. Es scheint offensichtlich, dass sich sowohl durch die neuen disruptiven Technologien als auch durch die damit verbundenen ökonomischen und soziologischen Diskussionen veränderte Kompetenzbedarfe für die Arbeitskräfte der Zukunft ergeben. Insbesondere ist damit zu rechnen, dass informationstechnische Kenntnisse und Fähigkeiten, Steuerungs- und Problemlösekompetenzen sowie interkulturelle und interdisziplinäre Kompetenzen für die zukünftige Aus- und Weiterbildung zunehmend an Bedeutung gewinnen. Die Digitalisierung der Arbeit hat auch mehrere Implikationen für die zukünftige methodisch-didaktische Gestaltung von Lehr-Lernarrangements in der beruflichen Aus- und Weiterbildung. Neue Technologien wie Mixed-Reality-Simulation haben dabei möglicherweise das Potenzial ein Embodiment Learning und die Flexibilisierung des Lernens zu unterstützen. Bedeutsam scheint, in der Gestaltung der Lehr-Lernarrangements insbesondere zur Förderung des handlungsbezogenen Wissens nicht die Bevorzugung einer Wissensform vorzunehmen, sondern die Vermittlung einer elaborierten Überzeugung zum Wissen und Wissenserwerb, die den Aufbau des theoretisch-systematischen Fachwissens und des auf Praxiserfahrungen basierenden Erfahrungswissens kohärent aufeinander bezieht und schlüssig miteinander verbindet (vgl. z. B. Zinn 2015). Vor dem Hintergrund der Dynamisierung der technologischen Entwicklung ist anzunehmen, dass das Lifelong-Learning und der Ansatz des Learning-on-demand weiter an Bedeutung gewinnen werden.

Die im vorliegenden Beitrag vorgenommene Beschreibung von allgemeinen Kompetenzerwartungen zu Fachkräften im Kontext der Digitalisierung der Arbeit stellt sich erstens vor dem Hintergrund der Vielzahl neuer Technologien, zweitens des aktuell laufenden Prozesses der Einführung der neuen digitalen Technologien und drittens der zu unterstellenden domänenspezifischen Perspektiven und Besonderheiten als eine grobe Abschätzung dessen dar. Für eine weitergehende Konkretisierung zu den Kompetenzprofilen von spezifischen Fachkräften scheint eine domänenspezifische Betrachtung – die insbesondere die neuen konkreten Handlungsfelder in der einzelnen Domäne im Kontext der spezifisch verwendeten Technologien und der tatsächlich veränderten und neuen Geschäftsmodelle einbezieht – zielführend. Der Forschungsstand zur Digitalisierung der Arbeit spannt immer noch zahlreiche Desiderate auf (vgl. z. B. Kerres 2012; Köhler et al. 2008; Katzky et al. 2013; Eder 2015; Zinn 2015; Botthof & Hartmann 2015; Zinn, Guo & Sari 2016) und belegt damit, dass bislang nur ein eingeschränktes empirisches Beschreibungs- und Erklärungswissen zur Ausgangsthematik vorliegt. Obwohl zwar zahlreiche Beiträge zur Digitalisierung der Arbeit erschienen sind (s. o.), liegen bisher im Bezugsfeld wenige empirische Studien zu den domänenspezifischen Kompetenzbedarfen und den Wirkungseffekten der Nutzung moderner Lern- und Arbeitsmitteln vor. So stellt sich im Bezugsfeld beispielsweise auch das Forschungsdesiderat, ob die Nutzung virtueller 3D-Umgebungen mit natürlichen Benutzerschnittstellen tatsächlich den domänenspezifischen Kompetenzerwerb positiv unterstützen kann. Auch liegen bisher wenige Erkenntnisse darüber vor, inwiefern Augmented Reality das Arbeiten gewinnbringend unterstützt, eine bessere Anpassung an die Bedürfnisse der Nutzer ermöglicht, eine größere Lernmotivation bewirkt, eine höhere Lern- bzw. Arbeitsleistung und damit auch eine höhere Effizienz von Lehr-Lern-Prozessen in der beruflichen Aus- und Weiterbildung mit sich bringt.

Literatur

Argute, Linda; Ingram, Paul; Levine, John M. & Moreland, Richard L. (2000): Knowledge Transfer in Organizations: Learning from the Expertise of Others. In: Organisational Behaviour and Human Decision Processes (82/1), S. 1–8

Autorengruppe „Umsetzungsempfehlungen für das Zukunftsprojekt Industrie 4.0" acatech (Hrsg.) (2013): Umsetzungsempfehlungen für das Zukunftsprojekt Industrie 4.0.: Abschlussbericht des Arbeitskreises Industrie 4.0, Frankfurt am Main

Barsalou, Lawrence W. (2009): Simulation, situated conceptualization, and prediction. Philosophical Transactions of the Royal Society Biological Sciences. 364, S. 1281–1289

Baum, Gerhard (2013): Innovationen als Basis der nächsten Industrierevolution. In: Sendler, Uwe (Hrsg.): Industrie 4.0 Beherrschung der industriellen Komplexität mit SysLM. XII, Berlin Heidelberg: Springer. S. 37–54

Borcherding, Holger (2013): Der mittelständische Maschinenbau – flexibel und höchst innovativ auch in der Systementwicklung. In: Sendler, Uwe (Hrsg.): Industrie 4.0 Beherrschung der industriellen Komplexität mit SysLM. XII, Berlin Heidelberg: Springer. S. 55–72

Botthof, Alfons & Hartmann, Ernst A. (2015): Zukunft der Arbeit in Industrie 4.0. Wiesbaden: Springer Vieweg

Brödner, Peter (2015): Industrie 4.0 und Qualifikation: Vorschau durch Rückschau. Berufsbildung in Wissenschaft und Praxis (BWP) Nr. 6, S. 17–20

Broy, Manfred (Hrsg.) (2010): Cyber-physical systems. Innovation durch softwareintensive eingebettete Systeme, Berlin/Heidelberg: Springer

Cikic, Sabine; Jeschke, Sabina; Ludwig, Nadine; Sinha, Uwe & Thomsen, Christian (2009): Victor-Spaces: Virtual and Remote Experiments in Cooperative Knowledge Spaces. In: Davoli, Franco; Meyer, Norbert; Pugliese, Roberto & Zappatore, Sandro (Hrsg.): Grid Enabled Remote Instrumentation, S. 329–343

Cleve, Jürgen & Lämmel, Uwe (2014): Data Mining. Oldenburg: De Gruyter

Davenport, Thomas H. & Harris, Jeanne G. (2007): Compenting on Analytics. Boston: Harvard Business School Press

Davenport, Thomas H. & Kim, Jinho (2014): Keeping up with the quants: Your guide to understanding and using analytics. Boston: Harvard Business School Press

Eder, Alexandra (2015): Akzeptanz von Bildungstechnologien in der gewerblich-technischen Berufsbildung vor dem Hintergrund von Industrie 4.0. Journal of Technical Education (JOTED), Jg. 3 (H. 2), S. 19–44

Frenz, Martin; Heinen, Simon & Schlick, Christopher (2015): Industrie 4.0: Anforderungen an Fachkräfte in der Produktionstechnik. Berufsbildung in Wissenschaft und Praxis (BWP), Nr. 6, S. 12–16

Gebhardt, Jonas; Grimm, Axel & Neugebauer, Laura M. (2015): Entwicklungen 4.0 – Ausblicke auf zukünftige Anforderungen an und Auswirkungen auf Arbeit und Ausbildung. Journal of Technical Education (JOTED) Jg. 3(2), S. 45–61.

Guo, Qi (2015): Learning in Mixed Reality System in the Context of „Industrie 4.0". Journal of Technical Education (JOTED) Jg. 3(2). S. 92–115

Hirsch-Kreinsen, Hartmut (2014): Wandel von Produktionsarbeit – „Industrie 4.0". Soziologisches Arbeitspapier Nr. 38. Dortmund (Technische Universität). Online http://www.wiso.tu-dortmund.de/wiso/is/de/forschung/soz_arbeitspapiere/AP-SOZ-38.pdf

Hucke, Maxi; Füssel, Benedikt; Goll, Alfred & Dietl, Stefan (2013): Generation Y – Wie man die Berufseinsteiger von morgen erreicht. In: Stock-Homburg, Ruth (Hrsg.): Handbuch Strategisches Personalmanagement. (2. Aufl.) Wiesbaden: Springer Gabler, S. 125–148

Kagermann, Henning; Wahlster, Wolfgang & Helbig, Johannes (Hrsg.) (2013): Umsetzungsempfehlungen für das Zukunftsprojekt Industrie 4.0. Abschlussbericht des Arbeitskreises Industrie 4.0. Online: https://www.bmbf.de/files/Umsetzungsempfehlungen_Industrie4_0.pdf

Kagermann, Henning (2014): Chancen von Industrie 4.0 nutzen, In: Bauernhansl, Thomas; ten Hompel, Michael & Vogel-Heuser, Birgit (Hrsg.): Industrie 4.0 in Produktion, Automatisierung und Logistik. Anwendung, Technologien, Migration, Wiesbaden: Springer Vieweg, S. 603–614

Kaufmann, Timothy (2015): Geschäftsmodelle in Industrie 4.0 und dem Internet der Dinge. Der Weg vom Anspruch in die Wirklichkeit. Wiesbaden: Springer Vieweg

Katzky, Uwe; Höntzsch, Susan; Bredl, Klaus; Kappe, Frank & Krause, Dirk (2013): Simulationen und simulierte Welten Lernen in immersiven Lernumgebungen. In: Ebner, Martin; Schön, Sandra & Frey, Jennifer C. (Hrsg.): L3T Lehrbuch für Lernen und Lehren mit Technologien Online: http://l3t.eu/homepage/das-buch/ebook-2013/kapitel/o/id/102/name/simulationen-und-simulierte-welten

Kerres, Michael (2012): Mediendidaktik. Konzeption und Entwicklung mediengestützter Lernangebote. München: Oldenbourg

KMK (Kultusministerkonferenz) (2007): Sekretariat der Kultusministerkonferenz (Hrsg.): Handreichungen für die Erarbeitung von Rahmenlehrplänen der Kulturministerkonferenz für den berufsbezogenen Unterricht in der Berufsschule und ihre Abstimmung mit Ausbildungsordnungen des Bundes für anerkannte Ausbildungsberufe. Bonn

Köhler, Thomas; Kahnwald, Nina & Reitmaier, Martina (2008): Lehren und Lernen mit Multimedia und Internet. In: Batinic, Barnad & Appel, Markus (2008): Medienpsychologie. Heidelberg: Springer, S. 477–501

Krogh, Georg von (1998): Care in Knowledge Creation. In: California Management Review (40/3), S. 133–153

Kuhlmann, Martin (2015): Arbeit in der Industrie 4.0 – wachsender arbeitspolitischer Gestaltungsbedarf. Soziologisches Forschungsinstitut Göttingen (SOFI) an der Georg-August-Universität. (Hrsg.): Mitteilungen aus dem SOFI, Ausgabe 23, 9. Jahrgang, S. 1–5

Reinmann-Rothmeier, Gabi (2001): Wissen managen: Das Münchner Modell. (Forschungsbericht Nr. 131). München: Ludwig-Maximilians-Universität, Lehrstuhl für Empirische Pädagogik und Pädagogische Psychologie. Online: http://epub.ub.uni-muenchen.de/239/1/FB_131.pdf (Letzter Abruf: 02.01.2017)

Ropohl, Günter (2009): Allgemeine Technologie. Eine Systemtheorie der Technik, (3. überarb. Aufl.), Karlsruhe

Russwurm, Siegfried (2013): Software: die Zukunft der Industrie. In: Sendler, Ulrich (Hrsg.): Industrie 4.0 Beherrschung der industriellen Komplexität mit SysLM. XII, Berlin Heidelberg: Springer, S. 21–36

Sendler, Ulrich (2013): Industrie 4.0 – Beherrschung der industriellen Komplexität mit sysLM (Systems Lifecycle Management). In: Sendler, Ulrich (Hrsg.): Industrie 4.0 Beherrschung der industriellen Komplexität mit SysLM. XII, Berlin Heidelberg: Springer, S. 1–20

Stock-Homburg, Ruth (2013): Zukunft der Arbeitswelt 2030 als Herausforderung des Personalmanagements. In: Stock-Homburg, R. (Hrsg.): Handbuch Strategisches Personalmanagement, (2. Aufl.), Wiesbaden: Springer Gabler, S. 603–629

Spath, Dieter (Hrsg.); Bauer, Wilhelm; Rief, Stefan; Kelter, Jörg; Haner, Udo E.; Jurecic, Mitja (2012): Arbeitswelten 4.0. Wie wir morgen arbeiten und leben. Fraunhofer-Institut für Arbeitswissenschaft und Organisation IAO. Stuttgart: Fraunhofer Verlag

Spath, Dieter (Hrsg.); Ganschar, Oliver; Gerlach, Stefan; Hämmerle, Moritz; Krause, Tobias; Schlund, Sebastian (2013): Studie Produktionsarbeit der Zukunft – Industrie 4.0. Fraunhofer-Institut für Arbeitswissenschaft und Organisation IAO. Stuttgart: Fraunhofer Verlag

Tan, Pang N.; Steinbach, Michael & Kumar, Vipin (2006): Introduction to data mining. Boston: Pearson International Edition

Weinert, Franz E. (2001): Vergleichende Leistungsmessung in Schulen – eine umstrittene Selbstverständlichkeit. In: F. E. Weinert (Hrsg.): Leistungsmessung in Schulen. Weinheim: Beltz, S. 17–31

Windelband, Lars (2014): Zukunft der Facharbeit im Zeitalter „Industrie 4.0". Journal of Technical Education (JOTED), Jg. 2 (H. 2), S. 138–160

Windelband, Lars & Dworschak, Bernd (2015): Arbeit und Kompetenzen in der Industrie 4.0. Anwendungsszenarien Instandhaltung und Leichtbaurobotik. In: Hirsch-Kreinsen, Hartmut; Ittermann, Peter & Niehaus, Jonathan (Hrsg.): Digitalisierung industrieller Arbeit. Berlin: Nomos Verlag, S. 71–86

Wolter, Marc I.; Mönnig, Anke; Hummel, Markus; Schneemann, Christian; Weber, Enzo; Zika, Gerd; Helmrich, Robert; Maier, Tobias & Neuber-Pohl, Caroline (2015): Industrie 4.0 und die Folgen für Arbeitsmarkt und Wirtschaft. Szenario-Rechnungen im Rahmen der BIBB-IAB-Qualifikations- und Berufsfeldprojektionen. Forschungsbericht Nr. 8. Institut für Arbeitsmarkt- und Berufsforschung (Hrsg.): Online: http://doku.iab.de/forschungsbericht/2015/fb0815.pdf

Zinn, Bernd (2015): Erkenntnistheoretische Überzeugungen im Bezugsfeld von theoretisch-systematischem Wissen und Erfahrungswissen. In: Dietzen, Agnes; Powell, Justin J. W.; Bahl, A. & Lassnigg, Lorenz (Hrsg.): Bildungssoziologische Beiträge. Soziale Inwertsetzung von Wissen, Erfahrung und Kompetenz in der Berufsbildung. Weinheim: Beltz Juventa, S. 322–337

Zinn, Bernd (2015): Editorial: Conditional variables of Ausbildung 4.0 – Vocational education for the future. Journal of Technical Education (JOTED), Jg. 3(2), S. 1–9

Zinn, Bernd; Guo, Qi & Sari, Duygu (2016): Formative Evaluation der virtuellen Lern- und Arbeitsumgebung VILA. Journal of Technical Education (JOTED), Jg. 4 (1), S. 89–117

Jürgen Seifried / Eveline Wuttke

Weiterentwicklung professioneller Kompetenzen von Lehrkräften an beruflichen Schulen

1 Problemstellung
2 Aufgaben und Kompetenzen von Lehrkräften an beruflichen Schulen
2.1 Ausgangslage
2.2 Unterrichtliches Handeln
2.3 Diagnostische Kompetenzen und Assessment
2.4 Umgang mit Heterogenität
2.5 Inklusion
3 Wirkung der Lehrerbildung und Implikationen für die Ausbildung von Lehrkräften
3.1 Wirkung der Lehrerbildung
3.2 Zum Stellenwert von schulpraktischen Phasen in der Lehrerbildung
3.3 Implikationen für die Weiterbildung von Lehrkräften
4 Ausblick

1 Problemstellung

In der aktuellen Diskussion wird die Bedeutung der Lehrperson für gelingenden Unterricht („Auf den Lehrer kommt es an", Lipowsky, 2006, siehe auch Hattie, 2009) hervorgehoben und insbesondere Wissen und Können der (angehenden) Lehrperson in den Mittelpunkt gestellt. Hierzu liegen mittlerweile einige international vergleichende Studien vor. Dabei orientiert sich die Modellierung der professionellen Kompetenz von Lehrkräften häufig am viel zitierten Ansatz von COACTIV (Kunter et al. 2011). Darin wird professionelle Kompetenz einer Lehrkraft als Konstrukt gefasst, das neben Wissen (v.a. Fachwissen, fachdidaktisches Wissen und pädagogisches Wissen) auch pädagogische Überzeugungen, motivationale Orientierungen sowie Selbstregulationsfähigkeiten umfasst. Diese professionelle Kompetenz wird weiterführend als Voraussetzung für gelingenden Unterricht betrachtet. Dies ist unmittelbar einleuchtend, denn Befunde aus der empirischen Unterrichtsforschung (z.B. Seidel/Shavelson 2007) belegen eindrücklich, dass gelingender Unterricht bzw. gelingende Unterweisung mehr ist als eine einfache Funktion bestimmter „optimaler" Strategien/Methoden; es geht vielmehr um die situationsgerechte Auswahl und den adaptiven Einsatz von Methoden und Handlungsstrategien. Lehrkräfte und betriebliche Ausbilder/-innen benötigen zur Planung, Entwicklung und Evaluation von Lernumgebungen/-materialien sowie zur Durchführung von Unterricht/Unterweisung eben ein reiches und flexibles Handlungsrepertoire, die Fähigkeit, Situationen angemessen zu beurteilen, sowie adaptive und funktionale Überzeugungen und motivationale Orientierungen. Diese Aspekte werden als zentrale Merkmale der professionellen Kompetenz des Bildungspersonals diskutiert und sind für den allgemeinbildenden Bereich mittlerweile gut beforscht.

Für den Bereich der beruflichen Bildung lässt sich bezüglich der Lehrerkompetenzforschung nach wie vor eine Forschungslücke ausmachen. Es liegen nur wenige Befunde vor, die zudem kaum die Besonderheiten der beruflichen Schulen explizit berücksichtigen und deshalb auch nur bedingt Rückschlüsse auf den Stand des Wissens bzw. des Könnens von (angehenden) Lehrkräften an beruflichen Schulen zulassen. Benötigt werden Erkenntnisse sowohl über den Stand des Wissens / der Kompetenzen am Ende der universitären Ausbildung als auch über die Entwicklung der Fähigkeiten über die Zeit hinweg. Im vorliegenden Beitrag greifen wir dieses Forschungsdefizit auf und berichten zusammenfassend über einschlägige Arbeiten zum Wissen und Können von Lehrkräften im berufsbildenden Bereich.

2 Aufgaben und Kompetenzen von Lehrkräften an beruflichen Schulen

2.1 Ausgangslage

Bildungssysteme haben die Aufgabe, Kinder, Jugendliche und Erwachsene in ihrer Entwicklung zu unterstützen sowie die Möglichkeit zur gesellschaftlichen und beruflichen Teilhabe zu eröffnen, und zwar unabhängig von sozialer Herkunft, ethnischer Zugehörigkeit oder Geschlecht (Fend 2006). In diesem Kontext kommt Lehrerinnen und Lehrern sowie – für die berufliche Bildung – betrieblichen Ausbilderinnen und Ausbildern eine Schlüsselrolle zu. Im Prinzip lautet die zentrale Hypothese, dass Qualifikation und Kompetenzen von Lehrkräften und Ausbildungspersonal das unterrichtliche bzw. instruktionale Handeln bestimmen und dieses seinerseits Auswirkungen auf das Lernen der Schülerinnen und Schülern bzw. Auszubildenden hat. Im Folgenden konzentrieren wir uns auf Lehrkräfte an beruflichen Schulen.

Die Kompetenzbereiche von Lehrkräften werden in einem Beschluss der Kultusministerkonferenz zu den Standards in der Lehrerbildung vom 16.12.2004 wie folgt gefasst: *Unterrichten, Erziehen, Beurteilen* und *Innovieren*. Die entsprechenden Kompetenzen sind im Rahmen der Lehreraus- und -weiterbildung zu entwickeln, wobei die Unterscheidung der Standards in theoretische und praktische Ausbildungsabschnitte als Schwerpunktsetzung und nicht als gegenseitige Abgrenzung zu verstehen ist. Dubs (2009, S. 22 f.) fasst die Aufgaben sowie die für die Erfüllung der Aufgaben notwendigen Kompetenzen von Lehrkräften in ähnlicher Weise und unterscheidet folgende Aufgaben bzw. Kompetenzen:

(1) Unterrichtsaufgaben: Kompetenzen der Unterrichtsvorbereitung, -durchführung und -auswertung,

(2) Beurteilungsaufgaben: Kompetenzen der Beurteilung und Selektion von Schülerinnen und Schülern,

(3) Schulentwicklungsaufgaben: Kompetenzen zur Gestaltung und Mitwirkung bei der Schulentwicklung,

(4) Betreuungsaufgaben: Caring-Kompetenzen sowie

(5) Administrative Aufgaben: Organisatorische und administrative Kompetenzen.

Für angehende Lehrkräfte an berufsbildenden Schulen bietet die 2014 verabschiedete zweite Fassung des Basiscurriculums für das universitäre Studienfach Berufs- und Wirtschaftspädagogik im Rahmen berufs- und wirtschaftspädagogischer Studiengänge Orientierung (Sektion Berufs- und Wirtschaftspädagogik 2014, eine Auseinandersetzung mit dem Basiscurriculum findet sich u. a. bei Bonz 2015). Hier werden drei Bezugspunkte unterschieden, nämlich (1) *berufliche Tätigkeitsfelder* („ein hochdifferenziertes Feld unterschiedlicher Bildungsgänge sowohl in berufsbildenden Schulen [...], an betrieblichen Arbeitsplätzen als auch in verwandten Tätigkeitsfeldern" (Sektion Berufs- und Wirtschaftspädagogik 2014, S. 8), (2) *Inhaltsbereiche* (Theorien, Organisation, Strukturen beruflicher Bildung; berufliches Lehren, Lernen und Entwickeln; berufs- und wirtschaftspädagogische Praxisfelder; Professionalisierung; Forschungsmethoden) sowie (3) *Dispositionen* (Wissen; Fähigkeiten und Fertigkeiten; Einstellungen). Das Basiscurriculum trägt den Spezifika der Lehrtätigkeit an beruflichen Schulen Rechnung. Der Vorstand der Sektion Berufs- und Wirtschaftspädagogik hat diese in einem Schreiben vom Dezember 2016 an die Bundesministerin für Bildung und Forschung wie folgt umrissen:

- Ausdifferenzierung der beruflichen Fachrichtungen/Berufsbilder: Grundlage der beruflichen Bildung stellen stellenweise hoch spezialisierte Berufsbilder mit einer großen inhaltlichen Bandbreite dar (für den kaufmännischen Bereich z. B. Bank-, Industrie, Speditions- oder Einzelhandelskaufleute). Von einer Lehrkraft an einer beruflichen Schule wird erwartet, dass verschiedenste Lerninhalte in einer angemessenen Breite *und* Tiefe unterrichtet werden können.

- Innovationsdynamik: Die beruflichen Domänen sind aufgrund technologischer, arbeitsorganisatorischer und unternehmerischer Entwicklungen in Wirtschaft und Gesellschaft (z. B. Industrie 4.0, Digitalisierung, Internet der Dinge) einer erheblichen Innovationsdynamik ausgesetzt.

- Heterogenität der Lernenden: Im beruflichen Kontext sind Lerngruppen nicht nur hinsichtlich kognitiver, körperlicher, sozialer und ethnischer Voraussetzungen äußerst heterogen, sondern auch hinsichtlich des Altersspektrums, der beruflichen und bildungsbiografischen Vorerfahrungen sowie der beruflichen Zielperspektiven.

- Vielfalt von Bildungsgängen und der damit verbundenen Zielsetzungen der Qualifizierungen: Berufliche Schulen sind regelmäßig als Berufsschulzentren organisiert, die eine Vielfalt von Bildungsgängen mit unterschiedlichen Qualifizierungszielen, Niveaus der Lernenden sowie Schulformen und Schularten anbieten (die Bandbreite reicht von der beruflichen Vorqualifizierung bis zur hoch spezialisierten beruflichen Weiterbildung in beruflichen Voll- oder Teilzeitschulen).

- Qualifizierung von schutz- und asylsuchenden Personen: Die berufliche Bildung leistet einen substantiellen Beitrag in der Qualifizierung und gesellschaftlichen Integration von geflüchteten Jugendlichen und jungen Erwachsenen, denn jugendliche Geflüchtete sind in der Regel nicht mehr allgemeinschulpflichtig, aber berufsschulpflichtig.

- Pädagogisches Handeln in Kooperationsnetzwerken: Als Lehrkraft an einer beruflichen Schule arbeitet man regelmäßig mit Kooperationspartnern aus Wirtschaft und Gesellschaft zusammen (z. B. Kooperation mit betrieblichen und überbetrieblichen Lernorten im Dualen System, mit Bildungsträgern des Übergangssektors oder mit Hochschulen in ausbildungsintegrierten dualen Studiengängen).

- Lehrkräftemangel: Insbesondere im gewerblich-technischen Bereich liegt seit Jahren eine strukturelle Unterversorgung mit grundständig ausgebildeten Lehrkräften vor, so dass vielfältige Konzepte mit Quer- und Seiteneinsteigern gefahren werden müssen. Diese Praxis der Mangelverwaltung ist mit Blick auf die Professionalisierung von Lehrerinnen und Lehrern an beruflichen Schulen durchaus kritisch zu diskutieren.

Die vorstehenden Aufzählungen der Aufgaben, Tätigkeitsfelder und Besonderheiten des berufsbildenden Sektors geben nur einen oberflächlichen und auch nicht vollständigen Einblick in die Herausforderungen an beruflichen Schulen. Bonz (2015) sowie Kell (2014) monieren beispielsweise, dass im Leitbild des neuen Basiscurriculums der „Umgang mit Heterogenität und Inklusion" nicht hinreichend thematisiert werde. Es reiche nicht aus (so Bonz 2015, S. 18), Inklusion und Heterogenität als wählbare profilgebende Vertiefung vorzusehen oder als ausgewählte Frage zu fassen – die Professionalisierung des pädagogischen Personals müsse „vielmehr in jedem Fall das Thema Inklusion einschließen, weil Inklusion künftig alle Lern- und Bildungsprozesse in der Berufsbildung prägen kann" (siehe auch Friese 2015). Hier ist auf die UN-Behindertenrechtskonvention von 2006 zu verweisen, die in Deutschland seit 2009 als rechtsverbindliche Grundlage der Inklusion anzusehen ist (Kell 2014, S. 57).

Vor dem skizzierten Hintergrund gehen wir im Folgenden auf vier zentrale Kompetenzbereiche von Lehrkräften an beruflichen Schulen ein, nämlich unterrichtliches Handeln (Abschnitt 2.2), diagnostische Kompetenzen und Assessment (Abschnitt 2.3), Umgang mit Heterogenität (Abschnitt 2.4) sowie Inklusion (Abschnitt 2.5).

2.2 Unterrichtliches Handeln

Nachstehend wird nun eine kurze Übersicht über potenziell zielführende unterrichtliche Aktivitäten der Lehrenden und Lernenden gegeben. Dabei orientieren wir uns am Implementing Collaborative Learning in the Classroom Framework (ICLC) von Kaendler et al. (2015). Hierzu werden für jede Phase des Unterrichts (Planung und Vorbereitung, Unterrichtsdurchführung, Unterrichtsreflektion) Aktivitäten der Lehrkraft identifiziert, die geeignet erscheinen, die Qualität der Lern-Lern-Prozesse zu sichern (siehe Abbildung 1).

Von zentraler Bedeutung ist zunächst die Phase der Unterrichtsplanung, da hier die Grundlagen für einen methodisch anspruchsvollen, kognitiv aktivierenden Unterricht für alle Lernenden (Binnendifferenzierung) gelegt werden. Hier geht es weniger um die Vorbereitung einzelner, isoliert zu betrachtender Unterrichtsstunden, sondern vielmehr um die konzeptionelle Entwicklung von Lehr-Lern-Sequenzen für einen längeren Zeitraum.

Während des Unterrichts geht es dann darum, die didaktischen Potenziale der Unterrichtsplanung auszuschöpfen und die Lernenden bzw. deren Lernprozesse zu unterstützen. In der aktuellen Diskussion werden als zentrale Merkmale von Unterrichtsqualität zur Unterstützung von Lernprozessen insbesondere kognitive Aktivierung (Baumert/Köller 2000; Hugener/Pauli/Reusser 2007; Krauss et al. 2004), Erklärungen (Duffy et al. 1986; Geelan 2013; Kulgemeyer 2010; Schopf/Zwischenbrugger 2015; Sevian/Gonsalves 2008), Klarheit und Strukturiertheit des Unterrichts (Brophy 2006); Klassenführung (Helmke/Helmke 2015; Weinert, 1996) und ein lernförderliches Unterrichtsklima (Bülter/Meyer 2004; Eder 2002; Gabriel 2014) hervorgehoben. Damit soll beispielsweise verhindert werden, dass das kognitive Potenzial einer Aufgabenstellung durch ein Übermaß an Hilfestellung beeinträchtigt wird. Umgekehrt gilt es auch, bei Überforderung der Lernenden durch Impulse, Rückfragen, kurze Erklärungen etc. Hilfestellungen zu geben. Ebenfalls von Bedeutung sind Phasen der Vertiefung bzw. Festigung (intelligentes Üben, Meyer 2004). Insgesamt sollen Unterrichtsinhalte schlüssig und in sich logisch dargeboten werden. Damit ausreichend Lernzeit vorhanden ist, müssen Lehrpersonen zudem darauf achten, dass durch entsprechende Maßnahmen des Klassenmanagements Lehr-Lern-Prozesse möglichst reibungslos ablaufen und es Lernenden damit ermöglicht wird, sich intensiv auf die erforderlichen Lernaktivitäten zu konzentrieren. All diese Aktivitäten sollen in ein wertschätzendes, humorvolles und angenehmes Klassenklima eingebunden sein.

Schließlich ist auch die Phase nach dem Unterricht von Bedeutung. Diese Reflexionsphase beinhaltet sowohl die Lehrzielkontrolle als auch die Evaluation des eigenen Handelns. Die Lehrzielkontrolle dient der Überprüfung, inwiefern die geplanten Ziele erreicht wurden (Soll-Ist-Vergleich). Diese Phase geht jedoch über die reinen Kontrollprozesse hinaus und umfasst auch die Reflektion des abgelaufenen Unterrichts hinsichtlich der pädagogischen und didaktischen Entscheidungen. Sie wird damit wieder Teil der Planung, denn hier werden die Weichen für den weiteren Unterricht gestellt.

	vor dem Unterricht	während des Unterrichts			nach dem Unterricht
		Professionelles Wissen / Überzeugungen			

Lehrperson	**Unterrichtsplanung:**
	• Lernziele definieren
	• Analyse des Lerninhalts
	• Pädagogische Diagnose
	• Strukturierung der Lernaktivitäten (macro-scripting)
	• Erarbeitung kognitiv aktivierender und binnendifferenzierender Lernmaterialien
	• Formulierung von Arbeitsanweisungen an die Lernenden
		Monitoring
		
		Qualität der Eigenaktivitäten der Lernenden
			Unterstützung
			
			Impulse Rückfragen Denkanstöße Kurzerklärungen etc. (micro-scripting)
				Festigung/ Vertiefung
				
				binnendifferenzierte Übungen/ Vertiefung
					Unterrichtsreflektion:
					• Handeln der Lehrperson: Vergleich von Lehrzielen und Lehrerverhalten
					• Erfolg der Unterrichtseinheit:
					  • Summative Evaluation (Lernergebnisse)
					  • Formative Evaluation (Lernaktivitäten der Lernenden)

Lernende	**Individuelle Voraussetzungen der Lernenden:** • Wissen und Können (kognitiv/meta-kognitiv) • Interessen/Motivation • Haltungen/Einstellungen	**Qualität der Eigenaktivitäten der Lernenden:** • Kooperative Aktivitäten • Kognitive Aktivitäten • Meta-kognitive Aktivitäten			**Qualität der Lernergebnisse:** • Wissen und Können (kognitiv/meta-kognitiv) • Interessen/Motivation • Haltungen/Einstellungen

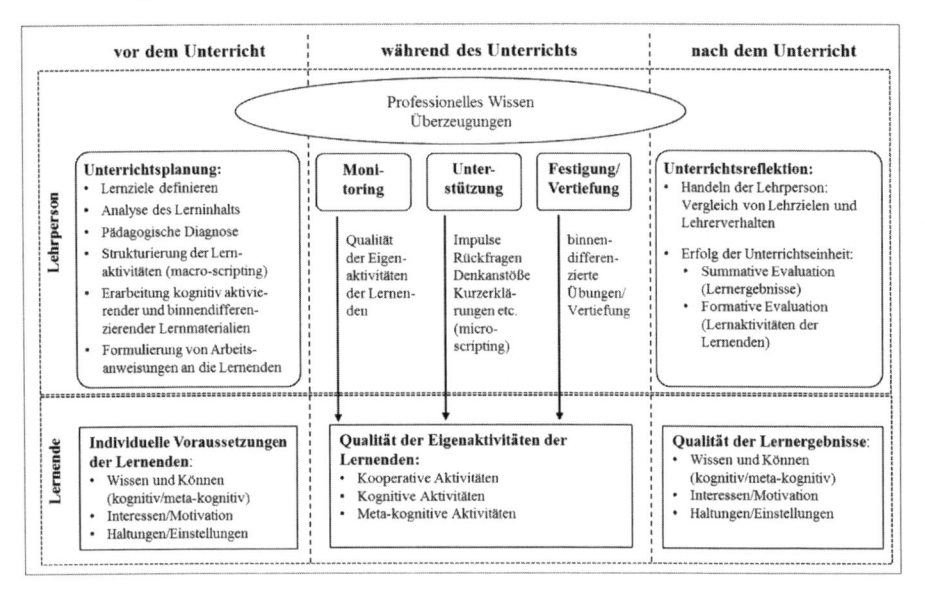

Abb. 1 Unterrichtliche Aufgaben von Lehrkräften (in Anlehnung an Kaendler et al. 2015)

2.3 Diagnostische Kompetenzen und Assessment

Diagnostik erfüllt in Schule, Aus- und Weiterbildung zentrale Aufgaben. Mit ihrer Hilfe können Leistungen verglichen und prognostiziert sowie die Leistungsfähigkeit von Personen an abnehmende Institutionen kommuniziert werden. Weiterhin ermöglicht Diagnostik auch eine Wirkungskontrolle, indem sie überprüft, inwieweit Lehr- bzw. Kompetenzziele erreicht wurden. In jüngerer Zeit wird deshalb auch zunehmend die Bedeutung der diagnostischen Kompetenz von Lehrkräften diskutiert. Unter diagnostischer Kompetenz wird i. d. R. „die Kompetenz von Lehrkräften verstanden, Merkmale ihrer Schülerinnen und Schüler angemessen zu beurteilen und Lern- und Aufgabenanforderungen adäquat einzuschätzen" (Diagnose- oder Urteilsgenauigkeit) (Artelt/Gräsel 2009, S. 157). Ergänzend kann auch die Fähigkeit, das Niveau und kognitive Potenzial von Aufgaben abzuschätzen, zur diagnostischen Kompetenz von Lehrkräften gerechnet werden. Die diagnostische Kompetenz von Lehrkräften wird als zentral für die Gestaltung qualitativ hochwertiger Lehr- und Lernprozesse betrachtet, da sie als Grundbedingung für eine „angemessene Unterrichtsgestaltung und gezielte individuelle Förderung wie auch als Grundlage pädagogischer Entscheidungen und Handlungen" (ebd.) gilt. Sie ist bedeutsam für Prozesse der Auswahl von Aufgaben, der Rückmeldung an Lernende sowie für Bewertungsprozesse.

Zu diskutieren wäre in diesem Zusammenhang auch, inwiefern durch eine Veränderung des Assessments Lehr-Lern-Prozesse in die gewünschte Richtung gesteuert werden können (i. S. des Constructive Alignments, also der passgenauen Abstimmung von Lernzielen [Intended Learning Outcomes] und Curriculum, Lehr-Lern-Prozessen [Learning Activities] und Leistungsüberprüfung [Assessment]) (siehe Biggs/Tang 2011; Trigwell/Prosser 2014). Die Grundidee des Constructive Alignment besteht mithin darin, dass Lernende ihr Wissen mittels relevanter Lernaktivitäten konstruieren. Die Aufgabe von Lehrpersonen ist es demnach, entsprechende Lerngelegenheiten anzubieten bzw. bereitzustellen, die den Lernenden bei der Erreichung der gewünschten Lernergebnisse unterstützen (Abbildung 2).

Lernergebnisse
Was sollen die Schülerinnen und Schüler
nach der Lektion können?
(z.B. Kompetenzen, Wissensstrukturen,
Einstellungen/Haltungen)

Constructive Alignment

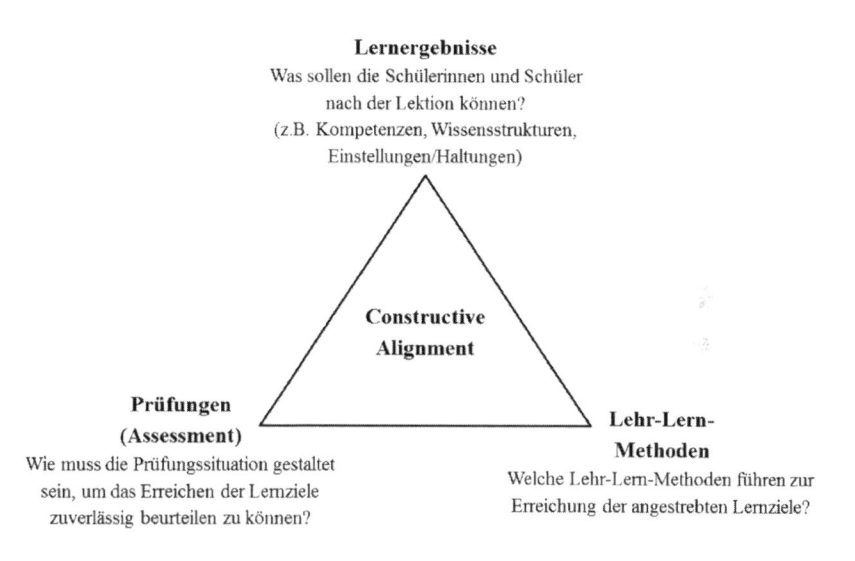

Prüfungen (Assessment)
Wie muss die Prüfungssituation gestaltet sein, um das Erreichen der Lernziele zuverlässig beurteilen zu können?

Lehr-Lern-Methoden
Welche Lehr-Lern-Methoden führen zur Erreichung der angestrebten Lernziele?

Abb. 2 Constructive Alignment

2.4 Umgang mit Heterogenität

Vor dem Hintergrund einer zunehmenden (Leistungs-) Heterogenität von Schulklassen ist die binnendifferenzierte Gestaltung von Unterricht bzw. das Angebot von adaptiven Lehrangeboten ein Schlüssel zur kognitiven Aktivierung der Lernenden, die wiederum ein zentrales Merkmal von Unterrichtsqualität darstellt. Binnendifferenzierung meint hier, Unterricht mit individuellen und gemeinschaftlichen Anteilen so zu gestalten, dass die Anregung aller Lernenden zu einem vertieften fachlichen Nachdenken über den Unterrichtsinhalt gelingt (z. B. durch die Induzierung von kognitiven Konflikten, vgl. zusammenfassend Lipowsky 2006). Kognitive Aktivierung wird letztlich durch das Potenzial der Lerngelegenheit zur zielgerichteten Anregung von kognitiven Lerneraktivitäten bestimmt (vgl. Klieme/Schümer/Knoll 2001; Minnameier/Hermkes/Mach 2015).

Als zentrale Voraussetzungen zur passgenauen kognitiven Aktivierung gelten die pädagogische Diagnose (s. o.) und – darauf aufsetzend – der Einsatz binnendifferenzierender Unterrichtsmaterialien und lernerorientierter Unterrichtsmethoden (siehe z. B. Buholzer et al. 2014). Für Lehrkräfte bedeutet dies, (1) den Entwicklungsstand der Lernenden regelmäßig und systematisch zu diagnostizieren (s.u. die Ausführungen zur diagnostischen Kompetenz von Lehrkräften), (2) Lernanforderungen entsprechend des Entwicklungsstands der Lernenden zu gestalten, (3) eine individualisierte Begleitung und Unterstützung der Lernenden anzubieten, (4) die individuellen Ressourcen und Fähigkeiten der Lernenden nutzbar zu machen sowie (5) lernerzentrierte Unterrichtsmethoden umzusetzen. Insbesondere Unterricht, der es Lernenden ermöglicht, selbstständig und in Gruppen komplexe Problemstellungen zu bearbeiten und somit eigenständig oder kooperativ Wissen zu konstruieren (konstruktivistisches Lehr-Lernverständnis), gilt diesbezüglich als zielführend.

2.5 Inklusion

Ziel inklusiver Bildung ist es, alle Jugendlichen unter Berücksichtigung ihrer besonderen Bedarfe und Potenziale in inklusiven Settings gemeinsamen Lernens individuell zu fördern. Die Umsetzung von inklusiver Bildung erfordert qualifizierte pädagogische Fachkräfte (Faßhauer/Rützel 2013). Dabei dominieren aktuell normative Überlegungen die Diskussion, empirische Erkenntnisse gehen kaum in die Diskussion ein (zumal für den berufsbildenden Bereich bislang keine einschlägigen Untersuchungen vorliegen) (siehe Euler/Severing 2014). Für den allgemeinbildenden Bereich können Übersichten von Ellinger und Stein (2012) sowie Möller (2013) herangezogen werden, die zeigen, dass inklusiv beschulte Lernende mit sonderpädagogischem Förderbedarf leicht bessere schulische Leistungen aufweisen. Allerdings zeigen sich auch schwach negative Effekte hinsichtlich des leistungsbezogenen Selbstkonzepts. Wichtig ist dann auch, dass Inklusion für Lernende ohne Förderbedarf keine Nachteile nach sich zieht. Alles in allem liegen bislang einige empirische Evidenzen für und kaum Evidenzen gegen eine inklusive Beschulung vor (Möller 2013, siehe auch Euler/Severing 2014).

Zur Erreichung der anspruchsvollen Zielsetzungen einer inklusiven Berufsbildung bedürfen Lehrkräfte spezifischer Kompetenzen. Allerdings ist bisher weitgehend ungeklärt, welche inklusionsbezogenen Aufgaben sich Lehrkräfte in beruflichen Schulen nun konkret stellen (vielleicht ist diese Klärung angesichts der Vielfalt der potenziellen Förderbedarfe auch gar nicht ohne weiteres möglich). Betroffen sind sicherlich insbesondere berufsvorbereitende Bildungsgänge des Übergangssystems, da dort eine vergleichsweise hohe Quote an Lernenden mit sonderpädagogischem Förderbedarf zu verzeichnen ist sowie die Berufsausbildung in ausgewählten beruflichen Fachrichtungen.

Vor diesem Hintergrund lassen sich bezüglich des pädagogischen Handelns von Lehrkräften die in Abbildung 3 aufgeführten Aufgaben- und Kompetenzbereiche ausmachen (Zoyke 2016a, 2016b). Im Kern geht es um didaktische (curriculare und methodische) Aufgaben, d. h. um die Entwicklung von Strukturen und Prozessen zur Förderung der/des Einzelnen und heterogener Gruppen sowie um darauf abgestimmte Diagnosen, Prüfungen und Beurteilungen. Darüber hinaus erfordern diese Aufgaben i. d. R. die Arbeit in multiprofessionellen (Bildungsgang-)Teams (insbesondere mit sozial- und sonderpädagogischen Fachkräften) sowie Kooperationen mit externen Akteuren (z. B. Jugendsozialarbeit). Als wesentliche Voraussetzung werden zudem zielführende inklusionsbezogene Einstellungen und Haltungen diskutiert (siehe ausführlich Zoyke 2016a). Neben pädagogischen Aufgaben wird daher auch der eigenen Weiterbildung und Professionalisierung (allein und im Team) eine besondere Bedeutung beigemessen.

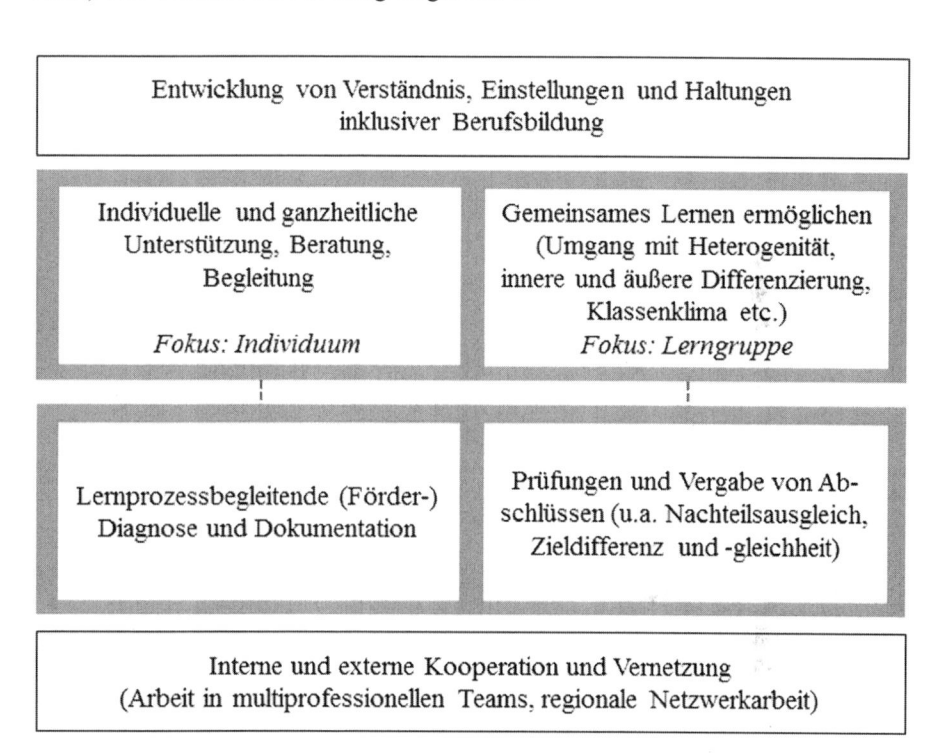

Abb. 3 Inklusionsbezogene Aufgaben- und Kompetenzbereiche von Lehrkräften an berufsbildenden Schulen (Zoyke, 2016a)

3 Wirkung der Lehrerbildung und Implikationen für die Ausbildung von Lehrkräften

3.1 Wirkung der Lehrerbildung

Zunächst lässt sich festhalten, dass das Thema Lehrprofessionalität in den vergangenen Jahren in einer größeren Zahl empirischer Studien und Forschungsprogrammen verfolgt wird. Die meisten Studien orientieren sich an dem in Abschnitt 1 skizzierten Kompetenzmodell der COACTIV-Studie und einige Befunde können mittlerweile als gesichert gelten (z. B. stellen sich die Wissensfacetten Fachwissen und fachdidaktisches Wissen als in der Regel eng zusammenhängende Kompetenzfacetten und als förderlich für den Lernerfolg von Schülerinnen und Schülern dar). Trotz allem ist sicher noch nicht annähernd ausreichend Licht in das komplexe Ursachen-, Bedingungs- und Wirkungsgefüge gebracht. Insbesondere fällt auf, dass es kaum Studien für den beruflichen Bereich und praktisch keine Längsschnittuntersuchungen zur Kompetenzentwicklung von Lehrpersonen gibt. Des Weiteren beschränken sich viele Studien fast ausschließlich auf den Bereich der universitären Lehrerbildung. Zur zweiten Phase der Lehrerbildung, die zumindest in Deutschland einen zentralen Ausbildungsbaustein darstellt, liegen dagegen deutlich weniger Studien vor.

Fasst man die zentralen Befunde zusammen, verweisen sie zunächst studienübergreifend auf einen bedeutsamen Zusammenhang zwischen Fachwissen und fachdidaktischem Wissen. Die Konstrukte fachdidaktisches Wissen und Fachwissen korrelieren i. d. R. hoch, sind aber letztlich (empirisch trennbare) eigenständige Konstrukte. Fachwissen gilt dabei als notwendige, wenn auch nicht hinreichende Bedingung für fachdidaktisches Wissen (Baumert et al. 2010). Defizite bezüglich des Fachwissens und des fachdidaktischen Wissens von Studierenden sind empirisch belegt (für die Wirtschaftspädagogik siehe beispielsweise Seifried und Wuttke, 2015). Gleiches gilt für diagnostische Kompetenzen (Einschätzung von Leistungsniveau, Leistungsheterogenität und Leistungsbereitschaft der Schüler).

Weiterhin ist festzuhalten, dass sich ein Anstieg des Professionswissens über die Ausbildungsphasen hinweg vermuten lässt und sich universitäre Lerngelegenheiten signifikant positiv auf den Wissenserwerb der Studierenden auswirken (z. B. Blömeke et al., 2013; Riese/Reinhold 2012). Mit Blick auf das zweistufige Lehrerbildungssystem in Deutschland deutet sich an, dass bedeutsame Entwicklungen im Vorbereitungsdienst (z. B. Abs 2006) bzw. im Zuge von strukturierten Lernerfahrungen mit Reflexionsangeboten stattfinden. Nicht umfassend geklärt ist jedoch die Rolle von Praxisphasen während des Studiums (siehe Abschnitt 3.2). Mit Blick auf die erste Phase der Lehrerbildung zeigt sich dann, dass angehende Lehrpersonen z. T. gravierende Fachwissensdefizite aufweisen (für Studierende der Wirtschaftspädagogik siehe zusammenfassend Seifried und Wuttke 2015). Vor dem Hintergrund des empirisch gut abgesicherten Zusammenhangs zwischen Fachwissen und fachdidaktischem Wissens ist es dann plausibel, dass sich Fachwissensdefizite negativ auf fachdidaktisches Wissen auswirken. Studienübergreifend zeichnet sich ab, dass angehende Lehrpersonen im Studium – anders als Studierende anderer Fächer – das im Studium erworbene Wissen nur bedingt als hilfreich erachten und ihre Wissensbasis später im Beruf kaum umsetzen. Berufsanfänger gestalten ihren Unterricht vielmehr häufig so, wie sie ihn selbst erlebt haben und orientieren sich nicht (hinreichend) an den im Studium erworbenen Wissensbeständen (apprenticeship of obseration, Lortie 1975). Hier wirken die – zumeist in der eigenen Schulzeit erworbenen (und relativ veränderungsresistenten) – Überzeugungen als Filter, und im Studium werden dann vorwiegend solche Inhalte aufgenommen, die kompatibel zum eigenen Überzeugungssystem sind.

3.2 Zum Stellenwert von schulpraktischen Phasen in der Lehrerbildung

Der Beitrag von schulpraktischen Phasen zur Kompetenzentwicklung von angehenden Lehrpersonen ist umstritten (siehe zusammenfassend Weyland 2014). Obgleich sowohl Studierende als auch die Bildungs- und Hochschulpolitik diesen Phasen einen hohen Stellenwert zuschreiben (z. B. im Hinblick auf die Überprüfung der Berufswahl), gibt es kaum Befunde zu deren tatsächlicher Wirkung. Insgesamt lässt sich die Lage folgendermaßen skizzieren:

Diskrepanz von Wahrnehmung und bestätigter Wirkung der Praxisphasen: Untersuchungen verweisen darauf, dass Praxisphasen von Studierenden als hilfreich bei der Festigung der Berufswahl wahrgenommen werden, und ihnen wird quasi per se eine unterstützende Wirkung bezüglich des Erwerbs professioneller Kompetenz unterstellt. Insgesamt zeigen sich auf Basis der bisherigen Forschungslage jedoch keine breiten, stabilen und positiven Effekte (Terhart 2013). Einerseits wird – meist auf Basis von Selbsteinschätzungen – über Kompetenzzuwächse in einzelnen Kompetenzfacetten berichtet (z. B. Unterrichtsplanung bei Bach 2013; Strukturierung von Unterricht bei Bodensohn/Schneider, 2008), andererseits sind auch unerwünschte Effekte zu verzeichnen (z. B. Abwertung der universitären Lerninhalte oder unreflektierte Adaption des beim Mentor beobachteten Verhaltens, siehe Jäger/Milbach, 1994; unvorteilhaftes Belastungserleben der Studierenden, siehe Lauck, 2008). Zusammensend lässt sich festhalten, dass man – auch wenn sich die Befundlage in den letzten Jahren verbessert hat (Übersichten finden sich bei Besa/Büdcher, 2014, 132–136 sowie Weyland 2014, 12) – noch recht wenig über die Wirkungen von schulpraktischen Phasen weiß. Als gesichert kann jedoch gelten, dass nicht Praxis alleine, sondern vielmehr eine reflektierte Praxis (Schön 1987) wünschenswerte Wirkungen entfaltet. Reflexionen über berufliches Handeln bilden dabei den Kern beruflicher Entwicklung.

Methodisch unzulängliche Erfassung der Wirkungen schulpraktischer Phasen: Weyland (2014) moniert, dass vorliegende Evaluationsbefunde zu schulischen Praxisphasen vorwiegend auf selektiven Stichproben basieren, häufig Selbsteinschätzungen von Studierenden und Zufriedenheitsmaße statt den tatsächlichen Kompetenzzuwachs in den Blick nehmen, sich i. d. R. auf einmalige ex-post Befragungen beschränken und Verläufe über einen längeren Zeitraum nicht erfassen. Bisher werden lediglich vereinzelt alternative Messmethoden wie Videografie oder Vignettentests eingesetzt.

Unzureichende Verzahnung von Praxisphasen und theoriebasierter Ausbildung an Universitäten: Praxisphasen werden an Universitäten z. T. als Fremdkörper betrachtet (Terhart 2013), die häufig in der Verantwortung von Lehrbeauftragten bzw. Kooperationsschulen liegen sowie curricular und organisatorisch nur unzureichend eingebettet sind. Es wird befürchtet, dass durch eine nicht hinreichende Integration von Wissensbeständen, der unkritischen Übernahme einer teilweise problematischen Unterrichtspraxis (Modell-Lernen als vorherrschende Lernform) sowie der frühzeitigen Sozialisation in das bestehende System die Theorie-Praxis-Problematik eher verschärft als überwunden wird. Ungeachtet den bereits in den 1980er Jahren formulierten Forderungen, in Praxisphasen müsse es primär um eine theoriegeleitete Auseinandersetzung und Reflexion von eigener und fremder Erfahrung gehen, scheint das Einüben von Unterrichten nach wie vor im Fokus zu stehen (Weyland 2014).

In jüngerer Zeit wird daher vermehrt auf die Bedeutung der curricularen Integration (Vor- und Nachbereitung schulischer Praxisphasen) sowie auf die Notwendigkeit eines ausgewogenen Betreuungs- bzw. Begleitungskonzeptes verwiesen. Universitäre Supervisoren spielen insbesondere hinsichtlich der Einbettung der spezifischen Erfahrungen des Praktikums in breitere Kontexte (z. B. Befunde der Lehr-Lern-Forschung) eine Rolle. Dabei können die curriculare Einbettung sowie die Begleitung/ Reflexion der Praxiserfahrung als entscheidend für die Wirkung von Praxisphasen angesehen werden.

3.3 Implikationen für die Weiterbildung von Lehrkräften

Durch die universitäre Lehrerbildung wird das Fundament für die (spätere) berufliche Kompetenz von Lehrkräften gelegt, aber eine Lehrperson kann mit dem Berufseinstieg nicht schon als 'berufsfertig' angesehen werden. Wie sich indes die Kompetenzentwicklung im späteren Berufsalltag zwischen den beiden Polen „einer bloßen Übernahme vorgefundener Praxis oder aber als kreative, konstruktive, auf Ausbildungserfahrungen zurückgreifende Weiterentwicklung von Schulpraxis" (Terhart 2005, S. 277) vollzieht, hängt in hohem Maße von der Art der Aus- und Weiterbildung und deren Effekten ab. Insbesondere auch im Hinblick auf eine spätere Fort- und Weiterbildungsbereitschaft bietet die erste Phase der Lehrerbildung eine gute Möglichkeit, zielführende Haltungen anzubahnen. Mit Blick auf die Gestaltung von Weiterbildungsmaßnahmen lassen sich einige Faktoren identifizieren, die sich im Allgemeinen günstig auf deren Erfolg auswirken können (vgl. Lipowsky 2010; Cademartori et al. 2017):

- Unter strukturellen Gesichtspunkten haben sich ein ausreichender zeitlicher Umfang einer Fördermaßnahme („time on task") sowie der Einbezug externer Expertise (z. B. durch wissenschaftliche Begleitung der Fördermaßnahme) als hilfreich erwiesen.
- Aus einer inhaltlichen Perspektive gelten ein enger fachdidaktischer Fokus, der auf die Kognitionen der Lernenden abzielt, sowie die gezielte Auseinandersetzung der Teilnehmer mit der eigenen Kompetenz als förderlich.
- Hinsichtlich der Lehr-Lernmethode bzw. Gestaltung von Weiterbildungsmaßnahmen werden unterschiedliche Ansätze diskutiert, wobei insbesondere handlungsnahe Settings vorteilhaft sein sollten. Der Einsatz von videografierten Unterrichtseinheiten beispielsweise ermöglicht eine praxisnahe und reflektierte Analyse der unterrichtlichen Lehrer-Schüler-Interaktionen (siehe z. B. Seidel et al. 2011). Ähnlich stellt sich der Einsatz von Fallstudien bzw. Handlungsszenarien dar, in denen kontextgebundene Strategien herausgearbeitet und z. B. in Form von Rollenspielen erprobt und reflektiert werden. Die Auseinandersetzung mit schriftlichen Schülerdokumenten (z. B. Lerntagebücher, Unterlagen einer Aufgabenbearbeitung o. ä.) stellt eine weitere Möglichkeit dar, den Fortbildungsinhalt eng am unterrichtlichen Kontext auszurichten.

4 Ausblick

Im vorliegenden Beitrag wurden die Kompetenzen von Lehrkräften an beruflichen Schulen thematisiert. Dabei wurde herausgestellt, dass neben Kompetenzen zur Bewältigung von unterrichtlichen Aufgaben i. e. S. auch diagnostische Kompetenzen sowie die Fähigkeit zum Umgang mit Heterogenität und Inklusion als wesentlich angesehen werden. Anschließend wurden Befunde zur Wirksamkeit der Lehrerbildung skizziert sowie die (nach wie vor nicht hinreichend untersuchte) Bedeutung von Praxisphasen angesprochen. Schließlich ging es um Implikationen für die Weiterbildung.

Nicht thematisiert wurden die generellen Strukturprobleme, unter denen die Lehrerbildung (nicht nur für berufliche Schulen) hierzulande leidet. Neben fehlenden Maßnahmen zur Prüfung der Effektivität der Lehrerbildung (Qualitätssicherung) sind hier insbesondere das hohes Maß an (Über-)Regulierung, die geringe Abstimmung der Lehrveranstaltungen innerhalb der Universität (insbesondere über Fakultätsgrenzen hinweg) sowie zwischen den verschiedenen Phasen der Lehrerbildung zu nennen. Vor diesem Hintergrund werden Befürchtung laut, dass die Lehrerbildung die Absolventen nur unzureichend auf Praxisaufgaben vorbereite. Diese Befürchtung ist mit Blick auf vorhandene empirische Befunde (insbes. zur fachdidaktischen Kompetenz von Studierenden) nicht völlig von der Hand zu weisen. Es stellt sich aber die Frage, ob im deutschen arbeitsteilig angelegten System der zweiphasigen Lehrerbildung die universitäre Ausbildung „fertige" Lehrkräfte „produzieren" muss bzw. kann. Das von Studierenden häufig geforderte Rezeptwissen (siehe hierzu die Unterscheidung verschiedener Wissensformen bei Radtke/Webers 1998, S. 205) bzw. die Aneignung von Routinen (auf eigene Erfahrungen gegründete handlungspraktisch anwendbare Entscheidungsregeln) kann an der Universität angesichts fehlender Übungs- und Aneignungsmöglichkeiten nicht in hinreichendem Maße erworben werden. Rezeptwissen hat zudem immer nur einen begrenzten Nutzen, da es nur dann zielführend eingesetzt werden kann, wenn die „Rezeptzutaten" alle im vorgeschriebenen Maß vorhanden sind. Ändern sich Klientel, Inhalte, Situationen oder Ziele, ist das Rezept nicht mehr anwendbar. Ähnliche Restriktionen gelten für den Erwerb von situativ handlungspraktisch anwendbarem Entscheidungswissen i. S. von Können – auch hier fehlt es an der Universität an Lerngelegenheiten. Aus unserer Sicht sollte sich die universitäre Lehre daher neben der Förderung des Erwerbs von Fachwissen und fachdidaktischem Wissen insbesondere auf Reflexionswissen beziehen, also den Studierenden Wissen zur Verfügung stellen, das für die Begründung und Reflexion von Handlungen nützlich sein kann. In diesem Sinne ist die Kompetenzentwicklung von Lehrkräften als lebenslanger Prozess zu betrachten.

Literatur

Abs, Hermann J. (2006): Zur Bildung diagnostischer Kompetenz in der zweiten Phase der Lehrerbildung. In: Allemann-Ghionda, Cristina; Terhart Ewald (Hrsg.): Kompetenzen und Kompetenzentwicklung von Lehrerinnen und Lehrern (Zeitschrift für Pädagogik, Beiheft 51). Weinheim: Beltz, S. 217–234

Artelt, Cornelia; Gräsel, Cornelia (2009): Diagnostische Kompetenz von Lehrkräften. In: Zeitschrift für Pädagogische Psychologie 23. Jg., H. 3–4, S. 157–160

Bach, Andreas (2013): Kompetenzentwicklung im Schulpraktikum. Ausmaß und zeitliche Stabilität von Lerneffekten hochschulischer Praxisphasen. Münster: Waxmann

Baumert, Jürgen; Köller, Olaf (2000): Unterrichtsgestaltung, verständnisvolles Lernen und multiple Zielerreichung im Mathematik und Physikunterricht der gymnasialen Oberstufe. In: Baumert, Jürgen; Bos, Wilfried; Lehmann, Rainer (Hrsg.): TIMSS/2, Opladen: Leske + Budrich, S. 271–315

Baumert, Jürgen; Kunter, Mareike; Blum, Werner; Brunner, Martin; Voss, Thamar; Jordan, Alexander; Klusmann, Uta; Krauss, Stefan; Neubrand, Michael; Tsai, Yi-Miau (2010): Teachers' mathematical knowledge, cognitive activation in the classroom, and student progress. In: American Educational Research Journal 47. Jg., S. 133–180

Besa, Kris-S.; Büdcher, Michaela (2014): Empirical evidence on field experiences in teacher education: A review of the research base. In: Arnold, Karl-Heinz; Gröschner, Alexander; Hascher, Tina (Hrsg.): Schulpraktika in der Lehrerbildung – Theoretische Grundlagen, Konzeptionen, Prozesse und Effekte. Münster, New York: Waxmann, S. 129–145

Biggs, John; Tang, Catherine (2011): Teaching for Quality Learning at University (4th Ed.). Maidenhead: McGraw Hill Education/Open University Press

Blömeke, Sigrid; Bremerich-Vos, Albert; Kaiser, Gabriele; Nold, Günter; Haudeck, Helga; Keßler, Jörg-U.; Schwippert, Knut (Hrsg.) (2013): Professionelle Kompetenzen im Studienverlauf. Weitere Ergebnisse zur Deutsch-, Englisch-, und Mathematiklehrerausbildung aus TEDS-LT. Münster: Waxmann

Bodensohn, Rainer; Schneider, Christoph (2008): Berufliche Handlungskompetenz in der ersten Phase der Lehrerausbildung – Ergebnisse zur Entwicklung im Längsschnitt. In: Rotermund, Manfred; Dörr, Günter; Bodensohn, Rainer (Hrsg.): Bologna verändert die Lehrerbildung. Auswirkungen der Hochschulreform. Leipzig: Leipziger Universitätsverlag, S. 32–63

Bonz, Bernhard (2015): Die Berufs- und Wirtschaftspädagogik als wissenschaftliche Disziplin. In: Seifried, Jürgen; Bonz, Bernhard (Hrsg.): Berufs- und Wirtschaftspädagogik – Handlungsfelder und Grundprobleme. Berufsbildung konkret, Band 12. Baltmannsweiler: Schneider Hohengehren, S. 7–24

Brophy, Jere (2006): Observational Research on Generic Aspects of Classroom Teaching. In: Alexander, Patricia A.; Winne, Philip H. (Eds.): Handbook of Educational Psychology (2nd Ed.), S. 755–780

Bülter, Helmut; Meyer, Hilbert (2004): Was ist ein lernförderliches Klima? Voraussetzungen und Wirkungen. In: Pädagogik 11. Jg., S. 31–36

Buholzer, Alois; Joller-Graf, Klaus; Kummer Wyss, Annemarie; Zobrist, Bruno (2014): Kompetenzprofil zum Umgang mit heterogenen Lerngruppen. Wien u. a.: LIT

Cademartori, Isabel; Seifried, Jürgen; Wuttke, Eveline; Krille, Claudia; Salge, Benjamin (2017): Developing a Training Program to Promote Professional Error Competence in Accounting. In: Wuttke, Eveline; Seifried, Jürgen (Eds.): Professional Error Competence of Preservice Teachers. Evaluation and Support. SpringerBriefs in Education. Cham: Springer, S. 29–46

Dubs, Rolf (2009): Lehrerverhalten. Ein Beitrag zur Interaktion von Lehrenden und Lernenden im Unterricht (2., überarb. Aufl.). Stuttgart: Steiner

Duffy, Gerald G.; Roehler, Laura R.; Meloth, Michael S.; Vavrus, Linda G. (1986): Conceptualizing instructional explanation. In: Teaching and Teacher Education 2. Jg., H. 3, S. 197–214

Eder, Ferdinand (2002): Unterrichtsklima und Unterrichtsqualität. In: Unterrichtswissenschaft 30. Jg., H. 3, S. 213–229

Ellinger, Stephan; Stein, Roland (2012): Effekte inklusiver Beschulung: Forschungsstand im Förderschwerpunkt emotionale und soziale Entwicklung. In: Empirische Sonderpädagogik 4. Jg., H. 2, S. 85–109

Euler, Dieter; Severing, Eckart (2014): Inklusion in der beruflichen Bildung. Daten, Fakten, offene Fragen. Verfügbar unter http://www.bertelsmann-stiftung.de/fileadmin/files/BSt/Publikationen/GrauePublikationen/GP_Inklusion_in_der_beruflichen_Bildung.pdf

Faßhauer, Uwe; Rützel, Josef (2013): Herausforderungen und Perspektiven für die Lehramtsausbildung für berufliche Schulen. In: Berufsbildung 67. Jg., H. 143, S. 2–5

Fend, Helmut (2006): Neue Theorie der Schule. Einführung in das Verstehen von Bildungssystemen. Wiesbaden: VS Verlag für Sozialwissenschaften

Friese, Marianne (2015): Heterogenität und Inklusion – Herausforderungen für Professionalisierung und Didaktik personenbezogener Dienstleistungsberufe. In: Seifried, Jürgen; Bonz, Bernhard (Hrsg.): Berufs- und Wirtschaftspädagogik. Handlungsfelder und Grundprobleme. Berufsbildung konkret, Bd. 12. Baltmannsweiler: Schneider Verlag Hohengehren, S. 149–166

Gabriel, Katrin (2014): Videobasierte Erfassung von Unterrichtsqualität im Anfangsunterricht der Grundschule – Klassenführung und Unterrichtsklima in Deutsch und Mathematik. Kassel: University Press

Geelan, David (2013): Teacher explanation of physics concepts: a video study. In: Research in Science Education 43. Jg., H. 5, S. 1751–1762

Hattie, John A. C. (2009): Visible learning: A synthesis of over 800 meta-analyses relating to achievement. London. New York: Routledge

Helmke, Andreas; Helmke, Tuyet (2015): Wie wirksam ist gute Klassenführung? Effiziente Klassenführung ist nicht alles, aber ohne sie geht alles andere gar nicht. Pädagogik – Leben. Speyer: Pädagogisches Landesinstitut Rheinland-Pfalz (PL), S. 7–11

Hugener, Isabell; Pauli, Christine; Reusser, Kurt (2007): Inszenierungsmuster, kognitive Aktivierung und Leistung im Mathematikunterricht. Analysen aus der schweizerisch-deutschen Videostudie. In: Lemmermöhle, Doris; Rothgangel, Martin; Bögeholz, Susanne; Hasselhorn, Marcus; Watermann, Rainer (Hrsg.): Professionell Lehren – Erfolgreich Lernen. Münster: Waxmann, S. 109–121

Jäger, Reinhold S.; Milbach, Birgit (1994): Studierende im Lehramt als Praktikanten – eine empirische Evaluation des Blockpraktikums. In: Empirische Pädagogik 8. Jg., H. 2, S. 199–234

Kaendler, Celia; Wiedmann, Michael; Rummel, Nikol; Spada, Hans (2014): Teacher competencies for the implementation of collaborative learning in the classroom: a framework and research review. In: Educational Psychology Review 27. Jg., S. 505–536

Kell, Adolf (2014): Grenzgänge, Traditionen und Zukünfte in der Deutschen Gesellschaft für Erziehungswissenschaft. In: Erziehungswissenschaft 25. Jg., H. 49, S. 49–64

Klieme, Eckhard; Schümer, Gundel; Knoll, Steffen (2001): Mathematikunterricht in der Sekundarstufe I: „Aufgabenkultur" und Unterrichtsgestaltung. In Bundesministerium für Bildung und Forschung (Hrsg.): TIMSS – Impulse für Schule und Unterricht. Forschungsbefunde, Reforminitiativen, Praxisberichte und Video-Dokumente. Bonn: BMBF, S. 43–57

Kulgemeyer, Christoph (2010): Physikalische Kommunikationskompetenz. Berlin: Logos

Kultusministerkonferenz (2004): Standards für die Lehrerbildung: Bildungswissenschaften. (Beschluss der Kultusministerkonferenz vom 16.12.2004 i.d.F. vom 12.06.2014). Bonn. Verfügbar unter https://www.kmk.org/fileadmin/Dateien/veroeffentlichungen_beschluesse/2004/2004_12_16-Standards-Lehrerbildung-Bildungswissenschaften.pdf

Krauss, Stefan; Kunter, Mareike; Brunner, Martin; Baumert, Jürgen; Blum, Werner; Neubrand, Michael; Jordan, Alexander; Löwen, Katrin (2004): COACTIV: Professionswissen von Lehrkräften, kognitiv aktivierender Mathematikunterricht und die Entwicklung von mathematischer Kompetenz. In: Doll, Jörg; Prenzel, Manfred (Hrsg.), Bildungsqualität von Schule: Lehrerprofessionalisierung, Unterrichtsentwicklung und Schülerforderung als Strategien der Qualitätsverbesserung. Münster: Waxmann, S. 31–53

Kunter, Mareike; Baumert, Jürgen; Blum, Werner; Klusmann, Uta; Krauss, Stefan; Neubrand, Michael (Hrsg.) (2011): Professionelle Kompetenz von Lehrkräften – Ergebnisse des Forschungsprogramms COACTIV. Münster: Waxmann

Lauck, Gero (2008): Konzeption und Evaluation der Schulpraktischen Studien im Studiengang Wirtschaftspädagogik an der Universität Mannheim. In: Rotermund, Manfred; Dörr, Günter; Bodensohn, Rainer (Hrsg.): Bologna verändert die Lehrerbildung. Auswirkungen der Hochschulreform. Leipzig: Leipziger Universitätsverlag, S. 132–146

Lipowsky, Frank (2006): Auf den Lehrer kommt es an. Empirische Evidenzen für Zusammenhänge zwischen Lehrerkompetenzen, Lehrerhandeln und dem Lernen der Schüler. In: Allemann-Ghionda, Cristina; Terhart, Ewald (Hrsg.): Kompetenzen und Kompetenzentwicklung von Lehrerinnen und Lehrern. Weinheim u.a.: Beltz Verlag, S. 47–70

Lipowsky, Frank (2010): Lernen im Beruf – Empirische Befunde zur Wirksamkeit von Lehrerfortbildung. In: Müller, Florian H.; Eichenberger, Astrid; Lüders, Manfred; Mayr, Johannes (Hrsg.), Lehrerinnen und Lehrer lernen – Konzepte und Befunde zur Lehrerfortbildung. Münster: Waxmann, S. 51–72

Lortie, Dan (1975): Schoolteacher: A Sociological Study. London: University of Chicago Press

Meyer, Hilbert (2004): Was ist guter Unterricht? Berlin: Cornelsen Scriptor

Minnameier, Gerhard; Hermkes, Rico; Mach, Hanna (2015): Kognitive Aktivierung und konstruktive Unterstützung als Prozessqualitäten der Lehrens und Lernens. In: Zeitschrift für Pädagogik 61. Jg., H. 6, S. 837–856

Möller, Jens (2013): Effekte inklusiver Beschulung aus empirischer Sicht. In: Baumert, Jürgen; Masuhr, Volker; Möller, Jens; Riecke-Baulecke, Thomas; Tenorth, Heinz-E.; Werning, Rolf (Hrsg.): Inklusion. Schulmanagement-Handbuch 146. München, S. 15–37

Radtke, Frank-O.; Webers, Hans-E. (1998): Schulpraktische Studien und Zentren für Lehramtsausbildung. Eine Lösung sucht ihr Problem. In: Die Deutsche Schule 90. Jg., H. 1, S. 199–216

Riese, Josef; Reinhold, Peter (2012): Die professionelle Kompetenz angehender Physiklehrkräfte in verschiedenen Ausbildungsformen. Empirische Hinweise für eine Verbesserung des Lehramts-studiums. In: Zeitschrift für Erziehungswissenschaften 15. Jg., S. 111–143

Schopf, Christiane; Zwischenbrugger, Andrea (2015): Verständliche Erklärungen im Wirtschaftsunterricht. Eine Heuristik basierend auf dem Verständnis der Fachdidaktiker/innen des Wiener Lehrstuhls für Wirtschaftspädagogik. In: Zeitschrift für ökonomische Bildung 3. Jg., S. 1–31

Seidel, Tina; Shavelson, Richard J. (2007): Teaching Effectiveness Research in the Past Decade: The Role of Theory and Research Design in Disentangling Meta-Analysis Results. In: Review of Educational Research 77. Jg., H. 4, S. 454–499

Seidel, Tina; Stürmer, Kathleen; Blomberg, Geraldine; Kobarg, Mareike; Schwindt, Katharina (2011): Teacher learning from analysis of videotaped classroom situations: Does it make a difference whether teachers observe their own teaching or that of others? In: Teaching and Teacher Education 27 Jg., S. 259–267

Seifried, Jürgen; Wuttke, Eveline (2015): Was wissen und können (angehende) Lehrkräfte an kaufmännischen Schulen? – Empirische Befunde zur Modellierung und Messung der professionellen Kompetenz von Lehrkräften. In: Schumann, Stephan; Eberle, Franz (Hrsg.): Ökonomische Kompetenzen in Schule, Ausbildung und Hochschule. Empirische Pädagogik, 29(1) Themenheft. Landau: Verlag Empirische Pädagogik, S. 125–145

Sektion Berufs- und Wirtschaftspädagogik der Deutschen Gesellschaft für Erziehungswissenschaft (DGfE) (2014): Basiscurriculum für das universitäre Studienfach Berufs- und Wirtschaftspädagogik im Rahmen berufs- und wirtschaftspädagogischer Studiengänge. Verfügbar unter http://www.bwp-dgfe.de/images/Dokumente/Basiscurriculum_Berufs-und_Wirtschaftspaedagogik_2014.pdf

Sevian, Hannah; Gonsalves, Lisa (2008): Analysing how scientists explain their research: A rubric for measuring the effectiveness of scientific explanations. In: International Journal of Science Education 30. Jg., H. 11, S. 1441–1467

Terhart, Ewald (2005): Standards für die Lehrerbildung – ein Kommentar. In: Zeitschrift für Pädagogik 51. Jg., H. 2, S. 275–279

Terhart, Ewald (2013): Erziehungswissenschaft und Lehrerbildung. Münster: Waxmann

Trigwell, Keith; Prosser, Michael (2014): Qualitative variation in constructive alignment in curriculum design. In: Higher Education 67. Jg., H. 2, S. 141–154

Weinert, Franz Emanuel (1996): Enzyklopädie der Psychologie. Pädagogische Psychologie. Band 2: Psychologie des Lernens und der Instruktion. Göttingen: Hogrefe

Weyland, Ulrike (2014): Schulische Praxisphasen im Studium: Professionalisierende oder deprofessionalisierende Wirkung? In: Brandt, Willi; Naeve-Stoß, Nicole; Seeber, Susan (Hrsg.): Lehrerbildung und Unterrichtsentwicklung aus der Perspektive des lernenden Subjekts. Digitale Festschrift anlässlich des 60. Geburtstages von Tade Tramm. Verfügbar unter http://www.bwpat.de/profil3/weyland_profil3.pdf

Zoyke, Andrea (2016a):Inklusive Berufsbildung in der Lehrerbildung für berufliche Schulen. Impressionen und Denkanstöße zur inhaltlichen und strukturellen Verankerung. In: Vollmer, Kirsten; Zoyke, Andrea (Hrsg.): Inklusion in der Berufsbildung: Befunde – Konzepte – Diskussionen. Bertelsmann: Bielefeld. S. 205–235. Verfügbar unter https://www.agbfn.de/dokumente/pdf/agbfn_18_zoyke.pdf

Zoyke, Andrea (2016b): Inklusion und Umgang mit Heterogenität im Lehramtsstudium für berufliche Schulen. In: Zeitschrift für Hochschulentwicklung 11. Jg., H. 1, S. 57–78. Verfügbar unter http://www.zfhe.at/index.php/zfhe/article/view/888/703

Autorinnen und Autoren

Bonz, Bernhard, Prof. Dr.
Universitätsprofessor i.R., Lehrstuhl für Berufspädagogik an der Universität Hohenheim. Lehrbeauftragter für Didaktik der Berufsbildung an der Universität Stuttgart
E-Mail: bernhard.bonz@uni-hohenheim.de

Eckert, Manfred, Prof. Dr.
Universitätsprofessor i.R. im Fachgebiet Berufspädagogik und berufliche Weiterbildung an der Universität Erfurt
E-Mail: Manfred.Eckert@uni-erfurt.de

Euler, Dieter, Prof. Dr.
Universitätsprofessor für Wirtschaftspädagogik, Universität St. Gallen, Lehrstuhl für Wirtschaftspädagogik und Bildungsmanagement
E-Mail: Dieter.Euler@unisg.ch

Friese, Marianne, Prof.in Dr.
Universitätsprofessorin für Erziehungswissenschaft mit den Schwerpunkten Berufspädagogik/Didaktik der Arbeitslehre an der Justus-Liebig-Universität in Gießen
E-Mail: Marianne.Friese@erziehung.uni-giessen.de

Kutscha, Günter, Prof. Dr.
Universitätsprofessor em. für Erziehungswissenschaft mit dem Schwerpunkt Berufspädagogik und Berufsbildungsforschung, Universität Duisburg Essen
E-Mail: guenter.kutscha@uni-due.de

Münk, Dieter, Prof. Dr.
Universitätsprofessor für Berufspädagogik und Berufsbildungsforschung an der Universität Duisburg-Essen
E-Mail: dieter.muenk@uni-due.de

Schanz, Heinrich, Prof. Dr.
Universitätsprofessor i.R. für Pädagogik, insbesondere Berufspädagogik an der Universität Karlsruhe (seit 2009 Karlsruher Institut für Technologie), Honorarprofessor an der Technischen Universität Chemnitz
E-Mail: Heinrich.Schanz@t-online.de

Scheiermann, Gero
Wissenschaftlicher Mitarbeiter am Fachgebiet Berufspädagogik und Berufsbildungsforschung an der Universität Duisburg-Essen
E-Mail: gero.scheiermann@uni-due.de

Seifried, Jürgen, Prof. Dr.
Universitätsprofessor für Wirtschaftspädagogik, Universität Mannheim, Lehrstuhl für Wirtschaftspädagogik – Berufliches Lehren und Lernen
E-Mail: seifried@bwl.uni-mannheim.de

Wuttke, Eveline, Prof. Dr.
Universitätsprofessorin für Wirtschaftspädagogik, Goethe-Universität Frankfurt, Professur für Wirtschaftspädafofik, insbes. empirische Lehr-Lern-Forschung
E-Mail: wuttke@em.uni-frankfurt.de

Zinn, Bernd, Prof. Dr.
Universitätsprofessor für Berufspädagogik, Universität Stuttgart, Institut für Erziehungswissenschaft, Lehrstuhl für Berufspädagogik mit Schwerpunkt Technikdidaktik
E-Mail: zinn@ife.uni-stuttgart.de

Abkürzungsverzeichnis

AbH	Ausbildungsbegleitende Hilfen
AGBB	Autorengruppe Bildungsberichterstattung
AGBFN	Arbeitsgemeinschaft Berufsbildungsforschungsnetz
BA	Berufsausbildung
BaE	Berufsausbildung in außerbetrieblichen Einrichtungen
BBiG	Berufsbildungsgesetz
BGJ	Berufsgrundbildungsjahr
BIBB	Bundesinstitut für Berufsbildung
BLK	Bund-Länder-Kommission für Bildungsplanung und Forschungsförderung
BMBF	Bundesministerium für Bildung und Forschung
BQF	Berufliche Qualifizierung für Zielgruppen mit besonderem Förderbedarf
BQFG	Berufsqualifikationsfeststellungsgesetz
BvB	Berufsvorbereitende Bildungsmaßnahmen
BVJ	Berufsvorbereitungsjahr
CBET	competency based education and training
CEDEFOP	Centre européen pour le développement de la formation professionnelle
CNC	Computerized Numerical Control
CPS	Cyber-Physische Systeme
C-QUAF	Common Quality Assurance Framework
DFG	Deutsche Forschungsgemeinschaft
DQR	Deutscher Qualifikationsrahmen
DZHW	Deutsches Zentrum für Hochschul- und Wissenschaftsforschung
ECTS	European Credit Transfer and Accumulation System
ECVET	European Credit System for Vocational Education and Training
EGKS	Europäische Gemeinschaft für Kohle und Stahl
EQ	Einstiegsqualifizierung
EQJ	Einstiegsqualifizierung Jugendlicher
EQR	Europäische Qualifikationsrahmen
ET 2020	Education and Training 2020

EWG	Europäische Wirtschaftsgemeinschaft
GES-Berufe	Gesundheits-, Erziehungs- und Sozialberufe
GNVQ	General National Vocational Qualification
hiba	Heidelberger Institut Beruf und Arbeit
HwO	Handwerksordnung
HZB	Hochschulzugangsberechtigung
IAB	Institut für Arbeitsmarkt- und Berufsforschung
ICLC	Implementing Collaborative Learning in the Classroom Framework
INBAS	Institut für berufliche Bildung, Arbeitsmarkt- und Sozialpolitik
KMU	kleine und mittlere Unternehmen
M2M	Machine-to-Machine Kommunikation
MIT	Massachusetts Institute of Technology
NQR	Nationaler Qualifikationsrahmen
NVQ	National Vocational Qualification
OECD	Organization for Economic Cooperation and Development
OMC	Open Method of Coordination
PISA	Programme for International Student Assessment
SOFI	Göttinger Sozialforschungsinstitut
TIMSS	Trends in International Mathematics and Science Study
ÜBS	überbetriebliche Berufsbildungsstätten
ÜLU	überbetriebliche Lehrlingsunterweisung
VWA	Verwaltungs- und Wirtschaftsakademie
WMK	Wirtschaftsministerkonferenz

Sachwortregister

Akademisierung 70 ff.
Aktivierung, kognitive 180 ff.
Allgemeinbildung 25 f.
Analysemethode 164 f.
Anerkennung von Qualifikationen 56, 143, 145 ff.
apprenticeship of obseration 186
Arbeit 4.0 17 ff., 31 f.
Arbeitslehre 109
Arbeitslogik 134
Arbeitsmarktorientierung 77 ff.
Arbeitsorganisation 167
Arbeitsraum 167
Arbeitstätigkeit 166
Assessment 181 f.
Assistentenberuf 125
Aufstiegsfortbildung, berufliche 71
Ausbildung, Assistierte 116 f.
Ausbildung, überbetriebliche 130 f.
Ausgliederung von Lehr- und Lernvorgängen 129 f.

Bachelor 72 ff.
Basiscurriculum für das universitäre Studienfach Berufs- und Wirtschaftspädagogik 12, 178 f.
Benachteiligtenförderung 49 ff., 110 ff.
Beruf 1 ff.
Berufs- und Wirtschaftspädagogik 1 ff.
Berufsakademie 73
Berufsausbildung 89 ff.
Berufsausbildung in außerbetrieblichen Einrichtungen 112
Berufsausbildung, schulische 120 ff.
Berufsausbildung, sozialpädagogisch orientierte 112
Berufsausbildung, vollzeitschulische 122 ff., 133 ff.

Berufsbezug akademischer Studiengänge 77 f.
Berufsbild 4
Berufsbildung, Funktion der 79
Berufsbildungsforschung 2, 5, 25 ff.
Berufsbildungspolitik, europäische 140 ff.
Berufsbildungstheorie 2, 4, 17 ff.
Berufsbildungswissenschaft 5, 35 ff.
Berufsfachschule 124 ff.
Berufsorientierung 55 ff., 109 f., 116 ff.
Berufsprinzip 145, 152
Berufsschule 19 ff., 121 ff.
Berufsschule als Teilzeitschule 121 ff.
Berufsschulpflicht 122
Berufsschulunterricht 123, 132 f.
Berufsvorbereitungsjahr 108, 111
Berufswahlreife 109
Beschäftigungsfähigkeit 78
Beschäftigungsform 168
Beschäftigungssystem 74 ff.
Bildung 18 f., 81 f., 121 f.
Bildungsbereich, tertiärer 73, 76
Bildungsraum, europäischer 146 ff.
Bologna-Erklärung 73, 148
Brügge-Kommuniqué 147

CEDEFOP 143
Chancengleichheit 72, 82
Comenius 143
Constructive Alignment 182

Digitalisierung 17 ff., 31 ff., 162 ff.
DQR 141, 147 ff.

ECVET 148 ff.
Emanzipation 25 ff.
Embodied Cognition 171
Employability 78, 144 ff., 154

EQR 148 ff.
ET 2020 147 f.
Europäisierung der Berufsbildung 144

Facharbeit, digitalisierte 74
Fachhochschule 72 f., 79
Fachkräftemangel 53 ff.
Fachwissen (content knowledge) 185 f.
Funktionalität der Berufsbildung 25 ff.

Gender 48 ff.
Geschäftsmodell, hybrides 169
Grundbildung, berufliche 127 f.
Grundbildung, informationstechnische (Digital Literacy) 169

Handeln, unterrichtliches 180 f.
Handwerkslehre 1
Helsinki-Erklärung 147
Heterogenität von Lernenden 182 f.
Hilfen, ausbildungsbegleitende 112
Hochindustrialisierung 17 ff.
Hochqualifizierte 75 f.
Hochschule 71 ff.
Hochschule, duale 73
Hochschule, private 103
Hochschulzugang für beruflich qualifizierte Bewerber ohne schulische Hochschulzugangsberechtigung 71

Implementing Collaborative Learning in the Classroom Framework 180
Industrialisierung 1 ff., 17 ff.
Industrie 4.0 31 ff., 74, 163
Inklusion 48 ff., 183 f.

Jugendliche mit Behinderung 51 f., 93 f.
Jugendliche mit Migrationshintergrund 94 f.
Jungarbeiter 111 f.

Kompetenz von Lehrkräften, professionelle 176 ff.

Kompetenzbedarfe für zukünftige Arbeitskräfte 172 f.
Kompetenzbereiche von Lehrkräften 177 ff.
Kompetenz, diagnostische 181 f.
Kompetenz, interdisziplinäre 169 f.
Kompetenz, interkulturelle 169
Kopenhagen-Erklärung 146

Learning, Embodiment 171
Learning-on-Demand 170 ff.
Lehr-Lernarrangement 172
Lern- und Arbeitsmittel 170
Lernort 79
Life-Long-Learning 170
Lissabon-Prozess 146 ff.

Maastricht-Kommuniqué 147
Machine-to-Machine Kommunikation 164
Master 72 ff.
Medienkompetenz 169
Mehrfachanschlussfähigkeit 77
Migration 48 ff.
Mixed-Reality-Simulation 170, 172
Modularisierung 10, 31, 57, 145 f., 153 f.

Neu Zugewanderte 96 f.

Outcome-Orientierung 10, 148 ff.

Paradigmenpluralismus 25 ff.
Perspektive, arbeits- und berufssoziologische 165
Perspektive, ökonomische 164 f.
Perspektive, technologische 163
Policy Strategie 144
Professionswissen von Lehrkräften 185 f.

Qualifikation 3 ff., 29 ff., 74 ff., 166
Qualifikationsrahmen, deutscher 141, 147 ff.
Qualifizierte, beruflich 71, 80 ff.

Reintegration 115
Rekrutierungsverhalten der Betriebe 102
Remote-Labor 171
Revolution, industrielle 1 ff.

Schulberufssystem 70, 91, 108, 114, 126
schulpraktische Phase in der Lehrerbildung 186 f.
Schulung - schulische Ausbildung 129 f.
Service Analytics 164
Simulation 129, 170 f.
Simulator 129
Standards in der Lehrerbildung 177
Studienabbruch 74
Studienanfänger 71, 76, 90 f., 100
Studienberechtigte 70 f.
Studienberechtigung 80
Studienmodell, hybrides 79
Studium, duales 79
Subsidiaritätsprinzip 143 f.
System, duales 91, 114
System, Cyber-physisches 163

Teilzeitstudium 72 f.
Tertiarisierung 73

Übergang von der Schule in die Berufsbildung 107 ff.
Übergangsförderung 114 f.
Übergangsmanagement 116 f.
Übergangssystem 91, 107 ff.
Universität 72 f.

Verberuflichung des Hochschulwesens 79 f.
Verschulung 129 f.
Vertrag, Römischer 140 ff.
Virtual-Reality Simulation 171
Vollzeitschulpflicht 122

Wandel, demografischer 53 ff.
Wandel der Arbeit 166 ff.
Wandel, digitaler 162
Weißbuch 145
Weiterbildung von Lehrkräften 187 f.
Weiterbildungsbereitschaft 170, 187
Wirkung der Lehrerbildung 185 f.
Wirtschaftsgemeinschaft, europäische 142
Wissen, fachdidaktisches 185 f.
Wissensgesellschaft 31, 53, 75, 78, 96